EC MER

Die Sammlung: Management und Entwicklung; 4

KRISENMANAGEMENT

herausgegeben von

Jean-Paul Thommen
Janko Belak
Štefan Kajzer

MER Evrocenter
1999

KRISENMANAGEMENT
herausgegeben von Prof. Dr. Jean-Paul Thommen,
Prof. Dr. Janko Belak, Prof. Dr. Štefan Kajzer

Gestaltung: Marina Rajšter
Lektur: Christiane Kordić
Realisierung: Bruno Žnideršič
Druckvorbereitung: ČRKA Maribor
Druck: Ma-tisk d.d. Maribor

CIP - Kataložni zapis o publikaciji (Einheitsaufnahme)
Univerzitetna knjižnica Maribor (Universitätsbibliothek Maribor)

65.012.4

KRISENMANAGEMENT / herausgegeben von Jean-Paul Thommen, Janko
Belak, Štefan Kajzer. - Gubno : MER Evrocenter, 1999. - (Zbirka
Management in razvoj = Management und Entwicklung ; 4)

ISBN 961 6281-05-4

1. Thommen, Jean-Paul,
COBISS-ID 44250881

Vorwort der Herausgeber

Im Rahmen des Programms "Management und Entwicklung - MER" wurde im Jahre 1998 das internationale wissenschaftliche Symposium MER '98 unter dem Thema "Management zwischen Krise und Erfolg" durchgeführt. Das Symposiumskomitee entschied, die Untersuchungen der Besonderheiten des Krisenmanagements in ausgewählten Umgebungen fortzusetzen. Für das Jahr 1999 wurde das Symposium MER '99 unter dem Thema "EU-Integration und Krisenmanagement (mit Betonung auf der Vergleichsanalyse von Modellen des Krisenmanagements in verschiedenen Umgebungen)" ausgeschrieben. Über-einstimmend mit den inhaltlichen Orientierungen wurden einige Referenten des Symposiums MER '98 auch zur Zusammenarbeit bei MER '99 eingeladen. Sie haben ihre Beiträge durch tiefgreifendere Untersuchungen ergänzt, die im vorliegenden Buch veröffentlicht sind.

Das Symposium MER '99 ist der Erörterung folgender beider Themenkomplexe gewidmet:

- **Modelle und andere Erkenntnisse über Krisenmanagement in den EU-Ländern**
- **Erfahrungen mit den Krisenmanagement-Modellen in den Reformländern (Bulgarien, Kroatien, Polen, Slowenien, Tschechien, Ukraine, Ungarn, Weißrussland).**

Das Buch deckt inhaltlich den ersten Themenkomplex ab; die Beiträge des Themenkomplexes "Krisenmanagement in den Reformländern" werden in einem besonderen Sammelband herausgegeben.

Kein Zweifel, unsere Welt ist geprägt durch Krisen, und zwar durch Krisen in den verschiedensten Bereichen, sei es auf der gesamtwirtschaftlichen, der unternehmerischen oder gar auf der individuellen Ebene. Dabei sind diese Krisen häufig eng miteinander verbunden. Ziel beider Konferenzen ist es, diese verschiedenen Ebenen unter den verschiedensten Aspekten, speziell aber unter der immer noch andauernden Transition von einem planwirtschaftlichen in ein marktwirtschaftliches System, in der sich noch viele osteuropäische Länder befinden, zu beleuchten.

In der Alltagssprache ist das Wort Krise meist negativ besetzt, nicht zuletzt deshalb, weil eine Krise meist mit Fehlallokationen und Fehlentwicklungen oder mit unangenehmen Veränderungen in Verbindung gebracht wird. Gerade letzteres ist belastend: Man weiß nicht mehr, was richtig ist, man sieht nicht mehr, wohin der Weg führen soll. Und in der Tat, wenn man in einer Krise steckt, wird man unsicher, weil die alten Produkte, Denkmuster und Instrumente, mit denen man lange Zeit Erfolg hatte, nicht mehr greifen.

Dabei sehen sich Unternehmen in ihrem historischen Entwicklungsprozess immer wieder mit Krisensituationen konfrontiert. Diese können ihre Ursachen entweder in internen Unternehmensproblemen haben, ausgelöst beispielsweise durch das Unternehmenswachstum, oder sie können durch Veränderungen der externen Umwelt bewirkt werden, wie dies heute durch die zunehmende Komplexität und Dynamik der Umwelt der Fall ist. Die heutigen Krisen sind ausgelöst worden durch die Veränderung der globalen Strukturen und Prozesse in gesellschaftlicher, wirtschaftlicher und politischer Hinsicht – sofern diese drei Ebenen überhaupt noch voneinander getrennt werden können. Oft werden Sie auch verkürzt mit dem Schlagwort Globalisierung besetzt, wobei dieses Wort einer differenzierten Betrachtung des Problems oft im Wege steht.

Die Vielfalt der zahlreichen Beiträge zeigt auch, wie vielschichtig dieses Thema ist und entsprechend differenziert betrachtet werden muss. Einige Beiträge befassen sich mit den wirtschaftlichen Integrationsprozessen und Neuorientierungen, die den politischen Veränderungen gefolgt sind. Gerade die Teilnehmer und Teilnehmerinnen aus den ehemaligen Reformländern sind aufgrund ihrer persönlichen Erfahrungen besonders legitimiert, Berichte und Empfehlungen zu diesem Thema abzugeben. Ein anderer Teil der Beiträge befasst sich damit, wie die einzelnen Unternehmen selbst mit Krisen umgehen können. Ein reiches Instrumentarium aus den verschiedensten Unternehmensbereichen wird ausgebreitet und diskutiert. Oft erfolgt die Betrachtung auch branchenspezifisch oder aus der Sicht der Klein- und Mittelbetriebe, die von den gegenwärtigen Veränderungen besonders hart getroffen sind. Zwar weisen sie einige nicht zu unterschätzende Vorteile gegenüber von Großunternehmen auf, aber gerade auf die globalen Herausforderungen sind sie oft nicht vorbereitet oder haben Schwierigkeiten, diese aufgrund ihrer Größe zu bewältigen.

Trotz der großen Vielfalt an Beiträgen haben wir versucht, eine Systematisierung vorzunehmen, die uns zu vier Themenbereichen geführt hat:

- Im ersten Teil "**Krise und Unternehmensentwicklung**" erfolgt eine grundlegende Auseinandersetzung über die Bedeutung von Krisen für Unternehmen bzw. für ihre Entwicklung. Dabei wird deutlich, dass Krisen bei allen Unternehmen auftreten (können), dass Krisen aber auf der anderen Seite ein großes Potential aufweisen.
- Der zweite Teil beschäftigt sich mit den **Erfolgsfaktoren des Krisenmanagements.** Damit soll gezeigt werden, dass verschie-

dene Faktoren für eine erfolgreiche Bewältigung von Krisen verantwortlich zeichnen und dass differenziert die jeweiligen Ursachen von Krisen betrachtet werden müssen.

- Der dritte Teil schließt direkt an den zweiten Teil an, indem konkrete – z.T. klassische, altbekannte – **Instrumente** zur Lösung von Krisen angeboten werden.
- Im vierten Teil schließlich wird die Thematik des Krisenmanagements und der Krisenbewältigung speziell aus der Sicht der **Klein- und Mittelbetriebe und Landwirtschaft** dargestellt.

Die Symposien MER '98 und MER '99 sind weitere Meilensteine in der langjährigen Tradition dieser Tagungen. Einiges darüber steht im Beitrag "Management und Entwicklung: MER - Bemühungen um die Milderung von Übergangkrisen". Auch diese haben sich in den letzten Jahren gewandelt, um sich den neuen Anforderungen und Situationen zu stellen. Trotz schwieriger Bedingungen ist es gelungen, sich den Herausfordungen zu stellen, neue Wege einzuschlagen und die Tagungen für alle zu einem unvergesslichen Erlebnis zu machen. Dass dies geglückt ist, ist – wie dies auch für alle Unternehmen zutrifft, aber nur allzu oft vergessen oder übersehen wird – das Verdienst von Menschen, die sich dieser Sache mit Sachverstand und Herz angenommen haben. Es ist uns deshalb ein großes Anliegen, all jenen zu danken, welche mit großem Engagement zum Gelingen dieser Tagungen beigetragen haben. Ihnen sei dieses Buch – mit dem der offizielle Schlusspunkt von MER '98 und Start von MER '99 gesetzt wird – gewidmet!

Wiesbaden und Maribor, im Mai 1999

Jean-Paul Thommen
Janko Belak
Štefan Kajzer

Die Texte der einzelnen Autoren wurden von uns rechtschreiblich nicht vollständig aufeinander abgestimmt. Aufgrund der Einführung der neuen deutschen Rechtschreibregeln sind während der Übergangszeit Abweichungen besonders bei der Anwendung von "ß" und "ss" sowie der Worttrennung unvermeidbar.

MER 98
INTERNATIONALES WISSENSCHAFTLICHES SYMPOSIUM
MANAGEMENT UND ENTWICKLUNG
MER 98
zur Thematik
MANAGEMENT ZWISCHEN KRISE UND ERFOLG
Portorož, vom 11. bis 13. Mai 1998
EC MER
MER Evrocenter

Wort des Donators

Nova Kreditna Banka Maribor d.d. (Neue Kreditbank Maribor AG) ist eine Bank mit ganzheitlichem Angebot an Bankleistungen wie Tolar- und Devisengeschäfte, Kreditierung, Investitionsbankwesen, Geschäfte mit Wertpapieren, Mobilien und Immobilien, Leasing, Finanzberatung und Geschäftsverbindungen zu mehr als 600 in- und ausländischen Banken.

Eine Konstante ihrer Entwicklungstätigkeit stellt auch die Einbeziehung der Nova Kreditna Banka in verschiedene Forschungs- und Entwicklungsprojekte dar. Durch die Unterstützung des MER-Projektes "Management und Entwicklung" realisiert die Bank einen Teil ihrer verantwortlichen Politik gegenüber dem Umfeld. Wir freuen uns sehr über die bereits erzielten Erfolge, die Ansporn für eine noch intensivere Zusammenarbeit auf internationalem Niveau sind.

Maribor, im Juli 1999

Prof. Dr. Jože Glogovšek
Vorstandsvorsitzender NKBM d.d.

❖

Die Durchführung des internationalen wissenschaftlichen Symposiums MER'99 ist zur Mitfinanzierung durch die Europäische Komission als „HP Programme. High Level Scientific Conferences. Pruposal HPCF-1999-000170" angemeldet.

Die Herausgabe des Buches haben finanziell auch folgende Donatoren ermöglicht:

- Copia, d.o.o., Ljubljana
- Informatika, d.o.o., Maribor
- Nova KBM, d.d., Maribor

Inhalt

Janko Belak

Management und Entwicklung: MER-Bemühungen um die Milderung von Übergangskrisen

Prof. Dr. Janko Belak
Universität Maribor, Slowenien

Management und Entwicklung:
MER-Bemühungen um die Milderung von Übergangskrisen

Zusammenfassung: Zwischen den traditionellen Marktumfeldern und jenen in postsozialistischen Reformländern sind große Entwicklungsdifferen - zen zu Nutzen Ersterer zu verzeichnen. Aus diesem Grund ist die Lebensqualität, beurteilt nach den klassischen Merkmalen, in den Marktumfeldern viel höher als die in den Reformländern. Aber auch zwischen einzelnen Reformländern bestehen Unterschiede, die jedoch nicht so sind, dass sie das allgemeine Verhältnis zwischen diesen beiden Welten wesentlich verändern würden. Im Beitrag wird der Begriff Wissen und wissenschaftliche Zusam - menarbeit - am Beispiel unserer eigenen MER-Bemühungen - bei Min - derung der Übergangskrise erörtert.

Stichwörter: Entwicklung, Krisen, Management, MER-Tätigkeiten, MER Evrocenter, Übergangskrisen, Unternehmen

Management and Development:
MER Efforts to Moderate the Transition Crises

Summary: There are great differences in development between traditional market environments and those in post-socialist transition countries - for the benefit of the former. Therefore, the life quality judged by standard features is much higher in market areas than in transition countries. There are, though, several differences between individual transition environ - ments, yet they are not significant enough to change the general relation - ship between these two worlds. The paper discusses the terms knowledge and scientific co-operation on the example of our own MER efforts in diminishing the transition crisis.

Keywords: crises, development, enterprise, management, MER activities, MER Evrocenter, transition crises

1. Der Beginn der MER-Bemühungen reicht in das Jahr 1992 zurück

MER - "Management und Entwicklung" (slowenisch: Razvoj) ist der Titel der Forschungs- und Entwicklungszusammenarbeit von Wissenschaftlern und Praktikern aus verschiedenen Teilen Europas. Das MER-Programm wurde in Slowenien ins Leben gerufen. Beim Übergang Sloweniens in die Marktwirtschaft befanden sich die hiesigen Wirtschaftswissenschaftler in einer besonders schweren Lage. Der Mangel, des für die Marktwirtschaft und deren Einrichtung erforderlichen Wissens auf allen Ebenen des gesellschaftlichen Lebens, mußte beseitigt und gleichzeitig so manches alte, (in neuen Verhältnissen) unbrauchbare Wissen vergessen und beseitigt werden. In unsere Köpfe und Bücher musste (und muss) viel Neues. Diesem Grundmotiv folgte im Jahre 1992 die Ausführung der Anfangsaktivitäten der heutigen MER-Tätigkeiten. In der Zeit vom Beginn des Jahres 1992 bis zum heutigen Tage kam es zur bedeutenden Ausweitung der MER Mission im freien Austausch theoretischer und praktischer (Er)kenntnisse und Erfahrungen zwischen den Universitätsexperten, Managern und anderen Fachleuten aus den entwickelten Marktwirtschaften und den minderentwickelten ehemaligen sozialistischen Ländern. Auch die jetzigen - MER-Tätigkeiten verfolgen dieses grundlegende Ziel.

Die Gruppe der Autoren bei der Promotion des Buches "Podjetništvo, politika podjetja in management (Unternehmertum, Unternehmenspolitik und Management)" im Schloß Podsreda am 17. September 1993.

In den damaligen Anfangssituationen des Mangels an Literatur über Management und Entwicklung von Unternehmen in slowenischer Sprache haben wir uns gemeinsam mit meinem Kollegen Prof. Dr. Štefan Kajzer (im Jahre 1992) zur Einladung ausländischer Autoren für die Mitarbeit an einem gemeinsamen Buch (in Slowenisch) zu dieser Thematik entschlossen. Die Einladung nahmen (neben slowenischen Kollegen) auch Kollegen aus Österreich, Deutschland, der Schweiz und Kanada an. Die Realisierung dieser Idee stellt den Anfang der Symposiumstreffen "Management und Entwicklung - MER" dar. Weder Prof. Dr. Kajzer noch ich dachten in dem Moment an eine so weitreichende und bedeutende internationale Zusammenarbeit wie wir sie heute erleben und wovon ebenso die in den Jahren 1994, 1996, 1997 und 1998 veröffentlichten Bücher und andere Publikationen zeugen. Aber es ist geschehen, und wie sehr oft im Leben, hat der Zufall das Seine dazubeigetragen wie harte Arbeit, vor allem aber die Bereitschaft zur wissenschaftlichen Zusammenarbeit.

Die MER-Bemühungen haben ihren Ursprung auch auf dem XXI. Symposium über Unternehmensplanung, wo neben anderen die meisten Koautoren des genannten Buches aus dem Jahre 1993 sowie zahlreiche Teilnehmer der Wiener Sommerhochschulkurse "Ökonomie der KMU" beteiligt sind.

2. Die Bedeutung der KMU-Sommerhochschulkurse der Wirtschaftsuniversität Wien für die MER-Entwicklung

Am Wachstum und der Entwicklung der MER-Zusammenarbeit mit Einbeziehung von Wissenschaftlern aus einem Großteil der postsozialistischen Reformländer (Bulgarien, Kroatien, Polen, Slowakische Republik, Tschechische Republik, Ungarn, Ukraine und aus anderen Staaten) hat Prof. Dr. Josef Mugler besondere Verdienste, denn ihm ist die Organisation von Sommerhochschulkursen Ökonomie der Klein- und Mittelbetriebe an der Wirtschaftsuniversität Wien über den Zeitraum von drei Jahren zu verdanken. Durch Unterstützung und Zusammenarbeit von Prof. Mugler konnten schon am Symposium "Management der Unternehmen in Transition und die Wirtschaftsentwicklung" im Jahre 1994 aus allen diesen Reformländern bereits vierzig Wissenschaftler teilnehmen.

Teilnehmer und Leitung der Sommerhochschulkurse "Ökonomie der KMU" im Jahre 1994 am Institut für Betriebswirtschaftslehre der Klein- und Mittelbetriebe an der Wirtschaftsuniversität Wien.

3. MER-Symposien

Die Symposien MER'96 zum Thema "Theorie und Praxis der Unternehmensentwicklung mit Besonderheiten der KMU", MER '97 zum Thema "Unternehmensentwicklung und Management unter besonderer Berücksichtigung der KMU in den Reformländern" und MER'98 zur Thematik "Management zwischen Krise und Erfolg"

Teilnehmer MER '96

bilden die erfolgreiche Fortsetzung des damaligen Beginns. Besonderer Dank sei an dieser Stelle den Vorsitzenden der Programmkomitees, den Herren Prof. Dr. Josef Mugler und Prof. Dr. Jean-Paul Thommen gesagt. Die Teilnehmerzahl aus beiden - anfangs erwähnten - Teilen der Welt steigt ständig. Nach Einschätzung der Rezensenten verbessert sich auch die Qualität der Symposiumsbeiträge. Jedoch stehen wir auch weiterhin größeren finanziellen Schwierigkeiten gegenüber. Wir schätzen ein, dass ziemlich viele der ursprünglich angemeldeten Kolleginnen und Kollegen aus Weißrussland, Bulgarien, der Tschechischen Republik, aus Kroatien, Polen, der Ukraine und aus anderen Reformländern nicht an den

Teilnehmer MER '97

Symposien teilnehmen können, da es ihnen nicht möglich ist, die für die Teilnahme am Programm erforderlichen Kosten zu begleichen. Und hier bewahrheitet sich das Sprichwort: Geld regiert die Welt! Und leider müssen wir erkennen, dass sich auch das Wissen und die Wissenschaft nicht von einem in den anderen Teil der Welt bringen lassen, untereinander nicht ausgetauscht werden können - ohne Geld.

Teilnehmer MER '98

4. MER Eurozentrum für Management und Entwicklung

Vor knapp zwei Jahren begannen wir mit der Ausführung aller Arbeiten unserer gemeinsamen MER-Tätigkeit der gemeinnützigen Institution MER Evrocenter, dessen Aufgabe auch in der Gründung eines Donatorfonds, unter anderem zur Minderung solcher und ähnlicher finanzieller Schwierigkeiten, besteht. Zum Tätigkeitsbereich des MER Evrocenters gehören Forschung, Beratung, Ausbildung und Verlagswesen auf dem Gebiet des Managements und der Entwicklung von Unternehmen sowie anderer Organisationen und Umfelder. Die Gründungsvision des MER Evrocenters ist mit dem Bedarf nach engerer und dauerhafter Verbindung der Mitarbeiter und anderer Beteiligter des Entwicklungs- und Forschungsprogramms "Management und Entwicklung" aus Slowenien und anderen Staaten in einer selbstständigen europäisch funktionierenden Institution für die bereits erwähnten Tätigkeiten ausgedrückt. In Übereinstimmung mit dem slowenischen Gesetz ist MER Evrocenter zur Verwaltung mit einem Dreiparteien-Institutionsrat und (augenblicklich) mit zwei Programmräten offen: (1) für Forschungs-, Symposiums- und Verlagstätigkeit und (2) für die Entwicklung (der in Slowenien weniger entwickelten) Region Kozjansko-Obsotelje, wo die Institution ihren Sitz hat. Die Institution MER Evrocenter begann ihre Mission mit einer europäisch orientierten Büchersammlung "Management und Entwicklung", setzte diese mit dem MER-Journal für Management und Entwicklung und den MER-Symposien fort.

Der Programmrat des MER Eurozentrums für Forschungs-, Symposiums- und Verlagstätigkeiten

5 Ergebnisse unserer MER-Bemühungen

Die "greifbaren" Ergebnisse bisheriger MER-Bemühungen werden vielleicht am besten durch die veröffentlichten Publikationen in deutscher und slowenischer Sprache deutlich. Zu den bedeutendsten Veröffentlichungen sind folgende za zählen: Belak et al. (1993); Belak, Kajzer (1994); Mugler, Belak, Kajzer (1996); Belak et al. (1997); Belak et al. (1998); Belak (1998); Thommen, Mugler, Belak (1998) und andere.

In Slowenien zeigen sich die ersten positiven Ergebnisse unserer gemeinsamen europaweiten Bemühungen in der Wirtschafts- und Unternehmenspraxis sowie bei der Vermittlung von Wissen und Erfahrungen an die jungen Mitarbeiter(innen).

Uns allen stehen aber immer noch bedeutende Aufgaben bevor. Das nächste Ziel sind die MER-Symposien 2000, 2001 und 2002. Es sind wenigstens noch zwei langfristigere Ziele zu nennen: (1) in der MER-Bücherreihe soll das bereits konzipierte integrierte Entwicklungsmanagement ergänzt werden und (2) mit Hilfe des MER Evrocenters die geschaffenen europaweiten Partnerschaften zu festigen und weiterzuentwickeln.

Literatur

J. Belak in soavtorji: Podjetništvo, politika podjetja in management (J. Belak und Mitautoren: Unternehmertum, Unternehmenspolitik und Management). Obzorja, Maribor, 1993.

J. Belak, Š. Kajzer (Hrsg.): Unternehmen im Übergangsprozess zur Marktwirtschaft. Linde, Wien, 1994.

J. Belak, J. Mugler, et. al. (Hrsg.): Unternehmen und Unternehmertum im Übergangsprozess mit Fallbeispielen aus Slowenien. In: Journal für Betriebswirtschaft, 44 (1994) 9, Linde, Wien, 1994.

J. Belak, J. Mugler, et. al.: Management podjetij v tranziciji in gospodarski razvoj na primerih iz Slovenije (Management der Unternehmen in Transition und die Wirtschaftsentwicklung an Beispielen aus Slowenien). Naše gospodarstvo, EPF-Maribor, 40 (1994)5, Maribor 1994.

J. Mugler, et. al.: Theorie und Praxis der Unternehmensentwicklung. Internationales wissenschaftliches Symposium Management und Entwicklung [auch] MER '96. Fakultät für Wirtschaftswissenschaften Maribor, 1996.

J. Mugler, et. al.: Theorie und Praxis der Unternehmensentwicklung mit Besonderheiten der KMU. Naše Gospodarstvo, EPF- Maribor, 42(1996)4, Maribor 1996.

J. Belak, Š. Kajzer, J. Mugler, M. Senjur, N. Sewing, J.-P. Thommen (Hrsg): Unternehmensentwicklung und Management. Versus, Zürich, 1997.

J. Belak in soavtorji: Razvoj podjetja in razvojni management. Posebnosti malih in srednje velikih podjetij. Zbirka Management in razvoj, 1. knjiga. (J. Belak und Mitautoren: Unternehmensentwicklung und Entwicklungsmanagement. Besonderheiten von KMU. Buchreihe Management und Entwicklung, 1. Buch). MER Evrocenter, Gubno, 1998.

J. Belak: Podjetniško planiranje kot orodje managementa. Zbirka Management in razvoj, 2. knjiga. (Unternehmensplanung als Instrument des Managements. Buchreihe Management und Entwicklung, 2. Buch). MER Evrocenter, Gubno, 1998.

J.-P. Thommen, J. Mugler, J. Belak (Hrsg.): Synergie und Entwicklungsmanagement. Buchreihe Management und Entwicklung, 3. Buch. MER Evrocenter, Gubno, 1998.

J.-P. Thommen, et. al.: Management zwischen Krise und Erfolg. Internationales wissenschaftliches Symposium Management und Entwicklung [auch] MER '98. MER Evrocenter, Gubno, 1998.

J.-P. Thommen, J. Belak, Š. Kajzer, (Hrsg./ur.): Management zwischen Krise und Erfolg. Internationales wissenschaftliches Symposium Management und Entwicklung [auch] MER '98. Naše Gospodarstvo, EPF- Maribor, 44(1998)4, Maribor, 1998.

J. Belak, et al.: Razsežnosti integralnega managementa (Die Dimensionen des integralen Managements). In: MER Journal für Management und Entwicklung, MER Evrocenter, 1(1999)2, Gubno, 1999.

I. Teil:

Krise und Unternehmensentwicklung

Dietrich Kropfberger

Vom reaktiven Krisenmanagement zum proaktiven Chancenmanagement

Jožica Knez-Riedl

Krise und Erfolg - die Relativierung durch die Sinnfrage

Štefan Kajzer

Übergangskrisen im Prozess der Unternehmensentwicklung

Jean-Paul Thommen

Bewltigung von Krisen durch organisationales Lernen

An der Symposiumsrezeption MER '98 - Gäste der Tschechischen Agraruniversität zu Prag Dekan Doz. Dr. Miroslav Svatoš, Prof. Dr. Jiri Tvrdon, Rektor Prof. Dr. Jan Hron und Doz. Dr. Jaroslav Homolka. Auf der anderen Seite des Pults die Mitarbeiterinnen des Organisators Mag. Mojca Duh und Mag. Tjaša Štrukelj.

Dietrich Kropfberger

Vom reaktiven Krisenmanagement zum proaktiven Chancenmanagement

Prof. Dr. Dietrich Kropfberger
Universität Klagenfurt, Österreich

VOM REAKTIVEN KRISENMANAGEMENT ZUM PROAKTIVEN CHANCEN - MANAGEMEN

Zusammenfassung: Turbulente Zeiten bringen sowohl Chancen als auch Bedrohungen mit sich. Dabei entscheiden die Aktionen des Managements, ob daraus Krisen oder Erfolge entstehen. Krisen stellen existentielle Bedro - hungen dar, aber diese Bedrohungen entstehen meist nicht plötzlich, sondern schrittweise. Verantwortlich dafür sind sachliche und personale Entscheidungsbarrieren, die ein rechtzeitiges und effizientes Reagieren verhindern. Kann man diese Barrieren durch flexible Organisation und strategisches Management abbauen, dann gelingt es dem Management, anstelle eines reaktiven Krisenmanagements ein proaktives Chancenmanagement zu betreiben.

Stichwörter: Chancen, Chancenmanagement, Handlungsbarrieren, Krise, Krisenmanagement, Krisenursachen, Krisenverlauf, turbulente Zeiten

FROM RE-ACTIVE CRISIS MANAGEMENT TO PRO-ACTIVE MANAGEMENT OF OPPORTUNITIES

Summary: Turbulent times involve both opportunities and threats. It is the behaviour of the management that determines whether a given environmental situation results in either the one or the other. A crisis represents a threat to the very existence of the company, it does not, however, occur suddenly, but it develops step by step. The main factors facilitating this development are personal and structural barriers to decision making which prevent an efficient and timely response. By overcoming these barriers via flexible organizational structures and a powerful strategic management, the pro-active management of opportunities will substitute the classical crisis management. This is commonly known as management of excellence.

Keywords: barriers to action, causes of crisis, crisis, crisis management, development of the crisis, managing for excellence, opportunities, turbulent times

1 Die Ausgangssituation

Wir haben es seit Jahren mit turbulenten Umweltentwicklungen zu tun, die ganze Branchen, ja sogar Volkswirtschaften und Wirtschaftsräume radikal verändern, die strukturelle Verschiebungen im Wettbewerbsgefüge mit sich bringen und die in der Folge auch zu Turbulenzen in den Unternehmen führen können (vgl. Drucker 1980). So befinden wir uns z. B. in den westlichen Industrienationen in einer Wirtschaft in Transition von der Industriegesellschaft, über die Dienstleistungsgesellschaft hin zur Informationsgesellschaft und auf der Wirtschaftsebene selbst in einer Transition von einem nationalen, "geordneten, fairen" (bzw. sogar geschützten) Wettbewerb in etwa gleich starker (bzw. gleich schwacher) Anbieter, über einen asymmetrischen, internationalen Wettbewerb hin zu einem scharfen Verdrängungswettbewerb global agierender Netzwerke. Die Reformstaaten haben darüber hinaus ihren "geschützten Raum" der "geordneten" und von der Absatzseite sicheren, weil wettbewerbslosen Planwirtschaft, die Kunden und Bedarf zuteilt, verlassen (bzw. wegen Unwirtschaftlichkeit verlassen müssen). Sie befinden sich nach wie vor in einer Transition vom geschützten System hin zum ungeschützten, marktwirtschaftlichen System der freien Wettbewerbskräfte mit vorher nicht gekannten Konkurrenzbeziehungen und Anforderungen an die Unternehmensführung. Überlagert werden diese Entwicklungen in beiden Wirtschaftsräumen durch eine wirtschaftliche und technische Globalisierung, die verbunden mit einer Liberalisierung des Kapitalmarktes weltweit eine einfache Verlagerung der Wertschöpfung ermöglicht und damit viel raschere Bewegungen von Wachstums- und Gewinnchancen von einem Mitbewerber zum anderen bewirken, und zwar gleichgültig, ob es sich hierbei um Unternehmen, um Branchen oder um ganze Länder handelt (vgl. Haumer 1998, S. 4). Als Folge ist in beiden Wirtschaftsräumen der Übergang nicht harmonisch, gleitend, sondern dynamisch, abrupt, schubförmig - eben turbulent.

Derartige turbulente Veränderungen bringen auf der einen Seite neue Chancen mit sich, aber auf der anderen Seite Krisen bzw. krisenhafte Erscheinungen. Das entspricht auch dem Inhalt des Begriffes Krise: "krises" bedeutet ursprünglich soviel wie "Entscheidung, Wendepunkt", d.h. bei einer Unternehmenskrise kommt eine Unternehmung in eine Situation, in der sich entscheidet, ob das

Unternehmen zu Grunde geht oder ob es überlebt bzw. sogar mit Erfolg weiter arbeiten kann. Die Abb. 1 zeigt diesen Zusammenhang:

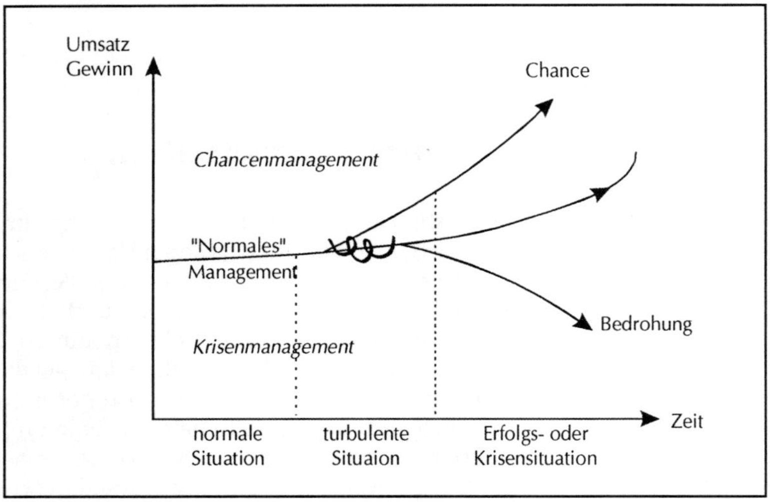

Abb.1: Chancen und Bedrohungen

Dabei ist zuerst einmal festzuhalten, daß jede unternehmerische Tätigkeit auf das Wahrnehmen und Ergreifen von Chancen ausgerichtet ist, wobei allerdings diese Chancen auch mit dem systemianten Risiko des Scheiterns verbunden sind. Unternehmen müssen in diesem Sinne ständig damit rechnen, daß Veränderungen im Markt bzw. in den Rahmenbedingungen ihre bisherigen Strategien obsolet machen und unter Umständen sogar ihre Existenz gefährden. Der Kampf um das Überleben am Markt wird zum Normalfall in einer freiheitlichen Wirtschaftsordnung (vgl. Albach 1979, S. 12 f.). Ähnlich sind auch jene Situationen zu bewerten, die im Zuge der Unternehmensentwicklung bei dem Übergang von einer Entwicklungsphase zur nächsten entstehen können (vgl. Bleicher 1992, S. 347). Hier können endogene Faktoren am Entwicklungspfad ebenfalls zu Wendepunkten zwischen Chance und Krise führen. Die eigentliche Herausforderung an die Unternehmensführung besteht damit darin, das Unerwartete, Überraschende zu bewältigen, und nicht darin, alte Erfolgskonzepte der Vergangenheit einfach weiterzuführen (vgl. Hinterhuber 1980, S. 40).

Man kann also davon ausgehen, daß Krisen für die betroffenen Unternehmen und beteiligten Gruppen zwar einzelwirtschaftlich gesehen als Katastrophe anzusehen sind, aber im wirtschaftlichen Leben sozusagen durchaus den "Normalfall" der Marktwirtschaft und des Ausleseprinzips des Wettbewerbs darstellen. Die Fragen, die sich aber trotzdem stellen, sind:

- Haben wir es derzeit noch mit dem Normalfall zu tun, oder gibt es nicht schon eine bedrohliche Häufung dieser Krisenerscheinungen?

- Kann man und vor allem, wie kann man unvermeidbare Krisen in ihrer Auswirkung für die beteiligten Gruppen abmildern?
- Kann man mögliche Krisen rechtzeitig erkennen und deren negative Auswirkungen vermeiden?
- Und wie kann man Krisen schließlich in ihrer Wirkung sozusagen umpolen und daraus Chancen entstehen lassen?

2 Die aktuelle Situation in Österreich

In den letzten Jahren hat sich in Österreich die Zahl jener Unternehmen, die sich in einer Unternehmenskrise befanden, stark erhöht. So waren allein in den letzten sechs Jahren an die 5.000 Unternehmen pro Jahr mit insgesamt 113.000 Arbeitsplätzen von Konkursen und Ausgleichen bedroht (vgl. o.V., 1996, S. 23). Diese Entwicklung zeichnete sich schon Jahre vorher ab. Zu einem rapiden Anstieg der Insolvenzzahlen kam es aber tatsächlich erst in den letzten Jahren, wie die folgende Abbildung 2 zeigt.

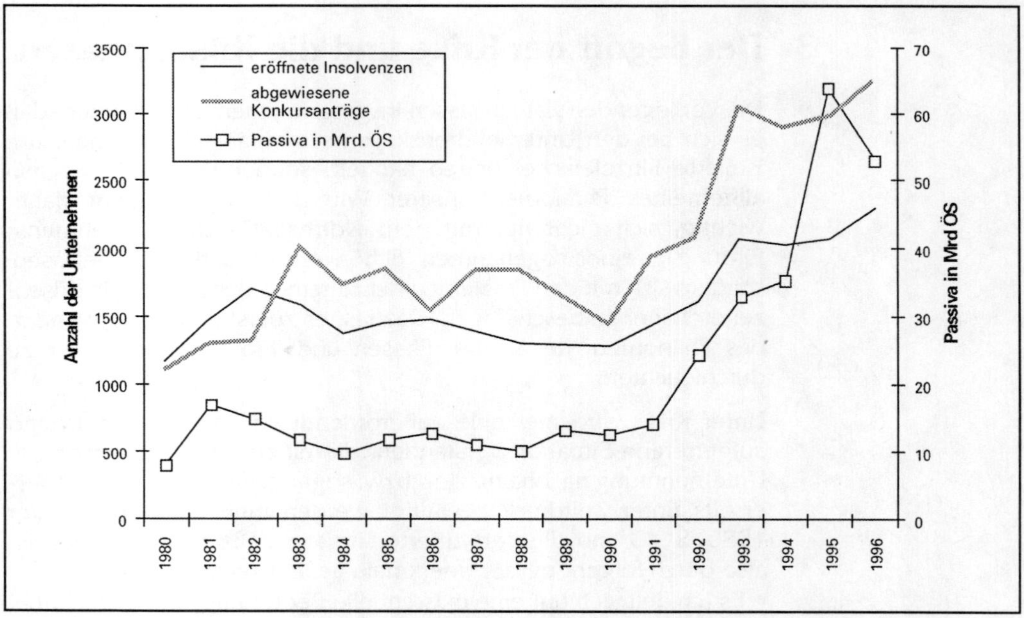

Abb.2: Insolvenzentwicklung in Österreich

Eine von uns im Jahr 1996 durchgeführte Untersuchung zeigte darüber hinaus, daß diese Situation von allem von den kleinen und mittleren Unternehmen bereits nicht mehr als Normalfall, sondern als bedrohlich angesehen wurde.

Abb. 3: Allgemeine Einstellung zum Vorhandensein von Unternehmenskrisen (nach Größenklassen in %)

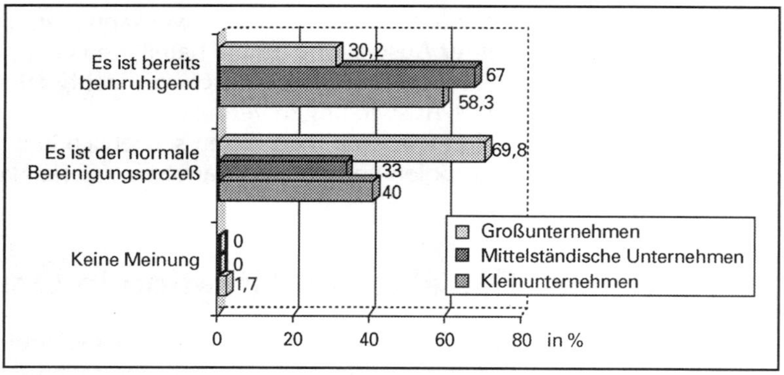

So gaben ca. 2/3 der Mittelbetriebe an, die Situation sei bereits beunruhigend, bei den Kleinbetrieben waren es immer noch 58 %. Lediglich die Manager der Großbetriebe, die den rauhen Wind des internationalen Wettbewerbs eher gewohnt sind, sahen die Situation mehrheitlich als normalen Bereinigungsprozeß an.

3 Der Begriff der Krise und die Krisenphasen

Die vorliegenden Zahlen lassen insgesamt jedenfalls erkennen, daß es sich bei den Unternehmenskrisen schon längst nicht mehr um isolierte Einzelerscheinungen handelt, sondern durchaus um ein allgemeines Phänomen unserer Wirtschaft. Es erscheint daher wichtig, sich nicht nur mit dem Normalfall der Unternehmensführung in einer sogenannten "Schönwettersituation" zu befassen, sondern sich mit den Problemen der Unternehmensführung in Krisenzeiten näher zu beschäftigen. Dazu ist es zuerst einmal notwendig, das Phänomen "Krise", ihre Phasen und ihre Ursachen näher zu durchleuchten.

Unter Krise wird hier eine außerordentliche, meist überraschend aufgetretene Situation verstanden, die einerseits die Existenz der Unternehmung nachhaltig stört bzw. sogar gefährdet und die andererseits unter Zeitdruck bewältigt werden muß (vgl. Kropfberger 1986, S. 43 und die dort zitierte Literatur). Die Krisensituation ist also durch folgende Hauptmerkmale gekennzeichnet:

- Es handelt sich um eine existentielle Bedrohung, womit nicht bei jedem unternehmerischen (Teil-)Problem von Krise gesprochen werden kann.
- Es besteht, zumindest subjektiv gesehen, eine geringe Voraussicht. Die Bedrohung tritt für die Betroffenen meist abrupt und plötzlich ein.
- Es besteht externer Entscheidungsdruck, die Probleme sind akut, der Entscheidungsspielraum und insbesondere die Zeiten für um-

fangreiche Analysen und Vorbereitungen sind gering, womit das Risiko für Fehlentscheidungen, die die Krise noch verschärfen, extrem hoch ist.

Analysiert man allerdings in Anlehnung an die gängige Literatur (vgl. Albach 1979, S. 9ff, Hahn/Krystek, 1984 und Krystek 1987, S. 27ff) das Phänomen der Krise genauer, so zeigt sich, daß die Bedrohung in den meisten Fällen gar nicht so plötzlich und auch nicht sofort existenzgefährdend, sondern schrittweise in unterschiedlichen Phasen eintritt.

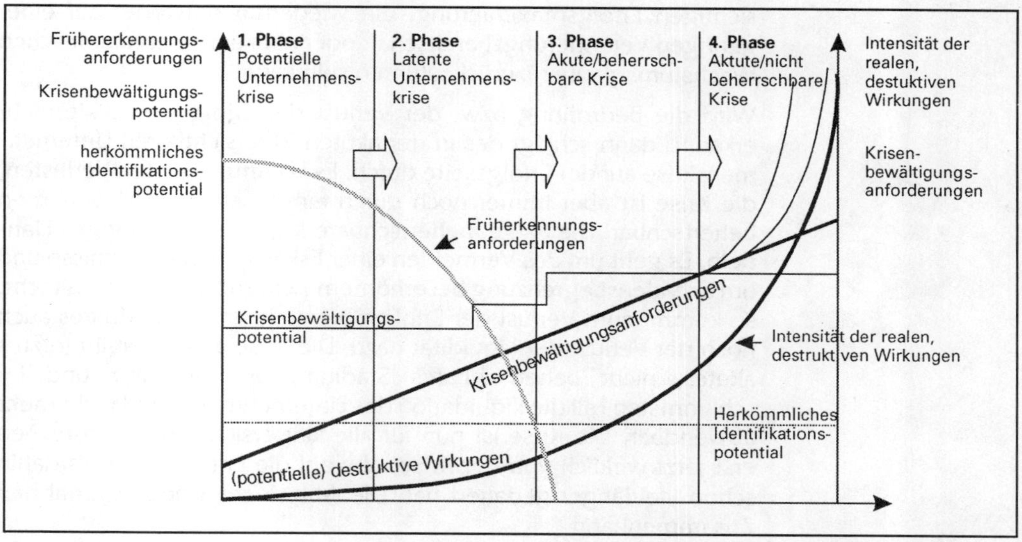

Abb. 4: Phasenmodell der Unternehmenskrisen (Quelle: Krystek 1980, S. 65)

Dem vorliegenden Beitrag wird im wesentlichen der von Hahn/Krystek (vgl. Hahn, D./Krystek, U. 1984) entwickelte Phasenverlauf der Unternehmenskrisen zugrundegelegt. Dieser Phasenverlauf sieht 4 Phasen von der potentiellen, über die latente, die akut beherrschbare bis hin zur akut nicht beherrschbaren Phase der Krise (Abb. 4).

Die erste Phase bildet die potentielle (mögliche, noch nicht realistische) Unternehmenskrise bei der Krisensymptome oft gar nicht wahrgenommen werden bzw. werden können. Diese Phase stellt eigentlich das "Business As Usual" dar. Wenn man in diesen Phasen mögliche Bedrohungen bereits erkennt und entsprechend reagiert, würde die Krise gar nicht auftreten, sondern unter Umständen sogar zu einer Chance werden. Darauf soll später noch einmal eingegangen werden.

In der 2. Phase der latenten Krise sind die Krisensymptome bereits vorhanden aber teilweise noch verdeckt. Es besteht bereits eine

Gefährdung der Erfolgspotentiale. Häufig ist ein großer Teil der Wettbewerbsvorteile verloren gegangen und/oder die Marktattraktivität der bearbeiteten Märkte geht zurück. Sowohl in einer SWOT-Analyse als auch in der klassischen Portfolio-Analyse müßten derartige Krisen bereits sichtbar sein. Sie sind aber meist deshalb verdeckt, weil das Unternehmen bestehende Erfolgspotentiale bewußt oder unbewußt ausgemolken hat, nicht oder zu wenig in die Zukunft investiert und damit zumindest kurzfristig sogar blendende Ergebnisse schreibt und gute Bilanzen legt. Latente Krisen zeigen sich daher unter Umständen sogar in einer kurzfristigen und kurzsichtigen Erfolgsmaximierung, die wiederum entweder auf einer geringen Veränderungsbereitschaft oder aber auf einen unkritischen Wachstumsglauben zurückzuführen sein kann.

Wird die Bedrohung bzw. der Verlust der Erfolgspotentiale nicht erkannt, dann schlägt das in der akuten, d.h. sichtbaren Unternehmenskrise auf der Erfolgsseite durch. Es kommt zu ersten Verlusten, die Krise ist aber immer noch durch einschneidende Maßnahmen beherrschbar. Die akute, beherrschbare Krise bedingt zügiges Handeln. Es geht um das Vermeiden einer Eskalation der Ereignisse und um Schadensbegrenzung bei erhöhtem Zeitdruck. Gelingt das nicht, so kommt zum Verlust der Erfolgspotentiale und des Erfolges auch noch der Verlust der Liquidität dazu. Die Krise gelangt in ihr letztes akutes, nicht beherrschbares Stadium, die Insolvenz und im schlimmsten Fall die Liquidation des Unternehmens, sind nicht mehr abwendbar. Die Krise ist nun für alle klar ersichtlich, wir sprechen erst jetzt wirklich von der Krise, obwohl die Entwicklung bis dahin schon viel länger gedauert hat. Die Abb. 5 zeigt noch einmal den Zusammenhang.

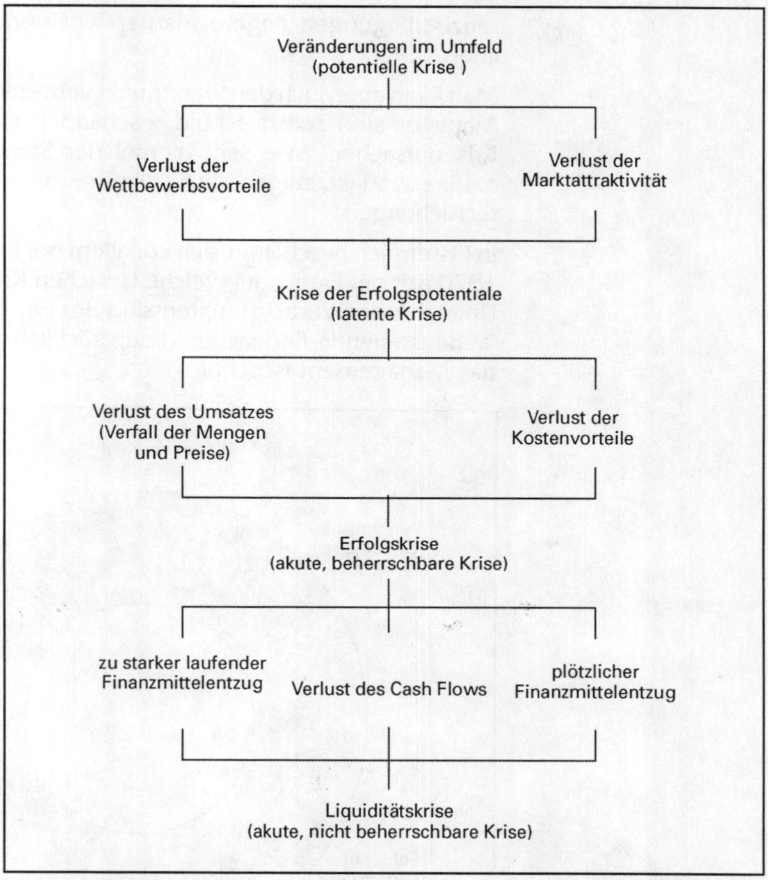

Abb. 5: Krisenphase und betriebswirtschaftliche Auswirkungen

Abschließend sei noch festgehalten, daß der Phasenablauf nur "idealtypisch" zu sehen ist. So können plötzliche, abrupte Ereignisse, wie z.B. Konkurs eines Hauptkunden, Kriege, Zusammenbruch von ganzen Wirtschaftssystemen oder Katastrophen und Familienkrisen oder gesundheitliche Probleme des Unternehmers oder des Top Managers den Ablauf atypisch beeinflussen bzw. beschleunigen. Außerdem können die ersten Phasen durch fehlende Informationen völlig unbemerkt ablaufen, womit die Krise sozusagen völlig plötzlich eintritt.

4 Empirische Krisenursachen

Die Gründe für Krisen sind so vielfältig wie das Wirtschaftsleben selbst. Grundsätzlich kann man aber davon ausgehen, daß mögliche Ursachen in der Umwelt - insbesondere in den Markt- und Konkurrenzbedingungen liegen, man spricht von exogenen Krisenursachen.

Man kann aber auch den Standpunkt vertreten, die Unternehmer und Manager sind selbst schuld, es handelt sich also um endogene Krisenursachen. Wie sehr hierbei der Standpunkt des Beurteilers maßgebend ist, zeigen die Ergebnisse zweier unterschiedlicher Untersuchungen.

In Österreich beschäftigt sich vor allem der Kreditschutzverband von 1870 mit der Frage, auf welche Ursachen Krisen in österreichischen Unternehmen zurückzuführen sind. Im wesentlichen kommt dieser "außenstehende Beobachter" hauptsächlich auf endogene Gründe - das Management ist schuld.

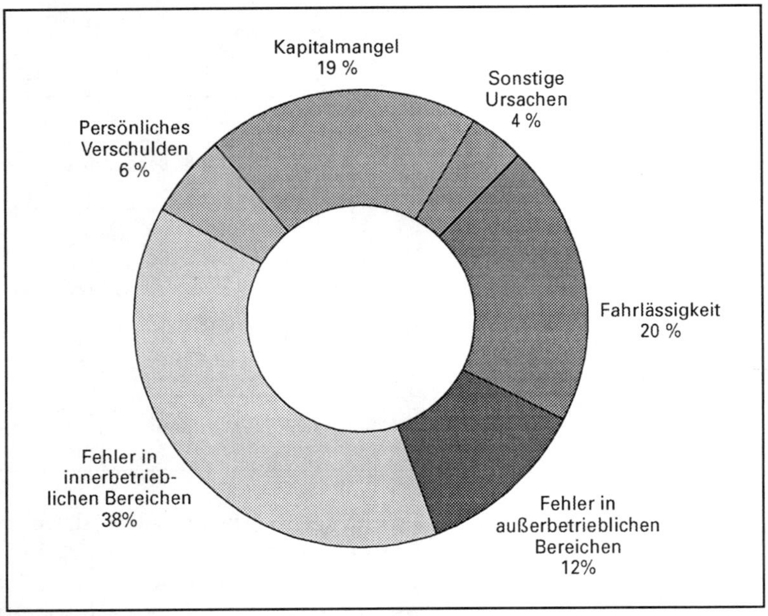

Abb. 6: Endogene Insolvenzursachen in Österreich (Quelle: KSV von 1870, 1996)

Unsere Befragung der Unternehmer und Manager, also der Betroffenen bzw. Beteiligten selbst, zeigt eher eine Zuschreibung der Krisen zu exogenen Ursachen - die allgemeinen Rahmenbedingungen und die Wirtschaftslage sind schuld, und nur bedingt das Management.

Die Wahrheit liegt natürlich meist in der Mitte, die Unterscheidung in exogene oder endogene Ursachen ist schwierig und oft gar nicht klar zu machen. Wenn z.B. das Unternehmen mit schlechten Marktbedingungen zu kämpfen hat, ist dann der Markt schuld (exogene Ursachen) oder das Management, das diese Probleme nicht rechtzeitig erkannt und daher auch nicht rechtzeitig reagiert hat (endogene Ursache)?

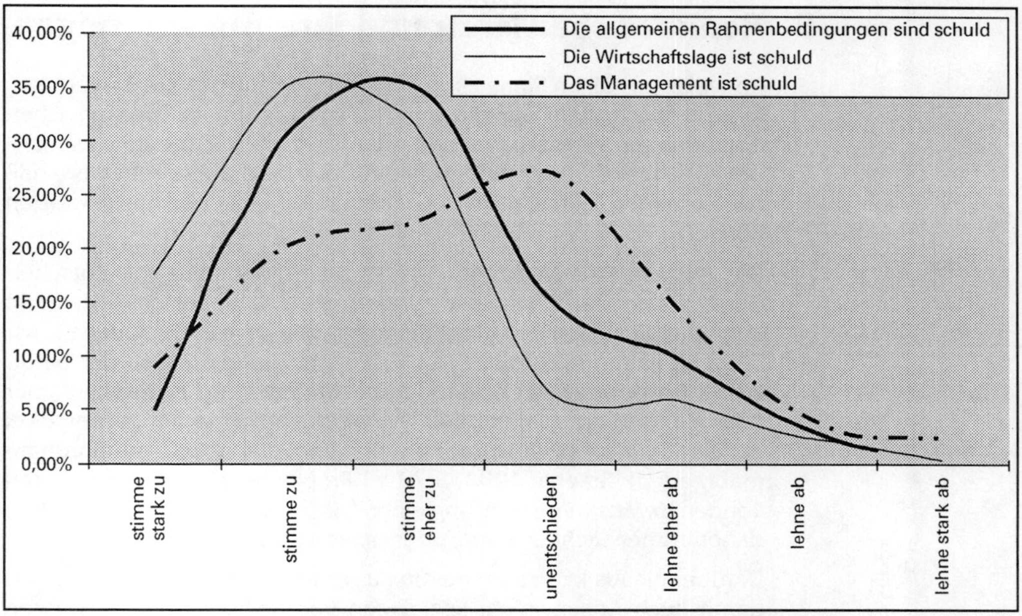

Abb. 7: Der Einfluß von Rahmenbedingungen, der Wirtschaftslage und des Managements auf das Vorhandensein von Unternehmenskrisen

Nachgewiesen kann allerdings werden, daß Unternehmenskrisen meist dann auftreten, wenn sich Unternehmen und Umwelt nicht im strategischen fit befinden (vgl. Ansoff/Declerk/Hayes 1976), oder anders ausgedrückt, wenn sich das Unternehmen an geänderte Marktbedingungen nicht (rechtzeitig) angepaßt, und/oder das Unternehmen sich von den bestehenden Wettbewerbsanforderungen und den bisherigen Erfolgsstrategien zu weit entfernt und damit seine Erfolgsvoraussetzungen verlassen hat (vgl. Kropfberger 1986, S. 142ff).

Das bedeutet, daß die Krisensituation weder durch die bedrohliche Umweltentwicklung allein noch durch die schlechten unternehmerischen Strukturen und Systeme entstehen, sondern beide Bereiche sind in ihrer Wechselwirkung zu sehen. Daher müssen neben strukturellen, d.h. situativen Kontextbedingungen auch die Unternehmensstrukturen, das Führungssystem, die Organisation und ihre Mitglieder bzw. deren Handlungsspielräume in die Betrachtung miteinbezogen werden (vgl. Staehle 1994, S. 53 ff).

5 Reaktionsbarrieren und ihre Auswirkungen

Im weiteren soll im Sinne einer handlungsorientierten Managementlehre insbesondere auf die unternehmensinternen Krisenursachen eingegangen werden, weil gerade hier der Schlüssel zur Krisenbeherrschung bzw. -vermeidung liegt, da davon auszugehen ist, daß die exogenen Faktoren nicht, oder nur beschränkt beeinflußt werden können.

Die Aufgabe des Managements ist dabei im Treffen von Entscheidungen und deren Durchsetzung zu sehen, wobei das Ziel darin liegt, das Unternehmen längerfristig wettbewerbs-, d.h. überlebensfähig zu halten und mittel- bis kurzfristig die Interessen der beteiligten Gruppen (Stakeholder), insbesondere die der Kapitaleigner (Shareholder) zu erfüllen. Das Management hat dabei immer zwei Seiten, eine sachlich-instrumentelle und eine personal-führungsmäßige (vgl. Staehle 1994, S 79 ff.) Probleme, die zu Krisen führen können bzw. zur Verschärfung einer Krisensituation beitragen, haben daher immer sachliche und/oder personale Ursachen.

Darüber hinaus kann man davon ausgehen, daß sich Probleme, und damit auch Krisen, nicht sozusagen von selbst lösen. Es müssen Entscheidungen getroffen und Aktionen gesetzt werden. Vereinfacht dargestellt ergibt sich dabei das in Abb. 8 dargestellte Bild.

Abb. 8: Reaktionsablauf bei Veränderungen (Quelle: In Anlehnung an Reither, F. 1991, S. 129)

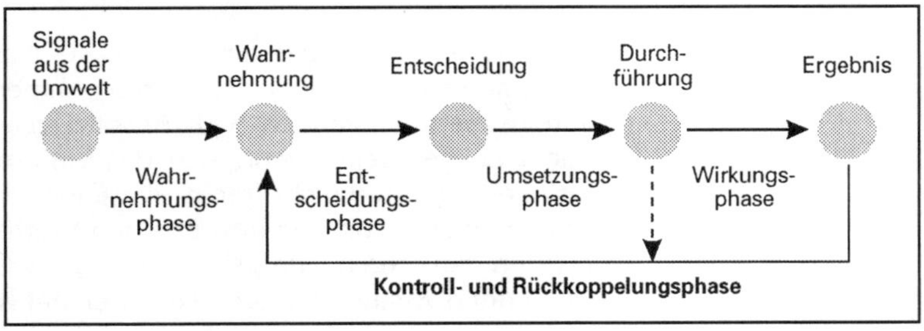

Ein (Krisen-) Signal aus der Umwelt muß

- zuerst einmal wahrgenommen werden
- dann muß es zu einer Entscheidung kommen
- diese ist umzusetzen,
- die Umsetzung muß auch noch die gewünschte Wirkung zeigen, und
- schließlich muß das Management die Wirkung richtig einschätzen und im Sinne des feedback nach Bedarf entweder stabilisierend oder korrigierend eingreifen.

Bei jedem dieser Schritte kann es aus sachlichen und/oder personalen Gründen zu Barrieren kommen, die den nächsten Schritt verzögern oder sogar verhindern können. Solche Barrieren führen bei Bedrohungen dazu, daß diese zu akuten Krisen werden, und bei

Chancen dazu, daß diese nicht wirklich genutzt werden können. Solche Barrieren, die sachlich oder personal begründet sein können, sind (vgl. Kropfberger 1986, S. 45 f.)

- Wahrnehmungslücken durch fehlende bzw. eingeschränkte Krisenwahrnehmung
- Entscheidungslücken durch fehlende bzw. eingeschränkte Veränderungsbereitschaft und Veränderungsfähigkeit
- Umsetzungslücken durch fehlende bzw. eingeschränkte Durchsetzungsfähigkeit getroffener Entscheidungen
- Wirkungslücken durch fehlende bzw. mangelhafte Wirkung der Maßnahmen
- Reaktionslücken durch fehlende bzw. mangelhafte Kontrolle bzw. Kontrollinformationen und fehlendes bzw. mangelhaftes Feedback.

Die Krisenursache selbst liegt nun zwar zuerst einmal darin, daß die Abstimmung (derzeit) zwischen Strategie, Struktur und Kultur einer Unternehmung nicht mehr gegeben ist (endogene Ursache), oder aber darin, daß die Übereinstimmung zwischen Strategie und Umweltanforderungen nicht mehr da ist (exogene oder endogene Ursache). Tatsächlich kommt es aber zur Krise, weil es keine bzw. nur eine verzögerte Reaktion des Managements gab.

Die Gründe für die Verzögerungen der Reaktion und damit für die Beschleunigung der Krise zeigt Abb. 9.

	Verzögerungen durch	
Reaktionsphase	**sachliche Gründe**	**personale Gründe**
Wahrnehmungsphase	Man konnte es nicht sehen.	Man wollte es nicht sehen.
Entscheidungsphase	Man konnte keine Alternativen finden.	Man wollte nichts verändern.
Umsetzungsphase	Man konnte nichts verändern.	Man durfte nichts verändern.
Wirkungsphase	Es war nicht mehr zu ändern.	Es waren die falschen Entscheidungen.
Kontrollphase	Es war nicht kontrollierbar.	Man wollte nicht kontrollieren.

Abb. 9: Gründe für Verzögerungen der Reaktion

Die Abb. 10 zeigt darüber hinaus exemplarisch jene Ursachen bzw. Phänomene, die hinter diesen Gründen stehen können.

Handlungsbarrieren	Sachbezogene Ursachen	Personale Ursachen
Barriere des Nicht-Sehens (geringe/fehlende Problemkenntnis)	Fehlende Information wegen • zu abrupter Veränderungen • zu schwacher Signale • zu geringem Informations- und Planungshorizont • unterentwickeltem Informationssystem • Information Overflow	Fehlendes Problembewußtsein wegen • Informationsfilterung durch selektive Wahrnehmung • Informationsfilterung in der Organisation • intern orientierter Unternehmenskultur • Nicht-Erkennen von Systemzusammenhängen • Informationspathologien
Barriere des Nicht-Wollens (geringe/fehlende Veränderungsbereitschaft)	Strukturelle Inflexibilität wegen • starrer Hierarchien • kaum veränderbarer konstitutiver Grundsatzentscheidungen/Ressourcen • schwer veränderbarer Strategien	Personale Inflexibilität/mangelnde Veränderungsbereitschaft wegen • fehlender Einsicht • Bequemlichkeit • fehlender Risikobereitschaft • Ängsten vor Veränderungen • Verteidigung persönlicher Interessen (wohlerworbener Rechte) • Management-Ego und Machtansprüchen
Barriere des Nicht-Könnens (geringe/fehlende Veränderungsfähigkeit)	Strukturelle Entscheidungsprobleme durch • Austrittsbarrieren • geringe/fehlende Ressourcenbasis • geringe/fehlende Finanzbasis • rückgestaute Investitionen • Unveränderbarkeit gegebener Tatsachen	Personale Entscheidungsprobleme durch • fehlendes Management-Know-how • fehlende Entscheidungsfähigkeit • fehlendes Krisenmanagement-Know-how
Barriere des Nicht-Dürfens (geringe/fehlende Durchsetzungsfähigkeit)	Strukturelle Umsetzungsprobleme durch • vertragliche Bindungen • gesetzliche Vorschriften • fehlende Zustimmung von Stakeholdern (Eigentümern, Kapitalgebern, Kreditoren)	Personale Umsetzungsprobleme durch • fehlendes Vertrauen • fehlende Entscheidungsmacht • Widerstände aus der Organisation • Widerstände aus dem politischen Umfeld
Barriere des Nicht-Wirkens (geringe/fehlende Wirksamkeit)	Strukturelle Probleme durch • schlechte/unmögliche Beeinflußbarkeit der Situation • zu lange Wirkungszeiten • autonome Veränderungen im Umfeld	Personale Probleme durch • falsche Entscheidungen • Untätigkeit • Inkonsequenz und sprunghaftes Vorgehen
Barriere des Nicht-Lernens (geringe/fehlende Lernfähigkeit)	Strukturelle Steuerungsprobleme wegen • Unkontrollierbarkeit der Situation • schlechter/verzögerter Kontrollierbarkeit • Nicht-Korregierbarkeit der gesetzten Maßnahmen	Personale Steuerungsprobleme durch • selektive Wahrnehmung • Verteidigung von Interessen • fehlendes Know-how • interne Widerstände • Untätigkeit • Management-Ego

Abb. 10: Handlungsbarrieren als Krisenursachen

Wie aus der Abb. 10 ersichtlich ist, gibt es eine Reihe sowohl sachlicher als auch personaler Ursachen für Krisen, die von schlechten Informationssystemen und der selektiven Wahrnehmung (Barriere des Nichtsehens), über strukturelle und personale Inflexibilitäten (Barriere des Nichtwollens), Austrittsbarrieren, fehlende Ressourcen und fehlendes Management Know-How (Barriere des Nichtkönnens), strukturelle Umsetzungsprobleme und Widerstände (Barriere des eingeschränkten Handelns), zu lange Wirkungszeiten und falsche Entscheidungen (Barriere des Nicht-Wirkens), bis zur Unkontrollierbarkeit und zum fehlenden feedback (Barriere der fehlenden Kontrolle) reichen.

Wo man nun zur Lösung des Problems ansetzt, hängt von der Art der Barriere, von der Krisenphase und den bereits eingetretenen Auswirkungen der Krise ab.

6 Krisenmanagement versus Chancenmanagement

Wie gezeigt wurde, entstehen Krisen phasenweise in der Reihenfolge: Verlust der Erfolgspotentiale, dann Verlust des Erfolges und letztendlich Verlust der Liquidität. Sie sind daher zuerst einmal in der umgekehrten Reihenfolge wieder zu bewältigen: Wiedergewinnung der Zahlungsfähigkeit, dann Wiedergewinnung des Gewinnes und letztendlich Aufbau neuer Erfolgspotentiale. Dabei unterscheidet man je nachdem, in welcher Krisenphase das Krisenmanagement ansetzt, zwischen einem reaktiven und einem proaktiven Krisenmanagement (vgl. Krystek 1987).

Reaktives Krisenmanagement, das der Bewältigung bereits eingetretener Krisen dient, wird auf der sachlichen Ebene zunächst einmal versuchen, die Zahlungsfähigkeit wiederherzustellen, oder, wenn das nicht mehr möglich ist, zumindest ein geordnetes Insolvenzverfahren im Sinne einer planvollen und schadensbegrenzenden Sanierung bzw. Liquidation des Unternehmens durchzuführen. Durch strukturelle Eingriffe sowohl auf der Ressourcenseite (und damit bei den Kosten), als auch im Marketing und Verkauf (und damit bei den Erlösen), ist dann das Erfolgsproblem zu lösen. Derartige Maßnahmen sind üblicherweise schmerzhaft und einschneidend und nur wirksam, wenn sie rasch entschieden und umgesetzt werden. Die dabei zu erwartenden personalen Widerstände der Betroffenen können in der Regel nur durch einen sogenannten "Bombenwurf" (vgl. Rieckmann 1994, S. 66) gelöst werden: Wer sich nicht verändern kann oder will, der wird in der Krise geändert! Das gilt insbesondere auch für das bisherige Management. Es gilt der Grundsatz: "Always change a losing team!".

Pro-aktives Krisenmanagement dagegen konzentriert sich schwerpunktmäßig auf die offensive Vermeidung von Krisen. Dabei kann zunächst antizipativ vorgegangen werden, indem potentielle Krisen durch Frühwarnsysteme weitgehend vorweggenommen und womöglich in Chancen umgewandelt werden. Darüber hinaus versucht man im Rahmen der strategischen Planung und der dort üblichen Instrumente (z.B. durch Portfolio-Analysen) entsprechende Maßnahmen zu setzen, um die Erfolgspotentiale zu erhalten (bzw. wieder aufzubauen) und damit latente Krisen zu beherrschen, bevor sie in ihr akutes Stadium treten können.

Die Unternehmung wird in diesem Sinne zuerst einmal dadurch krisenstabiler, daß man das Informationssystem verbessert, entsprechende Planungs- und Kontrollsysteme installiert, flexible Organisationsstrukturen aufbaut, strategische Austrittsbarrieren vermeidet bzw. abbaut und eine entsprechende Flexibilität in die Ressourcen einbaut, bzw. eine strategische Reserve im Sinne einer Kriegskasse hält. Mit diesen Maßnahmen auf sachlicher Ebene allein kann man aber Krisen trotzdem nicht vermeiden bzw. verhindern. Mindestens genauso wichtig sind personale Maßnahmen in Richtung einer höheren mentalen und sozialen Sensibilisierung und Flexibilisierung der Manager und Mitarbeiter, in der Schaffung einer möglichst offenen Unternehmenskultur sowie einer besseren Qualifikation aller Beteiligten.

Die Maßnahmen dazu reichen von der Delegation der Verantwortung und der kooperativen teamorientierten Führung, über die Organisationsentwicklung bis hin zum Aufbau offener, lernender Systeme und einer wissensbasierten Unternehmensführung (vgl. Rieckmann, 1997). Fortschrittsfähige Unternehmen, die ein proaktives Chancenmanagement anstelle eines reaktiven Krisenmanagements betreiben, zeichnen sich nicht nur durch professionellere Managementsysteme sondern insbesondere auch durch flexible und motivierte Mitarbeiter und eine dynamische Unternehmenskultur aus.

Proaktives Krisenmanagement versucht damit, schon in den frühen Krisenphasen mögliche Bedrohungen (und auch Chancen) zu erkennen und durch entsprechende strategische Maßnahmen abzuwenden (vgl. Hahn/Krystek 1984). Beschränkt sich diese Tätigkeit nicht nur auf die Abwehr potentieller oder latenter Krisen, sondern versucht das Management, die sich durch die Strukturbrüche eröffnenden Chancen zu nutzen, dann entsteht ein pro-aktives Chancenmanagement. Das Ziel dieser Vorgehensweise ist es nicht nur, durch lernende Systeme fortschrittsfähige, dynamische Organisationen aufzubauen, die mit turbulenten Veränderungen fertig werden können (vgl. Kirsch 1981, S. 39 ff., Ansoff 1981, Rieckmann 1997, S. 173 ff.). Sondern es geht darüber hinaus auch darum, durch visionäres Management (vgl. Oettinger 1990, S. 151 ff.) die zukünftige Position und die zukünftigen Rahmenbedingungen selbst aktiv zu gestalten.

Damit will das Management im Sinne eines strategischen Leaderships (Hinterhuber 1990, S. 17 ff.) es nicht dem Zufall oder dem Wettbewerb überlassen, wie die eigene Zukunft aussieht, sondern sozusagen das eigene Schicksal in die Hand nehmen. Das gilt sowohl für einzelne Manager selbst, als auch für die Unternehmen und nicht zuletzt auch für ganze Regionen und Volkswirtschaften. Das beste Krisenmanagement ist in diesem Sinne, gar nicht in die Krise zu gelangen, weil man Chancen rechtzeitig erkennt und aktiv aufgreift.

Literatur

Albach, H. (1979); Kampf ums Überleben: Der Ernstfall als Normalfall für Unternehmen in einer freien Wirtschaftsordnung, in: Zeitschrift für Betriebswirtschaft, Ergänzungsheft Nr. 2, S. 9-22.

Ansoff, I., Declerk, R., Hayes, R. (1976): From Strategic Planning to Strategic Management, London, New York, Sydney, Toronto.

Ansoff, I. (1981): Die Bewältigung von Überraschungen und Diskontinuitäten durch Unternehmensführung: Strategische Reaktion auf schwache Signale, deutsche Fassung von Schäfer, W., in: Steinmann, H. (Hrsg.): Planung und Kontrolle, München, S. 242 ff.

Bleicher, K: (1992): Das Konzept Integriertes Management, 2. Auflage, Frankfurt/ Main, New York, 1992.

Drucker, P.F. (1980): Managing in Turbulent Times, New York, Toronto.

Hahn, D./Krystek, U. (1984): Frühwarnsysteme als Instrument der Krisenerkennung, in: Betriebswirtschaftslehre und ökonomische Krise - kontroverse Beiträge zur betriebswirtschaftlichen Krisenbewältigung (Hrsg. von Staehle, H./Stoll, E.), Wiesbaden 1984.

Haumer, H. (1998): Gewinn oder Mensch?, in: Arbeitsgemeinschaft der österreichischen Vereinssparkassen (Hrsg.), A Conto, Heft 1/1998.

Hinterhuber, H. (1980): Strategische Unternehmensführung, 2. Aufl., Berlin, New York.

Hinterhuber, H.H. (1990): Strategie und strategische Führungskompetenz, in: Hammer, R.M./Hinterhuber, H.H./Kapferer, R./Turnheim, G. (Hrsg.): Strategisches Management in den 90er Jahren, Wien, S. 17 ff.

Kirsch, W. (1981): Funktionen der Führung, in: Geist, M./Köhler, R. (Hrsg.): Die Führung des Betriebes, Stuttgart, S 39 ff.

Kreditschutzverband (KSV) von 1870 (1996): Insolvenzstatistik 1995, Wien.

Kropfberger, D. (1986): Erfolgsmanagement statt Krisenmanagement, Linz.

Krystek, U. (1980): Organisatorische Möglichkeiten des Krisenmanagements, In: Zeitschrift für Organisation, 2, S. 62-71.

Krystek, U. (1987): Unternehmenskrisen: Beschreibung, Vermeidung und Bewältigung überlebenskritischer Prozesse in Unternehmen, Wiesbaden.

o.V. (1996): Gründungsfieber soll Pleitenwelle stoppen, In: Der Standard, 21.9.96, S. 23.

Oettinger, B. v. (1990): Vision: Fernbild einer neuen Logik, in: Hammer, R.M./ Hinterhuber, H.H./Kapferer, R./Turnheim, G. (Hrsg.): Strategisches Management in den 90er Jahren, Wien, S. 151 ff.

Rieckmann, H. (1994): Management of Change - MOC, Praxisworkshop, Arbeitsunterlagen, Universität Klagenfurt und OSTO e.V., Nr. 2.

Rieckmann, H. (1997): Managen und Führen am Rande des dritten Jahrtausends: Praktisches, Theoretisches, Bedenkliches, Frankfurt u.a.

Staehle, W.H. (1994): Management: eine konzentrierte Einführung, 7. Auflage, Bern Stuttgart, Wien.

Jožica Knez-Riedl

Krise und Erfolg - die Relativierung durch die Sinnfrage

Doz. Dr. Jožica Knez-Riedl
Universität Maribor, Slowenien

KRISE UND ERFOLG - DIE RELATIVIERUNG DURCH DIE SINNFRAGE

Zusammenfassung: Wir leben in einer Zeit, in der die Grenzen zwischen beruflichem und privatem Leben immer verschwommener, Differenzen zwischen Ausbildung und Möglichkeiten der Informationsbeschaffung immer geringer werden. Der Stereotyp der Organisation weicht vor den modernen Organisationsformen ohne konventionelle Grenzen, mit neuer Mikrotopographie. Gleichzeitig steigt mit der wachsenden Zahl Arbeitssuchender die Tendenz nach der Sinngebung der Geschäftstätigkeit. Etwas Sinnvolles zu tun ist nicht nur das Bestreben des Einzelnen. Dieser Trend zeichnet sich auch auf mezzo- und makroökonomischem Niveau ab. Die Sinnfrage ermutigt zu einer anderen, differenzierten und vertieften Erörterung zweier Kategorien: die der Unternehmenskrise und die des Erfolgs.

Stichwörter: Sinnfrage, Unternehmenserfolg, Unternehmenskrise, Vertrauen

CRISIS AND SUCCESS OF A FIRM AND THE QUESTION OF SENSE

Summary: We are living in a period without definite borders between business and private life, in the circumstances of growing education and information access. The stereotype organization differs from the modern organizational forms without conventional borders and with a new microtopography. Parallel to increasing number of job-seeker the tendency for sensemaking of business activity is evident. Doing something that is meaningful is not just endeavour of an individual. These sensible efforts can be seen on the mezzo and the micro level as well. The question of sense stimulates different and deeper consideration of crisis and success of a firm.

Keywords: crisis of a firm, question of sense, success of a firm, trust

1 Einleitung

Die modernen Verhältnisse, insbesondere ihre vorhersehbare Entwicklung, stellen die Menschen als Individuum aber auch im Rahmen von Institutionen und Unternehmen, bzw. weiter, von Einzelnen in einem bestimmten Umfeld (des wirtschaftlichen, gesellschaftlichen und natürlichen Systems) vor die Existenzfrage. Apathie und Ignorierung des Handlungssinns, die nicht zu übersehen sind, sind mit dem so genannten Existenzvakuum verbunden (Teufl 1993). Dieser betont die Sinnfrage als immer akutere Existenzfrage. Gleichzeitig wird die Suche nach dem Sinn als Orientierung des modernen Menschen ("Meaning-looking Man") immer offensichtlicher (Peter/ Waterman 1982, Trstenjak 1994). Es macht sich das neue Credo der "sinnvollen Produktion" zum Nutzen der ganzen Gesellschaft geltend. Betont wird die Orientierung der Unternehmen zur Schaffung des "gesellschaftlichen Mehrwertes". Auf Grund dessen fügt Gerken (1993) dem Sinn noch das Attribut eines modernen strategischen Faktors hinzu. Die Umbildung der Wachstumsökonomie in die "Sinnökonomie" verbindet mit der Geltendmachung des neuen Mythos, des so genannten Mythos der Freiheit, an welchem wir uns aus dem Mythos der Effizienz umorientieren.

Die Betonung des Sinns löste somit auch auf dem Gebiet der Ökonomie eine Reihe von Untersuchungen, auf allen Ebenen /mikro, mezzo, makro/ und von verschiedenen Standpunkten /Management, Führung, Organisation, Entwicklung, Unternehmertum/ aus (z.B. Detering 1995, Gerken 1993, Teufl 1993, Green 1996, Weick 1995, Kreuzhof 1990, Bergman 1996, Zoche 1996).

Die unterschiedliche Auffassung von Krise und Erfolg der Unternehmen, der wir in der Theorie begegnen, noch mehr aber ihre Applikation in der Praxis, regten mich an, sie mit der Sinnfrage zu verbinden.

Die Überlegung über die Sinngebung der Geschäftstätigkeit wird bei der Krise häufiger angestellt, wenn wir auf sie nicht wie auf einen Umschwung schauen, der dem Unternehmen auch Möglichkeiten bietet, wie auf die Kontinuität, auf die man sich vorbereiten muß. Bei der Erörterung des Erfolgs stellt sich die Sinnfrage viel seltener. Dennoch beobachten wir, so wie bei der Krise auch beim Erfolg Fälle pauschaler, einseitiger, verfrühter Beurteilungen des Unternehmenserfolges. Die Folge derartiger falscher, unberechtigter Urteile haben nicht nur das Unternehmen (als Entität), seine Eigentümer, Manager und andere Beschäftigte zu tragen. Auch ihre Geschäftspartner und das weitere Umfeld bekommen sie zu spüren.

Mögliche Gründe für unqualifizierte Urteile sind auch zu enge konventionelle Kriterien. Einer der zentralen Gründe ist die Frage der modernen Auffassung vom Erfolg und der Kriterien seiner Bestimmung.

2 Sinn und Krise des Unternehmens (Suche nach dem Sinn und Sinngebung der Geschäftstätigkeit)

Die Verbindung von Krise und Sinnfrage ist normalerweise in akuten Krisenphasen gegeben, wenn die Situation des Unternehmens und damit seine Existenz ernsthaft gefährdet sind. Die Suche nach dem Sinn als Leitlinie des Sanierungsverfahrens ist sehr implizit. Die Einführung der Konkurs- und Liquidationsverfahren lehnt (wenn überhaupt) üblicherweise an das Argument der Sinnlosigkeit der weiteren Geschäftstätigkeit des Unternehmens (z.B. auf Grund seines Produktionsprogramms, der Finanzstruktur, personeller Verarmung) als an das sekundäre Argument an. Es herrscht das ziemlich kurzfristige Kriterium der Zahlungsunfähigkeit. Die Aufdeckung der Potentiale, deren Ausnutzung (vor allem der möglichen) zählt noch nicht zur ausgeweiteten Geschäftspraxis.

Zum Erkennen, Aufdecken und Überwinden der Krise des Unternehmens gehört die Beurteilung der vergangenen Geschäftstätigkeit des Unternehmens, in viel geringerem Maße aber die geplante Situation (für den gleichen vergangenen Zeitraum) und die künftige Geschäftsführung.

Zahlreiche junge Unternehmen, insbesondere in den Transitionswirtschaften, treffen Entscheidungen über die Tätigkeit, Rechtsform, Größe und Lokation des Unternehmens, sind sich aber möglicher Folgen unüberlegter Auswahl nicht bewußt. Schwierigkeiten können trotz geplantem Zutritt auftreten. Dann kommt die Unfähigkeit vieler Unternehmen zum Ausdruck Frühwarnungen, Indikatoren der Krise rechtzeitig abzufangen, und rechtzeitig auf diese zu reagieren, also die Unfähigkeit zum Handeln (Knez-Riedl et al. 1997).

Die Unfähigkeit zur Beherrschung oder Überwindung der Krise führt dazu, daß vor allem bedrohte Einzelunternehmer (entweder Unternehmer-Eigentümer, Manager oder zahlreiche andere Beschäftigte) über den Sinn nachdenken. Das ist von ihrem Alter, der

Ausbildung, dem Charakter aber auch der Eigenenergie abhängig. Für viele Menschen sind die Geschäftsbedingungen so anspruchsvoll, daß die Verstrickung von Symptomen des Ausbrennens bei der Arbeit ("Burn Out Syndrom") bereits seit längerer Zeit ein aktuelles Problem ist (nicht nur ein wirtschaftliches, sondern auch soziales und medizinisches). Die Symptome sind zunächst kaum erkennbar, normalerweise steigern sie sich bis zu einem kritischen Punkt. Eine Reihe der von Ulrich (1998) angeführten Symptome weiten sich von dem Gefühl, nicht genügend geschätzt, in einer Sackgasse gefangen zu sein, aus. Je geringer die wahre Hingabe zur Arbeit ist, um so größer sind Zynismus und Unzufriedenheit. In genau dieser Situation ist die Frage nach dem Sinn des Unternehmens gleichzeitig die Frage nach der Lebensart, dem Wert, der Identitätskrise des Einzelnen. In Belastungs- bzw. Krisensituationen des Lebens ist der Einzelne gezwungen zu zeigen, ob er fähig ist, auf diese produktiv zu reagieren (Nastran Ule, 1993). Wie die gleiche Autorin betont, stellen solche Ereignisse im Leben eines Menschen Faktoren zur Persönlichkeitsgestaltung dar, ihre Beherrschung ist ein Schritt in der Persönlichkeitsentwicklung. Einzelne können in Krisen- und Konfliktsituationen ein wahres Trauma erleben, was sich auch auf dem Niveau der Organisation, in der sie wirksam sind, widerspiegelt.

Die Identitätskrise tritt demzufolge auch auf dem Niveau des Unternehmens auf. Teufl (1993) hebt hervor, daß gerade die Identitätsgewichtung des Unternehmens mit den Erwartungen des Umfeldes eine dauerhafte Aufgabe des Unternehmens ist, zu der auch die Bemühungen um koordinierte Sinngebung gehören. Vom sozial-politischen Standpunkt aus betrachtet ist die Ursache der Krise ein kollektiver Bruch in der Sinngebung und Strukturierung der Aufgaben (Pearson, Clair 1998), in dessen Folge es zu extremem Individualismus, Unzivilisiertheit und Gewalt kommen kann.

Stürmische Ereignisse auf dem Gebiet der Werte, besonders in den Transitionswirtschaften (Knez-Riedl, 1995) verursachen auf der einen Seite das Fehlen, Ignorieren des Sinns (auch in der Geschäftstätigkeit) und gerade deshalb den Bedarf nach der Sinngebung der Geschäftstätigkeit. Bei Letzterem steht die Rolle der Manager, ihre Wertsysteme, Motivierungs- und andere Fachkenntnisse im Vordergrund.

Die Krise des Unternehmens kann in allen Phasen seines Lebenszyklus auftreten. Pümpin und Prange (1995) sprechen von der "Entwicklungskrise", die in verschiedenen Phasen unterschiedlich zum Ausdruck kommt. Die Identitätskrise des Unternehmens ist besonders in seiner Reifephase ausgeprägt, wenn es in der Regel weniger Optionen vor sich hat als ein junges Unternehmen, das sich erst Geltung verschafft und im Wachstum steht.

Der Konflikt mit der Krise ist im Schutz des systematischen Krisenmanagements am wirkungsvollsten. Auswahl und Entscheidung des richtigen Zeitpunkts der Entscheidungen sowie Aktionen können zur Lösung der Krise und damit zum Erfolg beitragen. Das Ergebnis kann aber auch entgegengesetzt sein. In dem Fall ist die Folge der Krise die Beendigung der Geschäftstätigkeit, Liquidierung des Unternehmens. Die Krise stellt also gleichzeitig Drohung und Gelegenheit dar. Das chinesische Wort für Krise "wei-chi" besteht aus den beiden Schriftzeichen "wei" (Gefahr) und "chi" (Gelegenheit) (Russel, 1993).

Die Lösung der Krisensituation ist wirklich nur dann erfolgreich, wenn das weitere Bestehen des Unternehmens, seine Geschäftstätigkeit einen Sinn hat. Und umgekehrt: die Beendigung der Geschäftstätigkeit, die Liquidierung des Unternehmens, dessen Fortbestand sinnlos ist, bedeutet mehr als nur Mißerfolg in konventioneller Hinsicht, eine neue Herausforderung zur Überlegung über den Sinngehalt seiner weiteren Tätigkeit.

3 Sinn und Erfolg des Unternehmens (Überlegung über den Sinngehalt der Geschäftstätigkeit)

Für die Einschätzung, ob ein Unternehmen erfolgreich ist oder nicht, ist vor allem die Beurteilung durch das Umfeld relevant, die Meinung anderer. Zwar stützt das immer empfindlicher werdende Umfeld die Beurteilung auf unterschiedliche Kriterien, die sich verändern und ergänzen. Ein modernes erfolgreiches Unternehmen ist ein gesellschaftlich angenommenes Unternehmen (Hopfenbeck 1992), das seine Aufgabe erfüllt, daß es in Übereinstimmung mit dem Umfeld handelt. Der Begriff Erfolg umfaßt neben den rein wirtschaftlichen Kriterien auch subtilere nichtwirtschaftliche Kriterien wie z.B. Geschäftsmoral, Kultur, Umweltbewußtsein, Unternehmenskultur. In den berücksichtigten Komponenten und der Auffassung vom Erfolg drücken sich Werte, Wissen und Ziele der Bewerter aus.

Neben den ursprünglichen Kriterien des quantitativen Wachstums begannen sich andere, qualitative Kriterien durchzusetzen. Die quantitativen Kriterien können den Erfolg nicht vollkommen umfassen. Parallel zur strategischen Denkweise entstanden für die Beurteilung des Erfolgs relevante erworbene strategische Situationen und Ziele. Gefahr und Empfindlichkeit des Umfeldes affirmierten Kriterien der Harmonie mit dem globalen und vor allem mit dem natürlichen Umfeld (Osmanagić-Bedenik 1994). Die Gegenwart verbindet immer mehr den Erfolg des Unternehmens mit seiner Kultur (Weppler 1995).

Die traditionellen Erfolgskriterien weichen den modernen. Hodgson und Crainer (1994) betonen die kontinuierte Formulierung von Strategie und persönlicher Entwicklung. Für beide ist das Erkennen von Schwächen und Mängeln sowie die Ausnutzung der Unvollständigkeit bedeutsam. Die Kraft der Verwundbarkeit wird aktuell (Strength of Vulnerability).

Parallel zur Gestaltung neuer Kriterien änderte und ändert sich noch immer die Rolle des Unternehmens. Von einem reinen Marktsubjekt bzw. wirtschaftlicher Entität wird es als gesellschaftliches Subjekt und gleichzeitig gesellschaftliches Subsystem, mit bedeutender Kulturdimension, aber auch mit weiträumiger gesellschaftlicher Verantwortung bezeichnet.

Es verändert sich aber auch die Situation der Beschäftigten im Unternehmen. Wie Gerken (1993) betont, wollen die Menschen für ihren Sinn und nicht für den Chef arbeiten, womit die Karrierearbeit der Entwicklungsarbeit (persönlich, gesellschaftlich) weicht.

Die Frage nach den Kriterien ist bei der so genannten Selbstbewertung noch besonders spezifisch. Diese können sogar anspruchsvoller als die externen sein, die Beurteilung des eigenen Erfolgs tiefgreifender. Neben dem Wissen erfordert die Selbstbeurteilung Prinzipienfestigkeit und Selbstkritik. Der heutige Geschäftsmann neigt zur ganzheitlichen Persönlichkeit, nicht nur rein "Homo oeconomicus" (Trstenjak 1982). Gleichzeitig zu den wirtschaftlichen Zielen und Fragen stellt er sich auch die Frage nach dem Sinngehalt seines Handelns und seines Daseins. Das Gefühl der Daseinsleere wächst, die Spannung zwischen Dasein und Sinn steigt (Frankl 1994). Den heutigen Menschen plagt eine noogene Neurose. Diese tritt auf, wenn der Mensch auf der Suche nach dem Sinn auf einer unreifen Stufe stehenbleibt oder aber sich in einer pessimistischen Überzeugung verfängt, daß das Leben sinnlos ist (Trstenjak, Ramovš in Frankl 1994).

Während der Entdeckung des Sinns, trägt er ihn in die Welt und die Erscheinungen um sich. Den Sinn entdeckt er nicht nur rein als Wahrheit, vielmehr ist er für ihn gleichzeitig Wert und untauschbares Gut. Dabei ist der Wille zum Sinn bedeutend, der Bedarf nach dem Sinn, der unterschiedlich intensiv ist.

Zur Selbstbewertung zählen deshalb auch die Fragen bezüglich des Sinns der Geschäftstätigkeit, die kritische Beurteilung des Geschäftsprogramms, externe und interne Geschäftsbeziehungen sowie zahlreiche Effekte anderer Geschäftsentscheidungen. Die Suche nach der Antwort ist nicht nur auf rein wirtschaftliche Prinzipien orientiert. Sie steht im Kontext der Möglichkeiten der ganzheitlichen Entwicklung des Unternehmens und seiner persönlichen Entwicklung.

Bei immer größerer Ungeduld, Hascherei nach sofortiger Anerkennung und Durchsetzung ist es schwer, sich einem langfristigen Erfolg zu widmen. Kurzfristige Ausrichtung vernachlässigt zahlreiche Standpunkte, die Zeit bzw. Entwicklung erfordern. Ein kurzfristiger Erfolg hat meistens eine schnellere Vergänglichkeit aber langfristige, ungünstige Folgen.

Ein langfristiger, dauerhafterer Erfolg ist in der Ausnutzung der Potentiale im Unternehmen und der Potentiale des Umfeldes verankert, vor allem der so genannten Synergiepotentiale. Beide Potentialarten müssen identifiziert, angeregt und ihre partielle Ausnutzung, besonders aber die gegenseitige Ausnutzung, ermöglicht werden.

Prinzipientreue, Wille, Ausdauer, Flexibilität und Schöpferkraft zeigen sich neben Wissen, Umsicht und Fähigkeit der Zusammenarbeit als Faktoren, die sowohl für den Erfolg des Einzelnen wie für den des Unternehmens entscheidend sind. Der Erfolg muß aber auch erhalten und gepflegt werden. Mangelnde Selbstkritik und Wachsamkeit, anstelle derer jedoch Selbstgefälligkeit und Unterschätzung der anderen sind eine Falle, in welcher sich ein erfolgreiches Unternehmen oft verfängt.

Um Erfolg zu erreichen und zu erhalten werden die so genannten unantastbaren Mittel (Intangibles) von immer herausragenderer Bedeutung. Zu diesen zählt ebenso die subtile Kategorie wie das Vertrauen, welches das Unternehmen weckt (innerhalb seiner Grenzen, im geschäftlichen und im weiteren gesellschaftlichen Umfeld). Baraba und Zaltman (1991) betonen das multidimensionale Merkmal des Vertrauens, was auf verschiedene Art und Weise gewonnen und erhalten werden kann. Für Whitney (1996) ist Vertrauen das Symbol des Glaubens in Ehrlichkeit, Integrität, Zuverlässigkeit und Gerechtigkeit einer Person und Sache. Diese einfache Definition gilt in den nichtwirtschaftlichen Relationen ebenso wie in den wirtschaftlichen. Vertrauen entwickelt sich im Bemühen um gegenseitiges Vertrauen, aus Empathie und Unterstützung. Es regt zu verantwortungsbewußterem Verhalten, Schöpferkraft und Innovation an, trägt zur Entwicklung des Selbstvertrauens und damit zum Persönlichkeitswachstum des Einzelnen bei. Vertrauen bildet die richtige Grundlage zum Delegieren der Zuständigkeiten, welche die Potentiale im Unternehmen aktivieren. Gleichzeitig wird dadurch die Verbindung der internen Unternehmenspotentiale mit den externen Potentialen, also die Gestaltung der Synergiepotentiale, erleichtert.

4 Schlusswort

Die Sinngebung der Tätigkeit weist auch im Rahmen des Unternehmens trotz Verstrickungen, auf neue Wege zur Lösung von Krisensituationen im Unternehmen, aber auch auf Makroniveau. Gleichzeitig ebnet sie den Weg zur Geltung festerer, echterer Erfolgspotentiale. Damit schafft sie die Möglichkeit für eine bewußtere und ganzheitlichere Mikro- und Makroökonomik. Die Suche nach dem Sinn verläuft gleichzeitig auf drei Ebenen: individuelle, gegenseitige und gesellschaftliche Ebene (Gerken 1993). Das erfordert vor allem die Konfrontation mit zahlreichen Problemen, Verfolgung der Unterschiedlichkeit und große Anstrengung um Harmonie zwischen Erforderlichem und Möglichem.

Bei der Verbindung von Krise und Erfolg des Unternehmens mit der Sinnfrage muß vor allem betont werden:

- der moderne Mensch sucht den Sinn in allen seinen Handlungen
- die Konfrontation mit der Sinnfrage ist in Krisensituationen am gewöhnlichsten
- der Konflikt mit Krisenereignissen und Situationen weist auf die Möglichkeit hin, bei der Lösung des Konflikts einen Sinn zu finden
- die Suche nach dem Sinn ist individuell, wozu Wille und genügend ausgedrückter Bedarf nach dem Sinn erforderlich sind
- die Sinnfrage ist auch beim Erfolg aktuell; sie ermöglicht die Unterscheidung des kurzfristigen, schnell vergänglichen Erfolgs vom langfristigen, dauerhafterem
- die Beurteilung des Erfolgs bzw. Mißerfolgs öffnet sich an moderneren Qualitätskriterien (z.B. Geschäftsmoral, Fähigkeit zur Zusammenarbeit, Kultur, Umweltbewußtsein).

Literatur

Barraba, V.P., Zaltman, G. (1991): Hearing the Voice of Market Information, Harvard Business School Press, Boston, 1991.

Berger P.L., Luckmann T. (1995): Modernität, Pluralismus und Sinnkrise Die Orientierung des modernen Menschen, Verlag Bertelsmann Stiftung Gütersloh.

Bergmann G. (1996): Zukunftsfähige Unternehmensentwicklung Realistische Visionen einer anderen Betriebswirtschaftslehre, Verlag Franz Valen, München.

Bolz N. (1997): Die Sinngesselschaft, Econ Verlag, Düsseldorf.

Detering K.-E. (1995): Wi(e)der den ökonomischen Unsinn !(?) Wirtschaftliche Fehler Erkennen und Bekämpfen, Gabler, Wiesbaden.

Gerken G. (1993): Management by Love, Econ Verlag, Düsseldorf und Wien.

Green A. (1996): A Company Discovers its Soul, A Year in the Life of a Transforming Organization, Berrett - Koehler Publisher, San Francisco.

Hodgson, P., Crainer, S. (1994): What do High Performance Managers Really Do? Creating Strategies that Work, Financial Times, Pitman Publishing.

Hopfenbeck W. (1992): The Green Management Revolution Lessons in Environmental Excellence Prentice Hall New York.

Knez-Riedl J. (1995): The Enterprises in Transition Countries and the Global Change of Value System, First International Conference on Enterprise in Transition, Split, S. 71-76.

Knez-Riedl J. et al. (1997): Early Warning Signs and Action in an Innovative Society, Book of Abstracts, International Conference on Problems of Action and Observation, Amsterdam , S.30-32.

Kreuzhof R. (1990): Sinnfindung als Grundproblem der Unternehmenssteurung Ein Beitrag zu Inhalt und Methodik der Unternehmenssteurungslehre als Kulturwissenschaft, Verlag Rene F. Wilfer, Spardorf.

Nastran Ule, M. (1993): Psihologija vsakdanjega življenja,Znanstveno in publicistično središče, Ljubljana.

Osmanagić-Bedenik, N. (1994): Potencijali poduzeća, Analiza i dijagnoza potencijala u poslovanju poduzeća.

Pearson, C.M., Clair, J.A. (1998): Reframing Crisis Management, Academy of Management Review, Vol.23, No.1, S.56-76.

Peters T.J., Waterman R.H.jr. (1981): In Search of Excellence Lessons from American Best-Run Companies, Harper&Row Publishers, New York.

Russel. P. (1993): Sedaj Konec časa in začetek sedanjega, Alpha center,d.o.o, Ljubljana.

Teufl S. (1993): Der "Sinn"-Begriff anhand der Logotherapie und Existenzanalyse nach Viktor E. Frankl - Anwendungen für das Management? Der Versuch einer Annäherung, UW, Wien.

Trstenjak A. (1982): Temelji ekonomske psihologije, ČGP Delo TOZD Gospodarski Vestnik, Ljubljana.

Trstenjak A. (1994): Človek simbolično bitje, Založba Mladinska knjiga, Ljubljana.

Ulrich D. (1998): Intellectual Capital= Competence x Commitment, Sloan Management Review, Winter 1998, S.15-25.

Weick K.E. (1995): Sensemaking in Organization, Foundation for Organizational Science, A Sage Publications Series, Thousand Oaks.

Weppler M. (1994): Der Erfolgsbegriff in der Betriebswirtschaftslehre. Entwicklungstendenzen und Gründe des Wandels, Universität Bayreuth, Bayreuth.

Whitney, J.O. (1996): The Economics of Trust Liberating Profits and Restoring Corporate Vitality, McGrawHill, New York, Toronto.

Zoche H.-J. (1996): Macht Erfolg Sinn Eine neue Ethik für Unternehmer und Manager, Junfermann Verlag, Paderborn.

Štefan Kajzer

Übergangskrisen im Prozess der Unternehmensentwicklung

Prof. Dr. Štefan Kajzer
Universität Maribor, Slowenien

ÜBERGANGSKRISEN IM PROZESS DER UNTERNEHMENSENTWICKLUNG

Zusammenfassung: Um in den immer turbulenteren Verhältnissen die nötige Lebenskraft zu schaffen, stehen die Unternehmen vor einer ganzheitlichen Umwandlung und Dynamisierung. Es handelt sich nicht nur um eine Revolution im evolutionären Entwicklungsprozess, sondern um einen Umbruch in einen ständigen Wandlungsprozess. Im Lebenszyklus eines Unternehmens, das als zyklischer Prozess – Gründung (Aufbau), Wachstum, Differenzierung, Konsoliderung – aufzufassen ist, sind die Übergänge einer Lebensphase in eine andere besonders kritisch. Dabei haben die Unternehmer und Manager die meiste Last zu tragen. Sie führen das Unternehmen gemeinsam durch alle Lebensphasen, doch haben sie in einzelnen Phasen spezifische Probleme zu lösen und Aufgaben durchzufühen. In verschiedenen Phasen werden auch unterschiedliche Schwerpunkte und Prioritäten gesetzt.

Schlagwörter: Effektivität, Effizienz, Entwicklung(sprozess), Grundprozess, Informationsprozess, Krise, Lebenszyklus, Management, Steuerungsprozess, Unternehmertum, Wandel

TRANSITION CRISES IN THE PROCESS OF ENTERPRISE DEVELOPMENT

Summary: In order to acquire the necessary life strenght in the more and more turbulent circumstances, the enterprises are faced with a total trans - formation and dynamization. In question is not only a revolution in the evolutionary development process, but a turn to a continual change process. In the life cycle of an enterprise that has to be understood as a cyclic process – the foundation (the building), the growth, the differenciation, the consolidation – the transitions from one life phase into another is most critical. Here, the entrepreneurs and managers have to carry the greatest burden. Together they lead the enterprise through all life phases, but in individual phases they have to solve specific problems and carry out specific tasks. Through all these phases different emphases and priorities are given.

Keywords: basic process, change, control process, crisis, development (process), effectivity, efficiency, entrepreneurship, information process, life cycle, management

So what?
Theory is where you know everything and nothing works;
Practice is where everything works but nobody knows why;
Here we combine theory with practice:
Nothing works and nobody knows why.

(Grint 1997)

1 Problemstellung

Das äußerst aktuelle Schlagwort "Transition" steht für den besonderen Charakter des Strukturwandels, der derzeit in den Ländern Mittel- und Osteuropas zu beachten ist. Diese Form des Wandels, der seine Impulse nicht nur von der mikro-, sondern vor allem auch von der makroökonomischen Ebene erhält, ist bisher noch nie in Erscheinung getreten. Dementsprechend sind sowohl einzelne Unternehmen als auch ganze Volkswirtschaften – und diese wiederum auf allen Wirtschaftssektoren – von diesem Wandel betroffen (Belak et al. 1997, Mulej und Kajzer in Dyck, Mulej et al. 1998). Die Transition stellt aber nicht nur diese Länder und ihre Unternehmen selbst vor ungewisse, kritische Situationen, sondern auch deren Geschäftspartner in anderen Ländern.

Daher stehen heute in den immer turbulenteren Verhältnissen die Unternehmen – besonders jene in den Transitionsländern – in einer Transitionskrise, damit aber vor der schicksalsträchtigen Herausforderung einer ganzheitlichen Umwandlung und Dynamisierung. Schaffen sie diese nicht, werden sie, wie schon viele vor ihnen, in die letzte Phase ihres Lebenszyklus, nämlich in die Liquidationsphase geraten. Nicht viele Unternehmen kommen lebend da heraus.

2 Transitionskrisen

Begrenzt man sich zuerst auf die Transitionskrise, d. h. die Krise, die zur Zeit die Transitionsländer zu bewältigen versuchen, dann kann man im allgemeinen folgende drei Punkte hervorheben (Thommen in Belak et al. 1998):

1. Das politisch-rechtliche Umfeld, in dem sich das Management bewegt, ist auch nach mehreren Jahren der Umstellung und Anpassung an westliche Systeme noch von erheblicher Un-

sicherheit geprägt. Kennzeichnend sind vor allem Auseinandersetzungen um Positionen in politischen Gremien oder ungelöste personelle Führungsprobleme in der Politik.

2. In Bezug auf die wirtschaftliche Entwicklung kann festgehalten werden, dass sich zwischen den Situationen der verschiedenen Länder erhebliche Differenzen ergeben. Diese Differenzen können darauf zurückgeführt werden, dass die einzelnen Staaten Mittel- und Osteuropas zu unterschiedlichen Zeitpunkten mit der Transition begonnen haben und sich folglich heute in unterschiedlichen Phasen des Transitionsprozesses befinden und demzufolge auch heterogene Transitionszustände aufweisen.
3. Eine zusätzliche Bürde für Unternehmen besteht schließlich in der Wahrnehmung sozialer Aufgaben, die sie auch heute noch in der Transition erfüllen sollen und überwiegend auch noch erfüllen. Denn der Staat allein kann diese eigentlich ihm obliegenden Verpflichtungen nicht sicherstellen, da das Sozialversicherungssystem für die zu bewältigenden Probleme noch zu schwach ausgebildet ist.

Besonders die Transitionsländer, ihre Wirtschaften und Unternehmen stehen daher vor einem echten Problem, das sie schleunigst lösen müssen. Dabei handelt es sich nicht nur um einen einzigen Sprung, also um eine Revolution im evolutionären Entwicklungsprozess, sondern um einen Umbruch in einen ständigen Wandlungsprozess.

Ein zeitgenössisches Unternehmen – sei es im Osten oder im Westen – befindet sich und wird sich auch in der Zukunft in einem Prozess ständiger tiefgreifender Veränderungen befinden: unregelmäßig wechseln sich relativ stabile und turbulent dynamische Perioden, die Evolutions- und Revolutionsphasen ab. Im Wirtschaftsleben lässt sich stets neu das Phänomen beobachten, dass relativ stabile Lebensabschnitte durch plötzlich auftretende Krisen unterbrochen werden.

Wie wir wissen, ist ein Unternehmen ein komplexes dynamisches offenes sozio-technisches System, das durch Überlappungen und Gleichzeitigkeit mehrerer Zustände und Prozesse geprägt ist. Trotzdem ist es gelungen, das "Leben" eines Unternehmens in einige typische Lebensphasen zu gliedern, die viele wichtige gemeinsame Eigenschaften aufweisen. Diese Tatsache ermöglicht uns, für spezifische Lebensphasen auch spezifische Verhaltensmuster zu entwickeln und sie erfolgreich einzusetzen.

Doch, ein Unternehmen ist kein Lebewesen und die Phasen seines Lebenszyklus kann man nur sehr bedingt mit der dort üblichen Reihenfolge "Geburt, Kindheit, Jugend, Reife, Alter und Tod" bezeichnen. Ein Unternehmen kann (und soll) sich nämlich gleichzeitig in einigen Lebensphasen befinden und muss als Ganzes nicht grundsätzlich aufhören zu existieren. Nach der üblichen Auffassung gliedert man den Lebenszyklus eines Unternehmens in einige idealtypische Unternehmenskonfigurationen (vgl. z. B. Belak et al.1997, Bleicher 1995, Burkhardt, Sager 1994, Pümpin, Prange 1991, Zuberbühler 1989). In Anlehnung an die Überlegungen genannter Autoren wird der Lebenszyklus des Unternehmens hier in folgende fünf Phasen gegliedert: **Gründung (Aufbau), Wachstum, Differenzierung, Konsolidierung und Krise** (Abbildung 1). Wie bereits angedeutet, hat jede dieser Phasen spezifische Eigenschaften, die in der Fachliteratur schon vielseitig beleuchtet worden sind. Nach Zuberbühler (1989) benötigt man in der Aufbauphase den Pionier, in der Wachstumsphase den Macher, in der Differenzierungsphase den Strategen und in der Konsolidierungsphase den Coach.

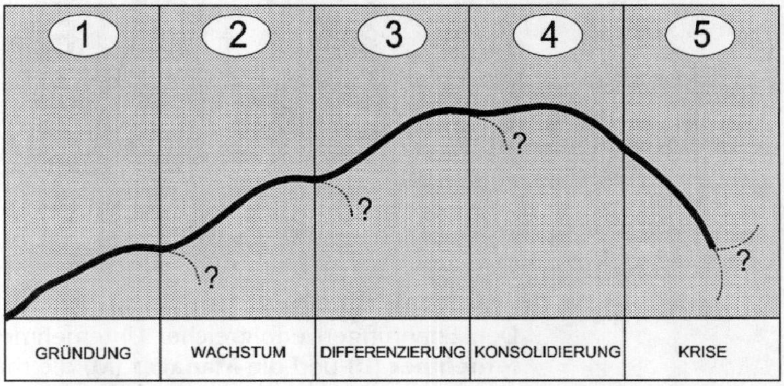

Abb. 1: Lebenszyklus eines Unternehmens (vgl. Zuberbühler 1989)

Wie sich gezeigt hat, sind im Lebenszyklus eines Unternehmens die Übergänge von einer Lebensphase in die andere besonders kritisch (Kajzer 1998). Demzufolge ist nicht nur die letztgenannte Phase, sondern sind alle vier Übergänge als Krisen wahrzunehmen und als solche auch zu behandeln. Diese Einstellung führt dazu, dass der Lebenszyklus eines Unternehmens als ein **zyklischer Prozess** (vgl. auch Pümpin, Prange 1991) aufzufassen ist, der stets die Phasen Gründung, Wachstum, Differenzierung und Konsolidierung nacheinander durchläuft (Abbildung 2). Dabei ist die Liquidierung als möglicher Ausgang aus jeder Krise zu betrachten.

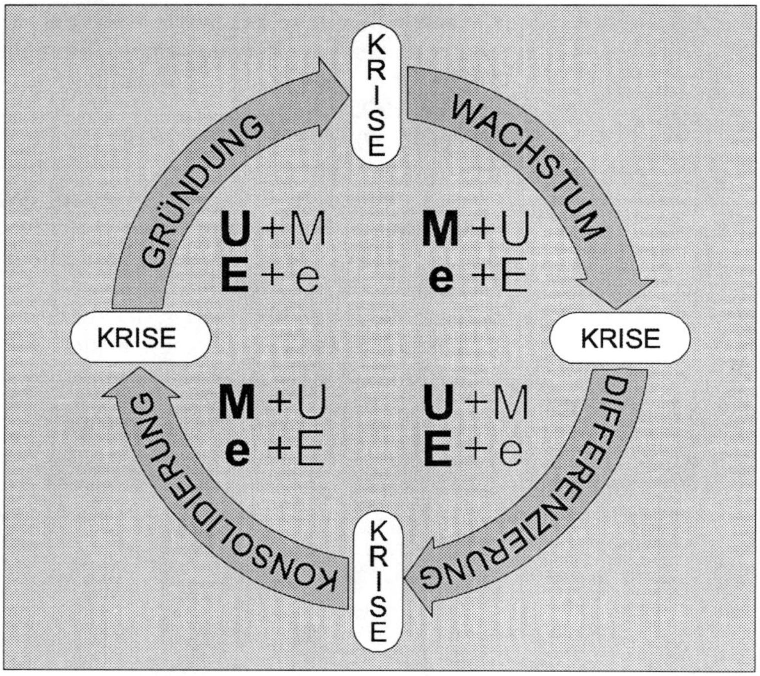

Abb. 2: Krisen, Unternehmertum (U) und Management (M), Effektivität (E) und Effizienz (e)

Den Erfahrungen erfolgreicher Unternehmen nach haben die **Unternehmer (U)** und die **Manager (M)** die meiste Last dieser Wandlungen zu tragen. Im Lebenszyklus hat man ständig mit zwei verschiedenen ineinander verflochtenen Teilprozessen zu tun:

- einerseits mit der Schaffung neuer Potentiale, also mit kreativer Zerstörung alter, veralteter Kulturen, Prozesse, Produkte, Technologien, Organisationsformen und mit der Ersetzung dieser durch innovativere – dabei steht das Unternehmertum im Vordergrund;
- andererseits mit der Ausnutzung bestehender Potentiale – wobei das Management im Vordergrund steht.

Unternehmer und Manager führen also das Unternehmen gemeinsam durch alle Lebensphasen (Abbildung 3), sie haben aber in einzelnen Phasen nicht nur spezifische Probleme zu lösen und Aufgaben durchzuführen.

In verschiedenen Phasen werden auch unterschiedliche Schwerpunkte und Prioritäten gesetzt. Wie man aus dem oben erwähnten schließen kann, geht es im ersten Teilprozess hauptsächlich um die **Effektivität (E)**, im zweiten um die **Effizienz (e)**. Dabei verstehen wir unter diesen Begriffen folgendes (Kajzer in Belak et. al. 1998, vgl. auch Turk 1987):

1. Effektiv sein bedeutet nach Drucker (1967): "die richtigen Sachen tun". Die Effektivität (E) stellt daher ein äußeres Merkmal

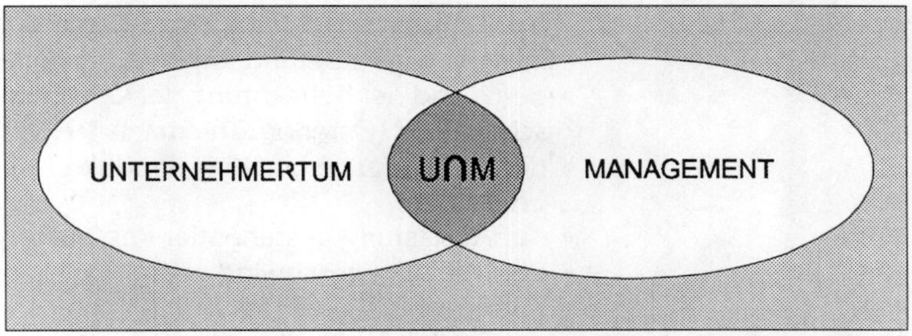

Abb. 3: Unternehmertum und Management ($U \cap M \neq \emptyset$)

des Unternehmens dar (Abbildung 4). Es handelt sich um die Konzeption des offenen Systems, um das Verhalten des Unternehmens im gegebenen Umfeld (Know-why und Know-what). Durch Effektivität werden die Folgen beurteilt, die das System in seinem Umfeld verursacht. Zu den typischen Effektivitätskriterien zählen insbesondere:

- das ethische Handeln und die Glaubwürdigkeit (Thommen 1996),
- die Qualität der Produkte und/oder Dienstleistungen,
- die Liefer- und Servicebereitschaft
- die Verhältnisse zur gesellschaftlichen und natürlichen Umgebung (zur Mit- und Umwelt),
- die Humanisierung der Arbeit
- die Rentabilität und Akkumulationsfähigkeit

Bei der Beurteilung der Effektivität stehen die Geschäftszwecke und aus ihnen abgeleiteten Ziele des Unternehmens im Vordergrund; deren Hintergrund stellt die Verbesserung der Lebensqualität dar.

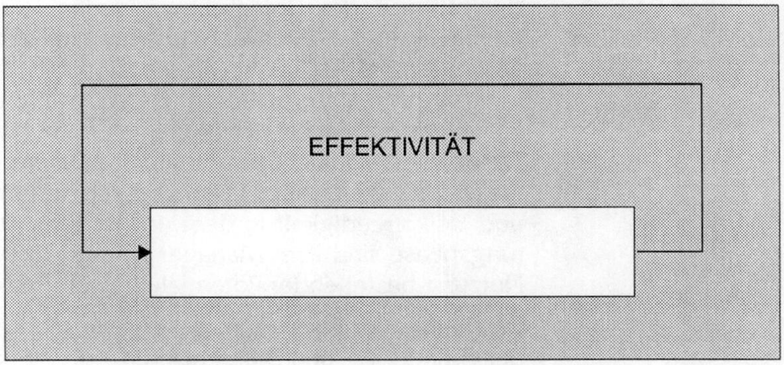

Abb. 4: Die Effektivität

2. Effizient sein bedeutet, wiederun nach Drucker, "die Sachen richtig tun". Die Effizienz (e) stellt daher ein inneres Merkmal des Unternehmens dar (Abbildung 5). Aus systemtheoretischer Sicht handelt es sich um die Konzeption eines geschlossenen Systems, also um das Funktionieren des Unternehmens als Ganzes (Know-how), um die Fähigkeit, die verfügbaren Potentiale "optimal" auszunutzen. Sie folgt im allgemeinen aus dem

Verhältnis zwischen Inputs und Outputs im weitesten Sinne. Die Effizienz wird aufgrund folgender Kriterien beurteilt:

- dem Grad der Betrachtung der Gewinnmaximierung als moralische Pflicht (Osterloh, Thiemann 1995),
- der Menge an erbrachten Produkten und/oder Dienstleistungen,
- der Auslastung bestehender Ressourcen,
- der Durchlaufgeschwindigkeit,
- der Zuverlässigkeit des Funktionierens,
- der Produktivität,
- der Wirtschaftlichkeit...

Alle Effizienzmaße des Unternehmens sind dadurch gekennzeichnet, dass sie – im Gegensatz zur Effektivität – nicht auf die Gestaltung der Geschäftszwecke (Know-why) und –ziele (Know-what) gerichtet sind. Die volle Aufmerksamkeit gilt den Bemühungen, diese mit minimalen Aufwendungen zu erreichen.

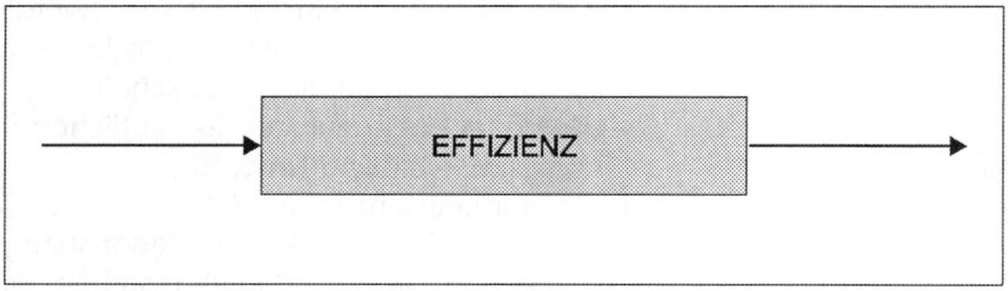

Abb. 5:
Die Effizienz

So kann man behaupten, (siehe Abbildung 2) dass in der Gründungsphase der Unternehmer in den Vordergrund tritt (**U**+M), wohingegen in der Wachstumsphase der Manager das Sagen übernimmt (**M**+U); in der Differenzierungsphase sucht man wieder intensiv nach Unternehmern (**U**+M), während die Konsolidierung vor allem die Sache der Manager ist (**M**+U). Dies beruht auf der Tatsache, dass in der Gründungs- und Differenzierungsphase Probleme aufzudecken und zu lösen sind, die Unternehmertum, Innovation und Risikofreudigkeit fordern, in der Wachstums- und Konsolidierungsphase sind aber Manager gefragt, die vor allem die rationale Nutzung bestehender Potentiale gewährleisten können.

Das heißt aber wiederum, dass – wie schon oben angedeutet – in der Gründungs- und Differenzierungsphase vor allem die Effektivität (**E**+e), in der Wachstums- und Konsolidierungsphase dagegen die Effizienz (**e**+E) angestrebt wird.

Die Anforderungen an die Unternehmer und Manager sowie an ihre Mitarbeiter sind in verschiedenen Phasen des Lebenszyklus des Unternehmens zwar unterschiedlich, es besteht aber trotzdem – sowohl innerhalb einzelner Phasen als auch in den Krisenphasen – eine wichtige Gemeinsamkeit: Auslösen und Management des Wandels – Change Management (Pümpin und Prange (1991) schreiben über das Wende-Unternehmen, begrenzen es aber nur auf eine seiner Lebensphasen). Jeder Unternehmer und Manager muss also in jeder beliebigen Lebensphase fähig sein, die Veränderungen zu bewirken und zu bewältigen, welche natürlich dann am stärksten ausgeprägt sind, wenn sich das Unternehmen in der Krise befindet. In einer solchen Situation ist das Überleben ohne radikale Umwandlung unmöglich. Man könnte fast die Aussage wagen, dass Krise und Erfolg einander bedingen.

Die Bewältigung von Transitionskrisen in den Reformländern gerät dabei in zusätzliche Schwierigkeiten, denn die Unternehmer und Manager müssen erst "geschaffen" werden! Es handelt sich nicht darum, dass es dort keine gibt, sie sind aber in jenen Gesellschafts- und Wirtschaftsverhältnissen erfolgreich gewesen, von denen sich die Reformländer durch Transformation lösen müssen, um in der Globalisierung erfolgreich überleben zu können. Die Unternehmer und Manager müssen also einerseits vieles dazulernen, anderseits aber auch vieles vergessen können.

3 Mariborer Management-Modell

Betrachtet man die objektive Realität aus prozessualer Sicht, dann stellt man fest (Kajzer in Belak, Kajzer 1994), dass die zweckmäßige Beeinflussung des relevanten Geschehens immer mit drei in Wechselbeziehungen stehenden Prozessen verbunden ist (Abbildung 6):

1. mit dem Grundprozess, d. h. mit jenem Geschehen, das wir beeinflussen wollen und das der betrachteten Erscheinung immanent ist,
2. mit dem Informationsprozess, gebildet aus Erkenntnisprozess und Informations-Gestaltungsprozess, sowie
3. mit dem Steuerungsprozess, der aus dem Entscheidungsprozess und dem Prozess der Durchsetzung gewählter Maßnahme(n) durch eine konkrete Aktion besteht (Dabei wird der kybernetische Begriff der Steuerung verwendet, der den ganzen Verwaltungs- und Führungsprozess beinhaltet.).

Bei genauerer Analyse dieser Prozesse und ihrer Wechselbeziehungen kommt man zur Erkenntnis, dass sie ineinander verflochten sind und eine offene synergetische Ganzheit bilden (Abbildung 7), die folgendermaßen interpretiert werden kann (Belak, Kajzer 1994):

1. **der Grundprozess GP** als Kompositum der Durchsetzung der Steueraktionen AT, der Grundtransformation GT und der Datenerfassung DT

   $GP = AT \circ GT \circ DT;$

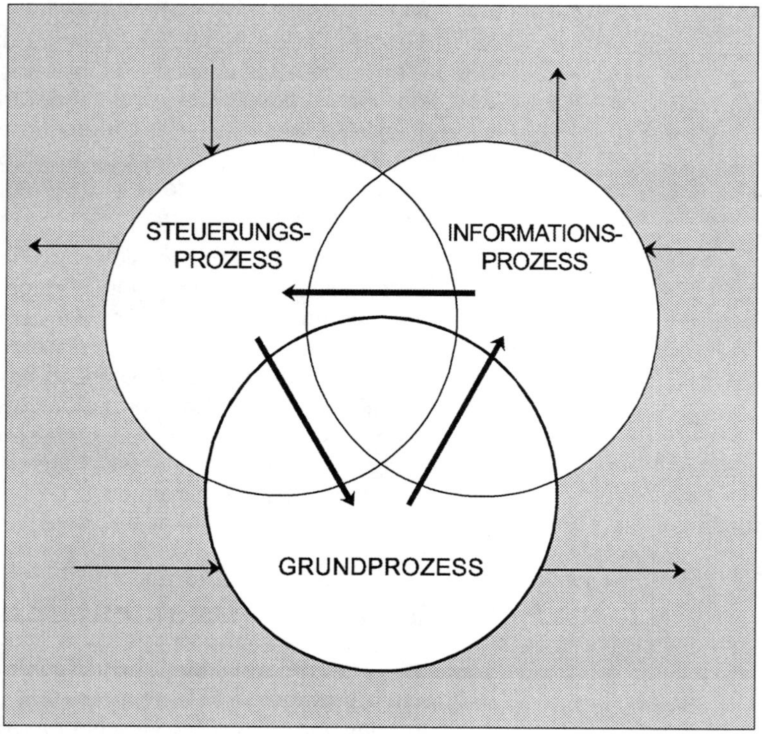

Abb. 6: Wechselbeziehungen zwischen Prozessen im System

2. **der Informationsprozess IP** als Kompositum der Datenerfassung DT, der Datenverarbeitung VT und der Informationsgestaltung IT

   $IP = DT \circ VT \circ IT;$

3. **der Steuerungsprozess SP** als Kompositum der Informationsgestaltung IT, des Entscheidungsprozesses ET und der Durchsetzung der Steueraktionen AT

   $SP = IT \circ ET \circ AT.$

Das bedeutet, dass jeder der drei Prozesse eine relativ autonome Kerntätigkeit besitzt (die Grundtransformation im GP, die Datenverarbeitung im IP und der Entscheidungsprozess im SP), am Anfang und am Ende ist aber jeder in den beiden anderen verankert.

Die gezeigte prozessuale Auffassung des Unternehmens führt ferner zur Konzeption des Unternehmens als die eines offenen unscharfen (fuzzy) Systems (Zadeh 1965). Das aber heißt, dass jede Komponente des Unternehmens jedem von den drei Prozessen zugleich, jedoch mit verschiedener Zugehörigkeitsstufe, zufällt.

Nimmt man jetzt den Managementprozess näher in Betracht und berücksichtigt dabei nicht nur die gezeigten Phasen (nämlich die

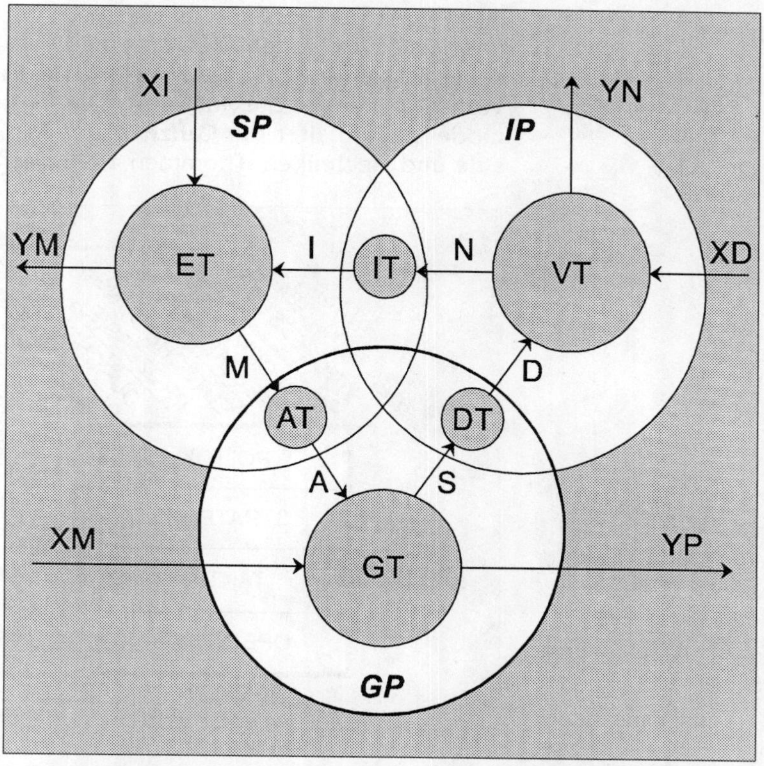

Abb. 7: Grund-, Informations- und Steuerungsprozess im Unternehmen

(XM: materielle Inputs, A: Steueraktionen, YP: Produkte und Dienstleistungen, S:Signale, D: die erfassten Daten, XD: Daten aus der Umwelt, N: innere Nachrichten, YN: Nachrichten für die Umwelt, I: innere Informationen, XI: äussere Informationen, M: innere Maßnahmen, YM: äußere Maßnahmen)

Informationsgestaltung, den Entscheidungsprozess und die Durchsetzung der Maßnahmen), sondern auch die Ebenen und Funktionen dieses Prozesses, dann entsteht ein Würfel (Abbildung 8), der zeigen soll, dass es sich auch hier um drei miteinander verflochtene Gesichtspunkte handelt, die erst als Ganzes ein entsprechend klares Bild ergeben können.

Natürlich gehören zum Managementmodell neben der hier betonten prozessualen Sicht auch die beiden anderen, nämlich die institutionale und die instrumentale. Wie schon die prozessuale Auffassung gezeigt hat, kann das Managementsystem des Unternehmens keinesfalls nur ein Teilsystem sein. Das würde nämlich bedeuten, dass Management als Institution von anderen Komponenten des Unternehmens völlig trennbar wäre. Eine derartige Stellungnahme würde die Wechselbeziehungen zwischen dem Management- und anderen Prozessen im Unternehmen, vor allem aber die Tatsache verneinen, dass sich diese Prozesse, damit aber auch ihre Träger, überdecken. Die Idee, nach der das Management als unscharfes Teilsystem des Unternehmens interpretiert werden sollte (Kajzer in Belak, Kajzer 1994, vgl. Grint 1997), kommt der Wahrheit näher. Die instrumentale Seite des Managementmodells beinhaltet die Ganzheit der Managementprinzipien, -stile und -techniken (Thommen 1996, Mugler 1995).

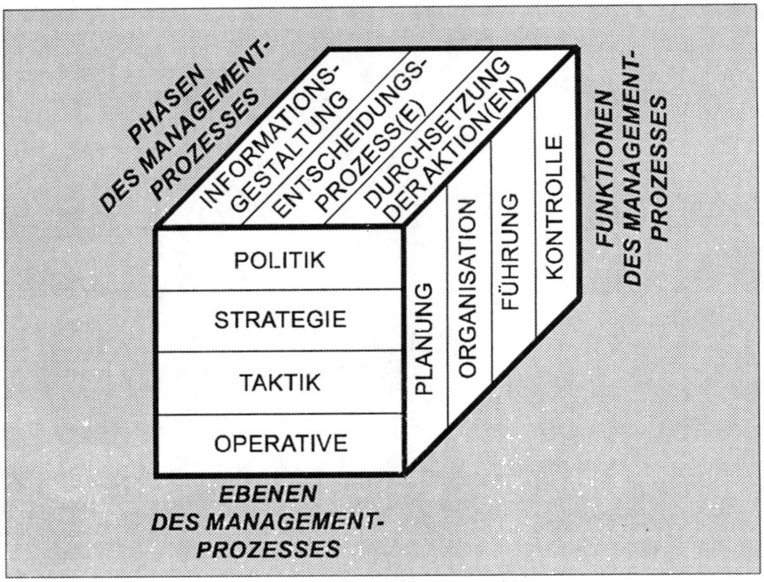

Abb. 8: Grunddimensionen des Managementprozesses

4 Management des Wandels

Die zeitgenössischen Unternehmen – besonders jene in den Transitionsländern – stehen vor der folgenträchtigen Herausforderung einer ganzheitlichen Dynamisierung (vgl. z. B. Kropfberger 1993, Zuberbühler 1989). Wenn sie diese Umwandlung nicht über sich bringen können, werden sie – wie schon viele zuvor – aus einer der genannten Krisensituationen in die letzte Phase ihres Lebenszyklus, nämlich in die Liquidationsphase, geraten.

Wie wir oben schon angedeutet haben, handelt es sich dabei nicht um einen eimaligen Qualitätssprung, d. h. um eine einmalige Revolution, sondern um den Übergang zum ständigen Wandel. Den Erfahrungen erfolgreichster Unternehmen nach haben die Unternehmer und Manager die größte Last dieses Wandels zu tragen (vgl. Bridges 1991, Burkhardt, Sager 1994, Kanter 1983, Kobi 1994, Lerbinger 1997, Nadler et al 1994, Thom 1997). Sie müssen in jeder beliebigen Phase des Lebenszyklus fähig sein, die Veränderungen zu bewirken und zu bewältigen, obwohl sie mal ausgeprägter, mal verdeckter sind. In den Krisenphasen kommen sie am stärksten zum Vorschein: wenn man dorthin gelangt, kann man ohne radikale Veränderungen überhaupt nicht überleben.

Die genannten Veränderungen beziehen sich aber, wie wir im vorigen Kapitel gezeigt haben, keineswegs nur auf den Grundprozess, d. h. auf den Geschäftsprozess im engeren Sinn, sondern simultan auch auf den Management- und Informationsprozess. Erst diese Ganzheit kann als synergetische Grundlage des Wandels verstanden werden (Thommen et al 1998).

In der sich turbulent wandelnden Welt, was sich nicht nur auf das Wirtschaftssystem begrenzen lässt, stellt gerade die Fähigkeit des Wandelns das Grundkriterium der Effektivität und der Effizienz dar. Darum müssen die Unternehmer und Manager die Rolle des "Veränderungs-Agenten" übernehmen (Scheuss 1985). Für diese Aufgaben müssen die jetzigen und die zukünftigen Unternehmer und Manager erst befähigt werden.

5 Einige Schlussfolgerungen

Um in den immer turbulenteren Verhältnissen die nötige Lebenskraft zu schaffen, stehen die Unternehmen – besonders jene in den Transitionsländern – vor einer ganzheitlichen Umwandlung und Dynamisierung. Dabei handelt es sich nicht nur um eine Revolution im evolutionären Entwicklungsprozess, sondern um einen Umbruch in einen ständigen Wandlungsprozess.

Es hat sich gezeigt, dass der Lebenszyklus des Unternehmens als zyklischer Prozess abläuft. In einzelnen Lebensphasen schwankt der Schwerpunkt vom Unternehmer zum Manager und von der Effektivität zur Effizienz und umgekehrt. Die Übergänge einer Lebensphase in eine andere sind besonders kritisch.

Dabei muss jeder Unternehmer und Manager also in jeder beliebigen Lebensphase fähig sein, die Veränderungen zu bewirken und zu bewältigen. Diese sind natürlich dann am stärksten ausgeprägt, wenn sich das Unternehmen in der Krise befindet. In einer solchen Situation ist das Überleben ohne radikale Umwandlung unmöglich. Man könnte fast die Aussage wagen, dass Krise und Erfolg einander bedingen.

Diese Veränderungen können aber nur dann erfolgreich durchgesetzt werden, wenn sie als Ganzheit des Grund-, Management- und Informationsprozesses verstanden werden.

Literatur

Belak J., Kajzer Š., Hrsg. (1993): Unternehmen im Übergangsprozess zur Marktwirtschaft – mit Fallbeispielen aus Slowenien. Linde Verlag, Wien

Belak, J., Kajzer Š., Mugler J., Senjur M., Sewing N., Thommen J.-P., Hrsg. (1997): Unternehmensentwicklung und Management – unter besonderer Berücksichtigung der Klein- und Mittelbetriebe in den Reformländern. Versus Verlag, Zürich

Belak J. in soavtorji (1998): Razvoj podjetja in razvojni management: Posebnosti malih in srednje velikih podjetij. Mer Evrocenter, Gubno

Bleicher K. (1995): Das Konzept Integriertes Management. Campus Verlag, Frankfurt

Bridges W. (1991): Managing Transitions: Making the Most of Change. Addison-Wesley Publishing Co. Reading

Burkhardt K., Sager O. (1994): Kulturkrisen im Unternehmenswandel. Zeitschrift Führung + Organisation 63(1994)1, S. 42-45

Drucker P. (1967): The Effective Executive. Heinemann, London

Dyck R.G., Mulej M. and Coauthors (1998): Self-Transformation of the Forgotten Four-Fifths. Kendall/Hunt Publishing Co., Dubuque, Iowa

Grint K. (1997): Fuzzy Management: Contemporary Ideas and Practices at Work. Oxford University Press, Oxford

Kanter R. (1983): The Change Masters: Corporate Entrepreneurs at Work. Unwin Paperbacks, London

Kobi J.M. (1994): Management des Wandelns: die weichen und harten Bausteine erfolgreicher Veränderung. Verlag Paul Haupt, Bern

Kropfberger D. (1993): Vodenje podjetja v gospodarski preobrazbi. IB revija 28 (1993)8-9-10, S. 27-43

Lerbinger O. (1997): The Crisis Manager: Facing Risk and Responsibility. Lawrence Erlbaum Associates, Publishers, Mahwah, N. Jersey

Mugler J. (1995): Betriebswirtschaftslehre der Klein- und Mittelbetriebe. Springer Verlag, Wien/New York

Nadler D.A., Gerstein M.S., Shaw R.B. und Mitarbeiter (1994): Organisations-Architektur: Optimale Strukturen für Unternehmen im Wandel. Campus Verlag, Frankfurt

Osterloh M., Thiemann R. (1995): Konzepte der Wirtschafts- und Unternehmensethik: das Beispiel Brent Spar. Die Unterrnehmung 49(1995)5, S. 321-338

Pümpin C., Prange J. (1991): Management der Unternehmensentwicklung: Phasengerechte Führung und der Umgang mit Krisen. Campus Verlag, Frankfurt

Scheuss R. (1985): Strategische Anpassung der Unternehmung: Ein kulturorientierter Beitrag der Unternehmensentwicklung. Zürich

Thom N. (1997): Management des Wandels: Grundelemente für ein differenziertes und integriertes "Change Management". Die Unternehmung 51(1997)3, S. 201-214

Thommen J.-P. (1996): Managementorientierte Betriebswirtschaftslehre. Versus Verlag, Zürich

Thommen J.-P., Mugler J., Belak J. (1998): Sinergija in razvojni management. MER, Gubno

Turk I. (1987): Pojmovnik poslovne informatike. Društvo ekonomistov Ljubljana

Zadeh L.A. (1965): Fuzzy Sets and Systems. In: Fox. J, ed.: System Theory. Polytechnic Press, New York

Zuberbühler M. (1989): Wer sind die erfolgreichen Unternehmer? io Management Zeitschrift 58(1989)4, S. 31-34

Jean-Paul Thommen

Bewältigung von Krisen durch organisationales Lernen

Prof. Dr. Jean-Paul Thommen
EUROPEAN BUSINESS SCHOOL Schloß Reichartschausen, Deutschland

BEWÄLTIGUNG VON KRISEN DURCH ORGANISATIONALES LERNEN

Zusammenfassung: Unternehmenskrisen können verschiedene Ursachen haben. In der heutigen Zeit sind viele Krisen jedoch auf den gesellschaftlichen und wirtschaftlichen Strukturwandel zurückzuführen, der sich aufgrund der Globalisierung in den letzten Jahren ergeben hat. Durch den damit verbundenen grundlegenden Wandel können die sich daraus ergebenden Probleme nicht mehr mit den traditionellen und bisher erfolgreichen Denkmustern und Instrumenten bewältigt werden. Gefragt sind insbesondere Konzepte, die es einer Unternehmung erlauben, sich das notwendige Wissen schneller als die Konkurrenz zu erwerben und umzusetzen. In diesem Punkt setzt das organisationale Lernen und das Wissensmanagment an. Diese erlauben es einer Unternehmung, nicht nur rasch aus einer Krise zu kommen, sondern auch zukünftige Krisen zu vermeiden.

Stichwörter: Krisenmanagement, Management des Wandels, organisationales Lernen, Unternehmensentwicklung, Wissensmanagement

MASTERING THE CRISES THROUGH ORGANIZATIONAL LEARNING

Summary: The enterprise crises can be caused by different factors. Nowadays, many crises are to be ascribed to social and economic structural changes arisen on hand of globalization in the last years. Due to the fundamental change the problems emanating from it cannot any longer be overcome by traditional and hitherto succesful patterns of thought and instruments. There is particularly a great demand for concepts allowing an enterprise to acquire and apply knowledge faster than the competitors. This is where the organizational learning and knowledge management begin. They not only help an enterprise get out of the crisis, but also prevent future crises.

Keywords: change management, knowledge management, management of crisis, organization developmenrt, organizational learning

1. Bedeutung von Krisen

Kein Zweifel, die gegenwärtige Welt ist geprägt durch Krisen, und zwar durch Krisen auf verschiedenen Ebenen, sei es auf der gesamtwirtschaftlichen oder auf der unternehmerischen Ebene. Dabei hängen diese Krisen eng miteinander zusammen. Nicht selten ergeben sich daraus sogar Krisen auf der persönlichen, individuellen Ebene. Nicht nur durch den Verlust des Arbeitsplatzes, sondern auch dadurch, dass die Art der Arbeit, wie man sie jahrelang ausgeführt hat und wie sie gefordert worden war, durch neue Arbeitsinhalte abgelöst wird. Die Arbeitsplatzsicherheit kann durch die Unternehmen nicht mehr gewährleistet werden, an ihre Stelle treten bestenfalls die Beschäftigungssicherheit oder die Sicherung der Arbeitsmarktfähigkeit.

Die heutigen Krisen sind ausgelöst worden durch die Veränderung der globalen Strukturen und Prozesse sowohl im gesellschaftspolitischen wie auch im wirtschaftlichen Bereich. Das Gespenst Globalisierung geht um – ein Begriff, der in aller Leute Munde ist, aber meist nur als undefiniertes Schlagwort und Schreckgespenst verwendet wird. Doch wer hat schon das Gespenst selbst gesehen? Es sind vielmehr seine nicht immer deutlich oder rechtzeitig erkennbaren Spuren und Probleme, die es hinterlässt und für die wir – da wir die ursächlichen Probleme oft nicht erkennen oder erkennen wollen – keine Lösungen haben. Hätten wir sie, so würden wir nicht von einer Krise sprechen.

Die Strukturen des Marktes und des Wettbewerbs haben sich grundlegend verändert und deshalb müssen die Unternehmen ihre Strategien, Strukturen sowie Unternehmenskulturen völlig neu gestalten. Allerdings weiß man aufgrund der Intensität des Wandels nicht mehr, was richtig ist, man sieht nicht mehr, wohin der Weg führt. Es geht nicht mehr um eine Verbesserung der bisherigen Prozesse und Strukturen, sondern um eine völlige Neuorientierung, um radikale Veränderung.[1] Es stellt sich deshalb die Frage, wie man diesen Kurswechsel initiieren und durchführen kann, um eine Krise zu bewältigen. Doch auch auf dieser Ebene funktionieren die alten Muster und Werkzeuge nicht mehr. Es genügt nicht mehr, dass die Mitarbeiter geschult werden und durch inidviduelles oder kollektives Lernen ihre Fähigkeiten verbessern und damit ihre Tätigkeiten noch effizienter vollbringen.

1 Ein gutes Beispiel bietet dazu der Ansatz des Business Reengineering von Hammer/Champy (1994), die ein "fundamentales Überdenken und radikales Redesign" (S. 48) postulieren.

2. Krisen als Bestandteil der Unternehmensentwicklung

In der Alltagssprache ist das Wort Krise meist negativ besetzt, nicht zuletzt deshalb, weil eine Krise mit Fehlentwicklungen, negativen Resultaten, mit schlechten Erfahrungen oder unangenehmen Veränderungen in Verbindung gebracht wird. Gerade letzteres ist belastend, da man oft keine Lösung des Problems mehr sieht. Denn wenn man in einer Krise steckt, wird man unsicher, weil die alten Denkmuster und Methoden, mit denen man lange Zeit Erfolg hatte, nicht mehr greifen.

Unternehmen sehen sich aber in ihrem historischen Entwicklungsprozess immer wieder mit Krisensituationen konfrontiert, wie dies schematisch in Abbildung 1 zum Ausdruck kommt. Diese können ihre Ursachen entweder in internen Unternehmensproblemen haben, ausgelöst beispielsweise durch das Unternehmenswachstum, oder sie können durch Veränderungen der externen Umwelt bewirkt werden, wie dies heute durch die zunehmende Komplexität und Dynamik der Fall ist.

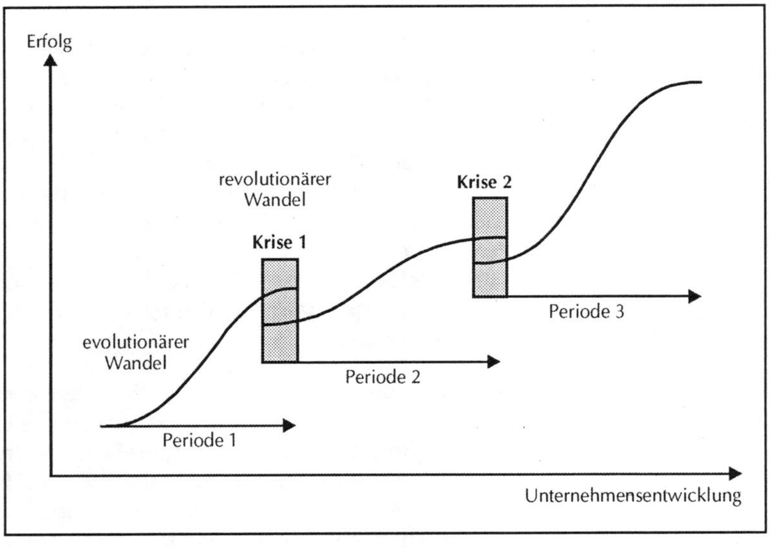

Abb. 1: Krisen als Bestandteil der Unternehmensentwicklung (Thommen 1996, S. 248)

Krisen sind somit nicht zwangsläufig auf ein Managementversagen zurückzuführen. Sie sind im Gegenteil als "natürlicher" Bestandteil der Unternehmensentwicklung zu verstehen. Interessant ist in diesem Zusammenhang auch eine sprachhistorische Betrachtung des Wortes Krise. Dieses stammt vom griechischen Wort "krisis", das in seiner ursprünglichen Bedeutung den Wendepunkt für Segelschiffe im Wettkampf bezeichnete. Dort muss man sein ganzes Können und seine gesamten Fähigkeiten einsetzen, um den entscheidenden Vorteil gegenüber seinem Gegner zu erzielen. Doch genauso wie Wendepunkte im Wettkampf über Sieg und Niederlage entscheiden, sind Krisen für Unternehmen Situationen, in denen sie entweder ihre Zukunft verspielen oder entscheidende Wettbewerbsvorteile gewinnen und gestärkt daraus hervorgehen. Andrew Grove, Präsident und ehemaliger CEO von Intel beschreibt dieses Phänomen sehr eindrücklich in seinem Buch "Only the paranoid survive", das – in unserem Zusammenhang – den vielsagenden Untertitel "How to exploit the crisis points that challenge every company and career" trägt. Er zeigt an Beispielen aus seiner Industrie (und auch aus anderen Branchen), dass Unternehmen immer wieder an einen Punkt kommen (Stategic inflection point), an dem eine grundsätzlich neue Strategie eingeschlagen werden muss, weil sich die Bedürfnisse der Kunden, der Wettbewerb oder die Strukturen grundlegend geändert haben (vgl. Abbildung 2).

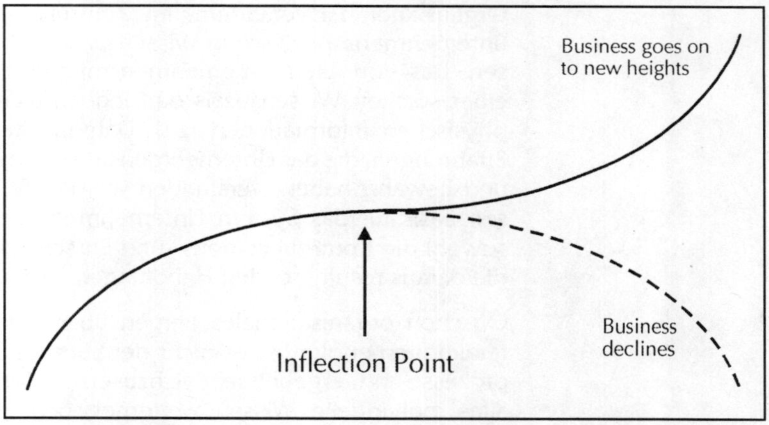

Abb. 2:
The Inflection Curve
(Grove 1996, S. 32)

Wer sich an einem solchen Wendepunkt oder Strategic inflection point nicht ändern kann, geht unter, wem es aber gelingt, sich neu auszurichten, wird durch einen noch größeren Erfolg belohnt. Das Bespiel des Buchhandels mag dies sehr gut veranschaulichen. Die kleinen Buchhandlungen wurden vorerst durch die großen Buchhandels- oder Versandhandelsketten stark konkurrenziert. Ein noch größerer Einschnitt bedeutete dann aber der Verkauf über Internet. Die Erfolgsstory von Amazon ist hinlänglich bekannt, wobei der Erfolg bis heute nicht in den Umsatz- oder gar Gewinnzahlen, sondern "lediglich" in der Marktbewertung (Marktkapitalisierung) und im Bekanntheitsgrad (Amazon gehört heute bereits zu den 20 bekanntesten Markennamen!) besteht. Doch wird auch Amazon überleben, wenn es das traditionelle Buch nicht mehr oder nur noch sehr beschränkt geben wird? Das papierlose Buch, das man sich vom Internet selber zu sehr günstigen Preisen beschaffen kann, ist keine

Vision mehr und wird sich in den nächsten Jahren rasch verbreiten und die "traditionellen" Buchverkäufer in Bedrängnis bringen.

Aufgrund dieser Entwicklungen stellt sich die Frage, wie Unternehmen diese Krisen erkennen und ihnen begegnen können. Dabei kommt dem Lernen, insbesondere dem organisationalen Lernen, eine überragende Bedeutung zu.

3. Bedeutung der Krise aus organisationaler Sicht

Organisationales Lernen kann in Anlehnung an Probst/Büchel (1994, S. 17) definiert werden als der Prozess der Veränderung der Wert- und Wissensbasis, um die Problemlösungs- und Handlungskompetenz zu erhöhen sowie den gemeinsamen Bezugsrahmen einer Organisation zu verändern. Im Zentrum steht der Aufbau einer unternehmensspezifischen Wissensbasis, d.h. der Aufbau von Wissen, das von allen Unternehmensmitgliedern geteilt wird. Unter einer solchen Wissensbasis darf jedoch nicht nur die Summe der physischen Informationen (z.B. Datenbanken), sondern auch alle Erfahrungen, die das Unternehmen und seine Mitarbeiter gesammelt und bewahrt haben, verstanden werden. Weiterhin ist diese Wissensbasis für das System Unternehmen konstitutiv, da auf dieser sowohl die Kommunikations- und Entscheidungsprozesse als auch die daraus resultierenden Handlungen basieren.

Obschon organisationales Lernen über Individuen und deren Interaktionen erfolgt, ist es nicht der Summe der individuellen Lernprozesse und -ergebnisse gleichzusetzen. Denn einerseits wird nicht alles individuelle Wissen weitergegeben (z.B. aus Gründen der Macht, Angst oder Frustration), andererseits kann durch die Weitergabe von individuellem Wissen neuartiges Wissen entstehen (Synergieeffekte). Je nach Konstellation kann die Summe des individuellen Wissens größer oder kleiner als das organisationale Wissen sein.

Entscheidend für die Betrachtung von Krisen aus organisationaler Perspektive ist die Unterscheidung zwischen Single-loop- und Double-loop-Learning (vgl. Abbildung 3). **Single-loop-Learning** findet dann statt, wenn die erkannten Probleme mit den vorgegebenen Unternehmenswerten und -zielen verglichen werden. Bei entsprechenden Abweichungen erfolgen evolutionäre Anpassungsprozesse, die durch inkrementale Veränderungen gekennzeichnet sind. Es geht um kontinuierliche Verbesserungen innerhalb eines bestehenden Unternehmenskonzeptes, das Konzept selbst wird aber nicht in Frage gestellt. Dies im Gegensatz zum **Double-loop-Learning,** bei dem die bestehenden Werte und Ziele grundsätzlich hinterfragt werden. Müssen diese aufgrund der geänderten Rahmenbedingungen angepasst werden, so sind revolutionäre, d.h. radikale und fundamentale Anpassungsprozesse notwendig und es erfolgt eine Umorientierung in einem völlig neu definierten Umfeld.

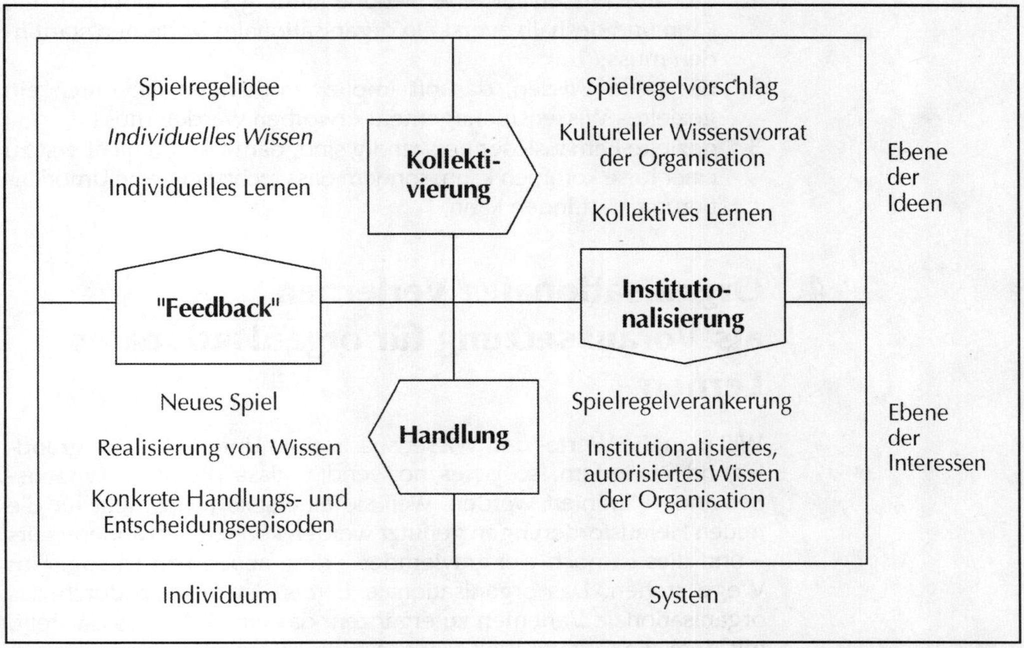

Abb. 3: Single-loop- und Double-loop-Learning (Thommen 1996, S. 252)

Wie aus Abbildung 3 ersichtlich, beschäftigt sich das Single-loop-Learning in erster Linie mit der Oberflächenstruktur einer Unternehmung. Bei dieser handelt es sich um die Gesamtheit aller organisatorischen Regeln, welche die Strukturen und Prozesse festlegen, die offiziell dokumentiert, autorisiert und somit für alle an der "Oberfläche" der Organisation sichtbar sind. Das Double-loop-Learning dagegen setzt bei den Tiefenstrukturen an. Darunter versteht man das "organisatorische Unbewusste", das sich im wesentlichen aus der Unternehmenskultur, den kognitiven Strukturen und den etablierten Individual- und Gruppeninteressen zusammensetzt. (Gomez/Müller-Stewens 1994, S. 154 ff.)

Mit dieser Unterscheidung zwischen Single-loop- und Double-loop-Learning wird deutlich, dass Krisen aufgrund eines grundlegenden Strukturwandels, wie wir ihn heute aufgrund der zunehmenden Globalisierng und der neuen Möglichkeiten der modernen Informations- und Kommunikationstechnologie erkennen können, nur noch mit einem Double-loop-Learning bewältigt werden können. Allerdings stellt sich dabei die Frage, inwieweit es einer Unternehmung gelingt, die Voraussetzungen für ein solches Double-loop-Learning zu schaffen und ein solches Lernen auszulösen. Diesen Fragen wird im folgenden nachgegangen, indem gezeigt wird, dass

1. das alte Wissen für eine Neuorientierung sehr hinderlich sein kann und deshalb zuerst ein organisationales Verlernen stattfinden muss,
2. das neue Wissen, das oft implizit vorhanden ist, durch ein gezieltes Wissensmanagement erworben werden muss,
3. gezielte Lernauslöser notwendig sind, damit es gar nicht erst zu einer Krise kommen kann, sondern dass rechtzeitig eine Umorientierung stattfinden kann.

4. Organisationales Verlernen als Voraussetzung für organisationales Lernen

Will man die Werte- und Wissensbasis einer Unternehmung grundlegend verändern, so ist es notwendig, dass die alten Wissensbestände eliminiert werden, weil sie einerseits nicht mehr für die neuen Herausforderungen genutzt werden können und andererseits – und dies ist noch viel gravierender – dem neuen Lernen sogar im Wege stehen. Das organisationale Lernen ist deshalb durch das organisationale Verlernen zu ergänzen, das einen Prozess darstellt, mit dem die Organisation jenes Wissen ablegt, das sie nicht mehr benötigt und damit Freiräume schafft für neue Gedanken und neue Problemlösungsmöglichkeiten.

Das organisationale Verlernen ist vor allem beim Double-loop-Learning von großer Bedeutung, weil sich in diesem Fall ein starker fundamentaler Wandel vollzieht. Allerdings ist in der Praxis zu beobachten, dass sich einem solchen tiefgreifenden Wandel zahlreiche Hindernisse in den Weg stellen und somit das Verlernen und schließlich auch das organisationale Lernen stark behindern.[2] Aufgabe des Managements muss es deshalb sein, durch die entsprechende Gestaltung der Unternehmenskultur eine Verlernkultur zu schaffen. Eine solche Kultur sollte nach Probst (1994, S. 311 ff.) durch folgende Eigenschaften gekennzeichnet sein:

2 Für einen Überblick über die Barrieren beim organisationalen Verlernen vgl. Thommen 1996, S. 256 ff.

- **Autonomie:** Diese ist notwendig, um die Selbstreflektion der einzelnen Organisationsmitglieder zu ermöglichen und damit die Voraussetzungen zu schaffen, die alten Ziele und Konzepte zu überdenken. Wenn dieser Prozess einmal eingesetzt hat, ist auch die Chance am größten, dass die Mitglieder erkennen, welche Handlungen und Verhaltensweisen für die Problemlösung nicht mehr adäquat sind und deshalb aufgegeben werden sollten.
- **Heterarchie:** Darunter versteht Probst (1994, S. 314) "das Prinzip fluktuierender hierarchischer Beziehungen." Da die Umwelt immer

komplexer und dynamischer wird, müssen sich diese Eigenschaften auch innerhalb des Unternehmens widerspiegeln. Dies erfordert häufig wechselnde organisatorische Konstellationen bzw. eine hohe organisatorische Flexibilität, der eine feste Hierarchie widerspricht.

- **Flexibilität:** Die Auflösung der Hierarchien zugunsten eines flexiblen Systems bzw. flexiblen Prozessen bedeutet für den einzelnen Mitarbeiter, dass er sich häufiger mit neuen Situationen auseinandersetzen muss und dass es den festen Arbeitsplatz nicht mehr gibt. Diese ständige Veränderung führt zu neuen Sichtweisen, die letztlich helfen, der Betriebsblindheit vorzubeugen. Durch die Reduzierung der Betriebsblindheit wächst aber die Chance, nicht mehr passende Denk- und Handlungsmuster zu identifizieren und abzuschaffen.
- **Dialogfähigkeit:** Diese ermöglicht nicht nur die Kommunikation unter den Mitarbeitern, sondern auch mit den relevanten Stakeholdern. Sie ist somit notwendig, um an das Wissen, insbesondere das implizite Wissen[3] wichtiger Informationsträger heranzukommen. Dazu gehöhren vor allem das Lernen von Kunden und von Konkurrenten.

3 Zum impliziten Wissen vgl. den nachfolgenden Abschnitt sowie Nonaka/Takeuchi (1997).

Alle diese Maßnahmen dienen letztlich dazu, neue Trends und Herausforderungen zu erkennen und damit rechtzeitig reagieren zu können – rechtzeitig heißt, eine Krise gar nicht erst entstehen zu lassen. Trotzdem genügen diese allgemeinen Rahmenbedingungen noch nicht, sondern es braucht auch konkrete Lernauslöser, wie sie in Abschnitt 6 beschrieben werden.

5. Neues Wissen durch Wissensmanagement

Mit der zunehmenden Bedeutung der Ressource Wissen im allgemeinen und in Krisensituationen im speziellen wird auch ein effizientes und effektives Wissensmanagement immer wichtiger.[4] Gerade im Zusammenhang mit Krisen stellt sich nicht nur die Frage, wie das neue Wissen beschaffen sein muss, sondern woher das neue Wissen kommt, wo es generiert werden kann.

4 Für einen Überblick über das Wissensmanagement vgl. z.B. Probst/Raub/Romhardt (1998) und Schüppel (1996).

Dabei ist zu beachten, dass Wissen genaugenommen nur von einzelnen Menschen, von Mitarbeitern erzeugt wird (vgl. Abbildung 4). Zwar kann eine Unternehmung ideale Voraussetzungen dafür schaffen und durch eine optimale Verteilung und Verankerung dieses Wissens beitragen, doch die Schaffung des Wissens an sich vollzieht sich über die einzelnen Mitarbeiter. Damit drängt sich nach Nonaka/Takeuchi (1997, S. 72) eine Unterscheidung des Wissens in implizites und explizites auf:

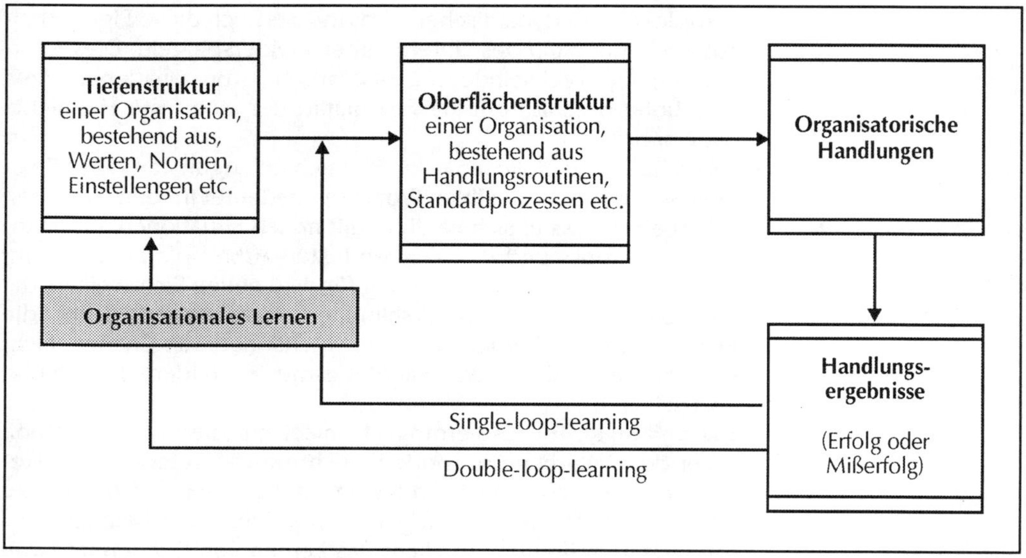

Abb. 4: Kreislauf des organisationlen Lernens (Müller-Stewens/Pautzke 1991, S. 195)

- **Implizites Wissen** ist persönlich, subjektiv und kontextspezifisch und daher nur schwer kommunizierbar.
- **Explizites Wissen** lässt sich hingegen in eine formale, systematische Sprache bringen und ist damit gut kommunizierbar.

Wichtig ist, dass implizites Wissen sowohl technische als auch kognitive Elemente enthält. Der technische Aspekt bezieht sich auf technisches Know-how und handwerkliche Fertigkeiten. Der kognitive Aspekt dagegen bezieht sich auf geistige Modelle, die dem Menschen als Grundlage für sein Handeln und Zurechtfinden in seinem Lebensraum dienen. Es handelt sich um Paradigmen, Perspektiven, Vorstellungen und Überzeugungen, die dafür verantwortlich sind, was der Mensch wahrnimmt und wie er das Wahrgenommene definiert oder einordnet. Es handelt sich letztlich um jene Modelle, mit denen der Mensch seine soziale Wirklichkeit entwirft. Denn im Sinne eines konstruktivistischen Ansatzes[5] gibt es keine einzig wahre, objektive Wirklichkeit. Die von uns wahrgenommene Wirklichkeit ist letztlich immer von uns geschaffen und eine Möglichkeit unter vielen.

5 Zum Konstruktivismus vgl. Berger/Luckmann (1980) sowie für empirische Untersuchungen mit Fallbeispielen Geisslinger (1992) und Geisslinger/Senger (1997). Vgl. auch Abschnitt 6.

Ausgehend von der Unterscheidung zwischen implizitem und explizitem Wissen können nach Nonaka/Takeuchi (1997, S. 74ff.) vier verschiedene Formen der Wissensumwandlung bzw. Wissensgenerierung ausgemacht werden (vgl. Abbildung 5):

- **Sozialisation:** Bei der Sozialisation handelt es sich im wesentlichen um einen Erfahrungsaustausch, bei dem implizites Wissen wieder zu implizitem Wissen wird. Beispielsweise lernen Lehrlinge von ihrem Meister nicht primär durch die Sprache, sondern durch Beobachtung und Nachahmung.

- **Externalisierung:** Bei der Externalisierung findet ein Prozess der Artikulation von implizitem Wissen einer einzelnen Person in explizite Konzepte statt. Das implizite Wissen, das in Form von Modellen, Metaphern oder Analogien vorhanden ist, wird durch den Dialog und kollektive Reflexion in konkrete Konzepte umgewandelt. Mit anderen Worten: Aufgrund einer Vision (z.B. modisches preisgünstiges Life style-Auto, das der Idee der Swatch entspricht) soll ein Produkt (Smart) entworfen werden.
- **Kombination:** Die Kombination dient dazu, verschiedene Bereiche von explizitem Wissen miteinander zu verbinden. Dieser Prozess läuft meistens über den Austausch von schriftlichen Dokumenten, Sitzungen oder Computernetzen. Diese Form der Wissensumwandlung trifft man in der Unternehmung bei der Erarbeitung einer Strategie an, wenn die Informationen verschiedener Unternehmungsbereiche zusammengefasst und verknüpft werden.
- **Internalisierung:** Bei der Internalisierung wird explizites Wissen gespeichert. Dies kann im wesentlichen auf zwei Arten geschehen: Entweder über Dokumente und Datenbanken oder über die Unternehmungskultur (z.B. über informale Verhaltensregelungen, Anekdoten).

Alle vier Bereiche tragen zur Schaffung von Wissen bei, allerdings nicht nur in unterschiedlicher Weise, sondern auch in unterschiedlichem Umfang. So dürften sowohl in quantitativer als auch in qualitativer (Innovationsgehalt) Hinsicht vor allem bei denjenigen Formen der Wissensumwandlung die größten Effekte erzielt werden, bei denen implizites und explizites Wissen zusammenwirken.[6] Im Zusammenhang mit einer Krise bzw. einer Krisenbewältigung ist insbesondere die Strategie der Externalisierung von besonderem Interesse. Sie ist Voraussetzung dafür – wie die obige Umschreibung

[6] Vgl. dazu Nonaka/Takeuchi (1997), S. 84 ff.

Ausgangspunkt \ *Zielpunkt*	Implizites Wissen	Explizites Wissen
Implizites Wissen	Sozialisation	Externalisierung
Explizites Wissen	Internalisierung	Kombination

Abb. 5: Formen der Wissensumwandlung (Nonaka/Takeuchi 1997, S. 75)

bereits deutlich macht – neue Visionen, neue Werte und somit eine Neuorientierung umzusetzen. Sie ist gewissermaßen ein Lernauslöser, der die bisherigen Werte in Frage stellt und gleichzeitig eine Alternative anbietet. Damit gelangen wir abschließend zur Frage, was Unternehmen grundsätzlich zum Lernen veranlasst.

6. Lernauslöser zur Verhinderung von Krisen

Die bisherigen Ausführungen haben deutlich gemacht, dass organisationales Lernen, insbesondere ein Double-loop-Learning sowie ein gezieltes Wissensmanagement von großer Bedeutung für die Bewältigung von Krisen sind. Allerdings stellt sich dabei die Frage, ob es – sei es aus finanziellen Gründen, sei es auch deshalb, dass man nicht mehr Verlernen kann, d.h. sich nicht mehr lösen kann von alten, einst erfolgreichen Problemlösungsmustern – überhaupt möglich ist, eine Krise zu bewältigen, den Wandel erfolgreich zu gestalten und in eine neue Zukunft, d.h. in neue Aufgaben und Geschäftsbereiche vorzustoßen. Somit gilt es zu überlegen, was ein organisationales Lernen auslöst, bevor es zu einer Krise kommt.[7]

7 Die folgenden Ausführungen sind in Anlehnung an Klimecki/Laßleben 1998.

Das kognitive Lernverständnis geht davon aus, dass Lernen aufgrund von Informationen ausgelöst wird. In einem klassischen Informationsverarbeitungsprozess werden Informationen aufgenommen, interpretiert und zu den bereits vorhandenen Informationen bzw. zum vorhandenen Wissen[8] in Beziehung gesetzt. Entscheidend dabei ist aber, dass dieses Wissen als Abbild einer objektiven Wirklichkeit betrachtet wird. Informationen beschreiben somit objektive Sachverhalte, die Qualität der Informationen hängt davon ab, wie gut, d.h. wie genau die Informationen die Wirklichkeit zu erfassen vermögen. Allerdings hat eine solche Betrachtungsweise den Nachteil, dass nicht ersichtlich ist, welche Informationen besonders relevant und welche von untergeordneter Bedeutung für die Unternehmung sind.

8 Zur Unterscheidung zwischen Wissen und Information vgl. Probst/Raub/Romhardt (1999), S. 36ff.

Im Gegensatz dazu stehen die konstruktivistischen Ansätze.[9] Diese gehen davon aus, dass Wissen stets eine Konstruktion der Wirklichkeit ist, d.h. dass es die objektive Wirklichkeit und somit ein objektives Wissen gar nicht gibt. Das Wissen hängt von der Wahrnehmung der einzelnen Person ab, d.h. Objekt und Subjekt sind unmittelbar miteinander verknüpft. Dies hat zur Folge, dass eine Unternehmung letztlich nie weiß, ob das eigene Wissen mit der Wirklichkeit übereinstimmt. Sie kann bestenfalls überprüfen, ob das eigene Wissen ein erfolgreiches Handeln bewirkt hat, d.h. das Wissen zur Realität in irgendeiner Weise gepasst hat. Aber nicht einmal dies ist gesichert, da die unterstellten Kausalzusammenhänge nicht unbedingt zutreffen müssen und der Erfolg von anderen als den unterstellten Faktoren bewirkt worden sein könnte.

9 Vgl. dazu auch unsere Ausführungen in Abschnitt 5.

Aufgrund dieser Überlegungen des konstruktivistischen Ansatzes kommen Klimecki/Laßleben (1998, S. 77ff.) in Anlehnung an Bateson (1994) zum Schluss, dass Lernen immer dann erfolgt, wenn Informationen vorliegen, die auch einen bedeutsamen, folgenreichen und sinnvollen Unterschied ausmachen. Information ist somit ein Unterschied, der auch einen Unterschied ausmacht und der uns zum Lernen veranlasst. Aus konstruktivistischer Perspektive ist somit ein Unterschied nicht die Repräsentation tatsächlich gegebener Ungleichheit, sondern erst das Ergebnis einer Unterscheidung. Somit erfolgt organisationales Lernen durch das Treffen von Unterscheidungen, die zur Wahrnehmung bestimmter Unterschiede und letztlich zu einem Lernen und Handeln bzw. zu einer Veränderung führen. Denn wenn tatsächlich eine Unterscheidung gemacht wird, die einen Unterschied ausmacht, bedeutet dies auch, dass sie etwas bewirkt, andernfalls würde es sich nicht um einen "Unterschied" handeln, weil die Unterscheidung nicht relevant wäre.

Klimecki/Laßleben (1998, S. 80f.) zeigen nun auf, dass vier grundsätzliche Unterscheidungen für das Lernen von Unternehmungen von Bedeutung sind:

- **Erwartung – Ergebnis:** Diese Unterscheidung (Vergangenheit – Gegenwart) produziert Fehlermeldungen, die zu einem organisationalen **Erfahrungslernen** führen können.
- **Vision – Wirklichkeit:** Diese Unterscheidung (Gegenwart – Zukunft) schafft eine kreative Spannung, die ein **generatives** organisationales Lernen ermöglicht.
- **Eigene – fremde Organisation:** Diese Unterscheidung (System – System) produziert Benchmarks und führt zu einem organisationalen **Beobachtungslernen**.
- **Wertdivergenzen der Mitglieder** der Unternehmung: Diese Unterscheidung (Subsystem – Subsystem) deckt Diskrepanzen und Konflikte auf und ermöglicht ein **dialektisches** organisationales Lernen.

Damit sind vier Möglichkeiten aufgezeigt, die als Lernauslöser dazu dienen, eine Veränderung in einer Organisation vorzunehmen, bevor es zu einer ernsten und existenzgefährdenden Krise kommt. Gleichzeitig wird auch deutlich, dass die heute beobachtbare starke Zahlenfixierung vieler Unternehmen – der Shareholder Value lässt grüßen – oft zu kurz greift. Zahlen sind vorerst nur Informationen ohne Bedeutung, diese erlangen sie erst durch die Interpretation bzw. durch die Beobachtung von Unterschieden. Und diese liegen häufig in den gemachten Fehlern, den Visionen, den Geschäftspraktiken oder in Konflikten. Diese gilt es letztlich zu sehen, zu beobachten und daraus die entsprechenden Schlussfolgerungen zu ziehen, auch – oder gerade – um Krisen zu verhindern.

LIteratur

Baetson, Gregory: Ökologie des Geistes. 5. Auflage, Frankfurt a.M. 1994.

Berger, P./Luckmann, Th.: Die gesellschaftliche Konstruktion der Wirklichkeit.

Eine Theorie der Wissenssoziologie, Frankfurt a.M. 1980.

Geisslinger, Hans: Die Imagination der Wirklichkeit. Experimente zum radikalen Konstruktivismus. Frankfurt a.M./New York 1992.

Geisslinger, H./Stenger, H.: Kommunikation und Passion. Oder: Die Ungewöhnlichen Massnahmen der Story Dealer AG Berlin. In: GDI impuls, Nr. 4, 1997, S. 40 -52.

Homez, P./Müller-Stewens, G.: Corporate Transformation - Zum Management fundamentalen Wandels großer Unternehmen. In: Gomez. P. et. al. (Hrsg.):

Unternhemerischer Wandel - Konzepte zur organisatorischen Erneuerung. Wiesbaden 1996, S. 135 -1998.

Grove, Andrew A.: Only the paranoid survive. How to exploit the crisis points that challenge every company and career, New York 1996.

Hammer, M./Champy, J.: Business Reengineering. Die Radikalkur für das Unternehmen. 3. Auflage, Frankfurt a.M. 1994.

Klimecki, R./Probst, G./Eberl, P.: Entwicklungsorientiertes Management. Stuttgart 1994.

Klimecki, R./Laßleben, H.: Was veranlasst Organisationen zu lernen? In: Geißler,

H./Lehnhoff, A./Petersen., J. (Hrsg.): Organisationslernen im interdisziplinären Dialog. Weinheim 1998, S. 65 - 89.

Müller-Stewens, G./Pautzke, G.: Führungskräfteentwicklung und organisatorisches Lernen. In: Sattelberger, Thomas (Hrsg.): Die lernende Organisation.

Konzepte für eine neue Qualität der Unternehmensentwicklung. Wiesbaden 1991, S. 183 - 205.

Nonaka, I./Takeuchi, H.: Die Organisation des Wissens. Wie japanische Unternehmen eine brachliegende Ressource nutzbar machen. Frankfurt/New York 1997.

Probst, Gilbert, J.B.: Organisationales Lernen und die Bewältigung von Wandel.

In: Gomez, Peter u.a.: Unternehmerischer Wandel - Konzepte zur organisatorischen Erneuerung, Wiesbaden 1994, S. 295 - 320.

Probst, Gilbert J.B./Büchel, Bettina S.T.: Organisationales Lernen. Wettbewerbsvorteil der Zukunft. Wiesbaden 1994.

Probst, G./Raub, St./Romhardt, K.: Wissen managen. Wie Unternehmen ihre wertvollste Ressource optimal nutzen. 3. Auflage Frankfurt a.M./Wiesbaden 1999.

Schüppel, Jürgen: Wissensmanagement. Organisatorisches Lernen im Spannungsfeld von Wissens- und Lernbarrieren. Wiesbaden 1996.

Thommen, Jean-Paul: Organisationales Lernen, um sich aus der Krise zu bewegen.

In: European Business School (Hrsg.): Erfahrung - Bewegung - Strategie.

Wiesbaden 1996, S. 247 - 279.

Thommen, Jean-Paul: Management-Kompetenz und Unternehmensentwicklung.

In: Belak, Janko u.a. (Hrsg.): Unternehmensentwicklung und Management unter besonderer Berücksichtigung der Klein- und Mittelbetriebe in den Reformländern. Zürich 1997, S. 229 - 242.

Thommen, J.P.: Synergien durch organisationales Lernen: In: Thommen, J.-P./ Mugler, J./Belak, J. (Hrsg.): Synergie und Entwicklungsmanagment. Gubno 1998, S. 187 - 204.

II. Teil:

Erfolgsfaktoren des Krisenmanagements

Maja Makovec Brenčič

Faktoren zur Bewältigung von Unternehmenskrisen

Albert Mayr

Informationspathologien - eine Hauptursache für das Versagen einer Krisenfrüherkennung in Unternehmen

Margit Enke

Krisenmanagement im Unternehmen - Herausforderung für das Marketing in KMU

Die Eröffnungssitzung des Symposiums MER'98 leitete der Vorsitzende des Programmkomitees Prof. Dr. Jean-Paul Thommen - in der Mitte des Bildes; links neben ihm Prof. Dr. Josef Mugler, rechts Prof. Dr. Janko Belak. Am Rednerpult Prof. Dr. Jože Glogovšek, Vorstandsvorsitzender Nova Kreditna Banka Maribor d.d. (Neue Kreditbank AG), die Generalsponsor des Symposiums war.

Maja Makovec Brenčič

Faktoren zur Bewältigung von Unternehmenskrisen

Mag. Maja Makovec-Brenčič
Universität Ljubljana, Slowenien

FAKTOREN ZUR BEWÄLTIGUNG VON UNTERNEHMENSKRISEN

Zusammenfassung: Im Beitrag werden aktuelle Faktoren zur Bewältigung von Unternehmenskrisen erörtert. Grundthese des vorliegenden Vortrags ist, daß diese Faktoren potentielle Wettbewerbsvorteile eines Unternehmens sind. Diese Faktoren, deren verbindender Faktor Zeit bzw. Flexibilität ist, können in zwei Gruppen unterteilt werden. Der jeweilige Faktor wird entwicklungsmäßig analysiert, und seine gegenwärtige Bedeutung definiert. Die Ergebnisse der Analyse werden am Beispiel der Verarbeitungsindustrie Sloweniens dargestellt und mit der Lage in der EU verglichen. Danach wird festgestellt, daß die Entwicklung der ausgewählten Faktoren eine entsprechende und effektive Art der Bewältigung und Überwindung von Unternehmenskrisen darstellt und gleichzeitig auch einen Weg zur Steigerung der Wettbewerbsfähigkeit des Unternehmens und seiner Erzeugnisse bzw. Dienstleistungen.

Stichwörter: Bewältigung von Krisen, Faktoren, slowenische Verarbeitungsindustrie, Wettbewerbsfähigkeit

THE FACTORS OF CRISIS MANAGEMENT AT THE LEVEL OF A FIRM

Summary: The paper presents the factors of crisis management at the level of a firm. The factors are also defined as potential sources of competitive advantages of a firm. This is the basic issue of the paper. The factors are divided into two groups (knowledge, technology, innovation, quality and environment, "soft factors", human resources), which are connected by time/flexibility. Furthermore, the paper analyses the development and the situation of the factors chosen in the case of Slovenian manufacturing industry and compares them with the situation in the European Union. The findings show that the development of the chosen factors is an effective and proper way of tackling the crisis of the firms and it also represents the proper way of to developing and gaining competitive advantages of the firm, its products od services.

Keywords: crisis management, factors, competitiveness, Slovenian manufacturing industry

1 Einleitung

Die Globalisierung der internationalen Märkte, ihre ständig ändernde Konfiguration und die unaufhaltsame Entwicklung der Instrumente des Wettbewerbs verwandeln die heutige Marketingumgebung in ein dynamisches Schlachtfeld. Auch slowenische Unternehmen versuchen, hier ihre Marktanteile zu erwerben, einige von ihnen sogar sehr konkret. Es gibt jedoch viele, die immer noch am Rand stehen, mit gelegentlichen Erfolgen und häufigen Krisen, die Folge der schwachen Geschäftsfunktionen des Unternehmens, der nicht vorhandenen Ebenen und Formen der Unternehmensentwicklung, der Unkenntnis über die sich ändernden Marktverhältnisse, des Einflusses der Maßnahmen der institutionellen Umgebung usw. sind. Deshalb ist eine der schwierigsten Fragen der gegenwärtigen Unternehmensentwicklung nicht nur Überwindung der Unternehmenskrisen, sondern auch Entwicklung solcher Faktoren, die in der heutigen Wettbewerbsumgebung bei der Gestaltung entscheidender Schritte weg vom Rand ins Zentrum und vom Mißerfolg zum Erfolg helfen können und zwar nicht nur kurz- sondern auch langfristig.

Zweck des Beitrags ist es, die Problematik der gegenwärtigen Faktoren zur Bewältigung von Unternehmenskrisen zu verdeutlichen. Diese Faktoren können unserer Meinung nach Quellen der Wettbewerbsvorteile sein, wenn ihre Entwicklung langfristig (stufenweise) geplant wird. Das ist die Grundthese des vorliegenden Beitrags.

2 Quellen der Wettbewerbsfähigkeit als Faktoren der Krisenbewältigung

Für die gegenwärtige Wirtschaftslage kann behauptet werden, daß es keine Wettbewerbsbeständigkeit gibt (Day, Wensley, 1988). Wettbewerbsvorteile müssen wegen des Drucks der gegenwärtigen Wirtschaftsumgebung ständig weiterentwickelt, ergänzt und aufgebaut werden. Man kann sagen, daß es heute keine ständigen Wettbewerbsvorteile gibt. Wirtschaftssubjekte haben nur mehr oder weniger gute Ausgangsbedingungen für das Entstehen und die Entwicklung der Wettbewerbsvorteile, die durch **Entwicklung und Verfügbarkeit von Quellen der Wettbewerbsfähigkeit** bestimmt werden. In der gegenwärtigen Wirtschaft gibt es viele Faktoren und

Variablen, die die Gestaltung dieser Faktoren beeinflussen, die wirtschaftliche Entwicklung bringt neue mit sich bzw. alte Variablen gehen in neue, anders differenzierende Vorteile über. Waren noch vor zehn Jahren die Verfügbarkeit der Produktionsfaktoren, ihre Kosten (Preis), Technologie, Produktivität und Innovationen im klassischen, Schumpetrschen Sinne (Thurow, 1992), entscheidende Quellen der Wettbewerbsfähigkeit, so treten heute nicht nur Qualität, Produktdifferenzierung (Dienstleistung-), Auswahl entsprechender Strategien und Struktur der Unternehmenstätigkeit sondern vielmehr das Wissen und Qualifikationen der Arbeitskräfte, die sog. Soft-Faktoren hervor. Man spricht daher immer öfter über die sog. **Non-price-Faktoren**. Das heißt nicht, daß sich die klassischen Quellen der Wettbewerbsfähigkeit (wie z. B. Verfügbarkeit der Produktionsfaktoren) nicht auf die heutige Gestaltung der Wettbewerbsvorteile auswirken, es steht jedoch fest, daß sie eher Vorbedingungen als tatsächliche Wettbewerbsvorteile sind, denn die gegenwärtige Wettbewerbsumgebung ringt ständig um den Ausgleich ihrer Verfügbarkeit. Deswegen ist es um so wichtiger, Unternehmenskrisen, natürlich unter Berücksichtigung ihrer Ursachen, mit einer effektiven Entwicklung dieser Quellen im Unternehmen oder seiner Umgebung zu verbinden. Nur das kann schrittweise und auch langfristig nicht nur die Abschaffung der Ursachen der Krisen sondern auch die Entwicklung bestimmter Wettbewerbsvorteile gewährleisten. Um auf internationalen Märkten zu bestehen, erfordert die derzeitige Entwicklung der Marketingumgebung und der darin tätigen Wirtschaftssubjekte unserer Meinung nach die rasche Entwicklung vor allem zweier Gruppen von Quellen, die heute nicht nur die Gestaltung der Wettbewerbsvorteile von Wirtschaftssubjekten, sondern sowohl die Abwendung als auch die Überwindung von Unternehmenskrisen wesentlich beeinflussen, insbesondere, wenn sich diese Unternehmen in einer wirtschaftlichen Übergangsphase befinden. Diese zwei Gruppen sind (Makovec, 1996):

Wissenschaft → Technologie ↔ Innovationen ↔ Qualität

und

Umgebung ↔ Soft-Faktoren ↔ Humanfaktor.

Der verbindende Faktor der beiden Gruppen ist **Zeit** bzw. **Flexibilität**.

Im Unternehmen ist eine Kausalität und Interdependenz der Faktoren beider Gruppen festzustellen. Ausgewählt und den beiden Gruppen zugeteilt wurden sie unter Berücksichtigung der veränderten internationalen Marktlage, die von Wirtschaftssubjekten nicht nur fordert, die Produktionsdimension (Marketingdimension) in der Umgebung zu erfassen, sondern auch die Fähigkeit, politische, soziokulturelle Dimensionen, Bildungsdimensionen usw. zu erkennen. Aus diesem Grund gewinnen auch Non-price-Faktoren an Bedeutung, die direkt oder indirekt die Preisfaktoren beeinflussen.

3 Zur aktuellen Bedeutung der ausgewählten Faktoren

3.1 Wissenschaft → Technologie ↔ Innovationen ↔ Qualität

Wissen ist eine Wirtschaftskategorie und die Basis für gesteigerte Entwicklungs- und Wettbewerbsfähigkeiten auf dem internationalen Markt. Dazu gibt es verschiedene Wege, einer davon ist Forschung und Entwicklung (F&E). Dabei geht es nicht nur um die aktive Anwendung eigenes und fremden Wissens, sondern auch um Organisations-, Marketing- und Managementwissen (Kovačević, 1973). F&E sind bei der Entwicklung von neuen bzw. wesentlich differenzierten Produkten heute sicher von größter Bedeutung. Daher sind sowohl Grund- und Anwendungsforschungen als auch Entwicklungsforschungen notwendig, beides indikatorisch für die Tendenz eines Staates (bzw. seiner Wirtschaftssubjekte) zur Erlangung und Erhaltung von Wettbewerbsvorteilen. Stark beeinflußt werden Bedeutung und Effektivität von F&E durch den Aufbau im Unternehmen (traditionell selbständige F&E Abteilung, Verbindung von F&E mit Marketingfunktion, Stabsstellen, das sog. Relationship bzw. das innerbetriebliche Marketing, ...). Heute ist Wissen geozentrisch mit tendentiell steigendem Anteil an der Weltindustrie (gemessen nach der Anzahl der in F&E beschäftigten Experten), was jedoch für Slowenien leider nicht behauptet werden kann. Die Entwicklung des Wissens beeinflußt unmittelbar die Entwicklung der **Technologie**. Diese ist auch charakteristisch für den Staat, in dem sie entwickelt wird (Stand der Technologie in bestimmten Wirtschaftszweigen) (Porter, 1986), und wurzelt in der Entwicklung von Wissen und Fertigkeiten, die sich im Laufe der Zeit kumulieren. Meistens wird ihre Entwicklung durch ausreichende Kapitalmittel und Orientierung externer Variablen in der Umgebung (die Makro- und Mikroinfrastruktur im Land) bedingt. Technologische Veränderungen im letzten Jahrzehnt weisen eine steigende Wachstumstendenz aus und werden immer differenzierter (Schendel, 1995). Sie sind sehr von der Entwicklung der Informationswissenschaft und der Wissensintensität abhängig. Diese Tendenzen steigern Risiko und Unsicherheit bezüglich Investitionen in Technologien und Fortschritt, die Entwicklungsveränderungen werden immer weniger vorhersagbar. Die Entwicklung der **Innovationen** ist sowohl von der Entwicklung des Wissens als auch von der Entwicklung der Technologie abhängig. Heute haben sie nicht nur technologische Grundlagen (aus denen sie primär hervorgingen), sondern es wird ihnen weitaus größere Bedeutung beigemessen, denn Innovation kann durchaus das Ergebnis von Verbesserungen in beliebiger Funktion des Unternehmens sein. Obwohl insbesondere aus technologischen Innovationen völlig neue Branchen bzw. Tätigkeiten hervorgingen, darf man nicht die innovativen Ansätze der organisatorischen, strategischen und marketingbezogenen Arbeit im Unternehmen außer Acht lassen, die die technologischen Innovationen zur absoluten Zufriedenheit der Kunden realisieren. Die aktuellen Innovationen sind dann sogar ausgeprägter als in technologischen Prozessen, in Abhängigkeit davon, wie konsumentwickelt die jeweilige Branche ist. Die Negation der Produktentwicklung (Dienstleistungsentwicklung) durch diese Prozesse verursacht eine Krise des Unternehmenswachstums. Auch hier ist die Innovationsfähigkeit von einem entsprechenden Aufbau des Unternehmens abhängig. Dabei ist es wichtig, daß das gesellschaftliche Umfeld Innovationen gegenüber positiv eingestellt ist, und inwieweit die F&E-Tätigkeit, in der die Innovationsansätze entstehen, entwickelt ist. Im Zusammenhang mit den oben genannten Faktoren ist das Ergebnis der effektiven Anwendung von Wissenschaft, Entwicklung der Technologie und Innovationsprozesse die **Qualität** des Produktes (Dienstleistung), aber auch die Qualität aller anderen nichtproduktionsbezogenen Prozesse im Unternehmen. Qualität ist heute in jedem Geschäftsbereich wichtig, daher sind sowohl außerordentliche Teamarbeit als auch individuelle Arbeit und Risiko erforderlich. Ergebnisse vieler Untersuchungen deuten darauf hin, daß auf dem internationalen Markt Qualität allein nämlich kein Vorteil mehr ist, sondern generelle Voraussetzung.

3.2 Umgebung ↔ Soft-Faktoren ↔ Humanfaktor

Die **Umgebung** umfaßt natürliche Gegebenheiten (Verfügbarkeit von Ressourcen), sozio-kulturelle, demographisch-wirtschaftliche, politisch-rechtliche und technologische Komponenten. Jede für sich hat Einfluß auf die Wirtschaft, was sich insbesondere in den 90er Jahren zeigt, wo einerseits eine Entwicklung der globalen Märkte, andererseits aber deren Zersplitterung zu verzeichnen sind, in beiden Fällen nimmt die Bedeutung der Umgebungsfaktoren für die Geschäftstätigkeit zu. Auch die Mikroumgebung bildet die Änderung der aktuellen Infrastruktur. Man spricht von harten und weichen Variablen des Unternehmensumfelds und die letzteren (gemeinsame Werte, Personal, Stil) werden immer wichtiger. Ein Vorteil der Organisationsstruktur der Mikroumgebung sind Flexibilität und Fähigkeit, sich an ungünstigere Umgebungsfaktoren anzupassen (z.B. organische Struktur), und ihre entsprechende kulturelle Einstellung, vor allem in vitalen, insbesondere in Innovationstätigkeiten des Unternehmens. Da das Unternehmen in der internationalen Umgebung sowohl auf Hindernisse in der Makro- als auch in der Mikroumgebung stößt, sind erfolgreiche Erkennung und Überwindung eine Möglichkeit, Konflikte zu vermeiden und Vorteile zu realisieren. Es geht um Hindernisse auf dem Weg zum Endverbraucher, deren frühzeitige Erkennung, Bewältigung und Nutzung dem Unternehmen einen entscheidenden Vorteil vor Konkurrenten schaffen kann. Sie werden als "**Soft-Faktoren**" der Gestaltung von Unternehmensvorteilen und damit als Quellen für Krisenbewältigung definiert. Das zentrale und interaktive Verbindungselement ist dabei der **Mensch**, dem bei der Krisenbewältigung daher eine immer wichtigere Rolle zukommt, da die früher wichtigen Wettbewerbsfaktoren relativ gesehen und im Kontext der geänderten Wettbewerbssituation immer mehr an Bedeutung verlieren. Die traditionellen Faktoren sind noch immer Basis des Wettbewerbs, jedoch in deutlich geringerem Umfang als bisher. Heute werden die Fähigkeiten des Humankapitals und die Art, wie diese im Unternehmen gemanagt werden, mehr und mehr zu einem vitalen Element des Vorteils, daher sind die Umgangsformen mit dem Humankapital um so wichtiger, insbesondere wenn das Unternehmen mit Krisen konfrontiert wird. Dabei spielt in einem modernen Unternehmen das **Management** eine besonders wichtige Rolle. Aufgabe der auf verschiedenen Ebenen des Managements Beschäftigten ist es, für die Effektivität aller Unternehmensfunktionen zu sorgen. Moderne Manager sollen nämlich rationale und gut informierte Prozessoren darstellen, die Entscheidungen so gestalten, daß Chancen gefunden sowie Hindernisse und Drohungen der internationalen Märkte überwunden werden. Ihr Einfluß, Fähigkeiten und Macht spiegeln sich am besten in Variablen, wie z.B. Wettbewerbsstruktur (Konzentration der Konkurrenten), Verhandlungskraft der Kunden (Anzahl der Großabnehmer), Kosten und Investitionsstruktur (Bedeutung der Kapitalintensität) und Marktzuwachsrate (Verhaltensweisen durch den Produktzyklus wider). Alle Manager der Welt haben im Grunde genommen ähnliche Aufgabengebiete (Drucker, 1991), die **Vorgangsweisen** sind traditions- und kulturbedingt verschieden.

An dieser Stelle können natürlich nicht sämtliche Quellen der Wettbewerbsfähigkeit eines modernen Unternehmens und damit auch alle potentiellen Faktoren der Krisenbewältigung mit einbezogen werden. Tatsache ist, daß deren Auswahl zum größten Teil völlig subjektiven Überlegungen von Theoretikern und Forschern überlassen ist. Ein Teil der Faktoren kann zwar aufgrund bisheriger wirtschaftlicher Entwicklung bestimmt werden, aber auch hier sind Unterschiede zwischen Unternehmen in den verschiedenen Branchen und die Charakteristika verschiedener nationaler Märkte nicht zu übersehen.

4 Analyse der ausgewählten Faktorengruppen am Beispiel der Verarbeitungsindustrie Sloweniens[1]

Durch die veränderte Situation in der Mikro- und Makroumgebung und die Probleme der Wirtschaftstransition sind für die slowenische Verarbeitungsindustrie Exportorientierung und ihre allmähliche Internationalisierung der einzige Weg ins Zentrum der internationalen Märkte. Zahlreiche Konkurse (gerade in der Verarbeitungsindustrie), anspruchsvolle Umstrukturierung, die Erschließung neuer Absatzmärkte, Kapitalmangel, Wettbewerbsdruck, usw. zeigen, wie schwer es ist, diese Übergangsperiode zu meistern und von produktionsorientierten zu marktorientierten Wirtschaftsformen überzugehen. Das zeigt sich besonders in der Verarbeitungsindustrie. Durch den Verlust der Märkte im ehemaligen Jugoslawien hat sie viel an Absatz eingebüßt und mußte (und muß) flexibler auf die Anforderungen ausländischer Märkte reagieren. Da in den Reformstaaten unserer Meinung nach vor allem die Verarbeitungsindustrie die Grundlage für Wettbewerbsvorteile von Unternehmen, Wirtschaftszweigen bzw. Staat bildet, stellt sich die Frage, in welchem Zustand sich die im Kapitel 3 vorgestellten Faktorengruppen befinden und wie die Aussichten für deren potentielle Entwicklung sind. Diese Faktoren sind unserer Meinung nach die Basis für die Vorbeugung, Überwindung und Bewältigung von Unternehmenskrisen in der slowenischen Verarbeitungsindustrie[2], wie auch für die Gestaltung der Wettbewerbsvorteile.

Die Bedeutung von **Wissen** wird im Hinblick auf die in F&E investierten Mittel immer noch unterschätzt, denn die EU-Staaten geben für diesen Zweck durchschnittlich mindestens zwei- bis dreimal soviel aus. Obwohl dabei nicht alle Wirtschaftszweige bzw. Unternehmen in der Verarbeitungsindustrie gleichgesetzt werden dürfen, zeigt schon eine grobe Bewertung, daß zu wenig in F&E investiert wird, obwohl dies langfristig strategisch die wichtigste Grundlage für Wettbewerbsvorteile sind. Dabei ist zu unterstreichen, daß Wissen nicht nur eng, durch Wertpositionen, bewertet werden dürfte, sondern auch breiter, d.h. als Marketing-, Management-, organisatorisches Wissen, oder anders gesagt, durch Charakteristika des Humanfaktors. Auch hier hinken wir der EU hinterher, was im Hinblick auf die kurze Phase der Transition und die notwendige Umstrukturierung von produktionsorientierter zu marktorientierter Produktion auch durch aus verständlich erscheint. Betrachtet man den Aufbau von F&E, können wir mit den Industriestaaten nicht mithalten. Slowenische Unternehmen verfügen nur selten über Stabsstellen, sie weisen ein mangelhaftes (oder sogar unentwickeltes) System des internen Marketings aus, erst in der letzten Zeit bemühen sich einige

[1] Die vorliegende Analyse baut auf der Magisterarbeit (siehe Literatur) des Autors über die Wettbewerbsvorteile der Textilbranche in Slowenien im Vergleich zur EU auf. Die Daten, die primären (Interviews, Umfragen) und sekundären (quantitativen) Quellen nach Staatswerdung Sloweniens entnommen wurden, wurden größtenteil qualitativ-deskriptiv ausgewertet und analysiert.

[2] Es geht um die **durchschnittliche Auswertung** der Lage und Entwicklung der ausgewählten Faktoren im Verarbeitungssektor.

(vor allem kleinere) Unternehmen, ein System von Rückkoppelung zwischen Lieferanten und Kunden zu entwickeln, was bei der Entwicklung von z.B. Geschäften der Vertragsproduktion sehr effektiv sein kann. Auch wenn es im Unternehmen F&E-Abteilungen gibt, kooperieren diese kaum mit anderen Geschäftsfunktionen innerhalb des Unternehmens oder mit rivalisierenden, verwandten oder komplementären Tätigkeiten in anderen Unternehmen verwandter Branchen. Man kann sagen, daß das Gros der Unternehmen ihre Rivalen auf dem Gebiet der Forschung mit Phasenverschiebung nachahmt. Ähnliches gilt auch für **technologische** Investitionen, denn der Umfang der investierten Mittel in Industrie und Bergbau stagniert, in Technologien wird pro Beschäftigten mindestens zweimal weniger investiert als in der EU, was sicher auch auf einen Mangel an Entwicklungskapital, Gemeinschaftsunternehmen und strategische Verbindungen zurückzuführen ist. Werden **Innovationen** zeitgemäß definiert, so ist ein Fortschritt in der Entwicklung der Marketingfunktionen und -konzepte zu verzeichnen. Beispiele dafür sind die Einführung eigener Warenzeichen (z.B. Textilindustrie), die Entwicklung neuer Distributionsansätze (offensive Bemühungen zur Steigerung des klassischen Exportes im Hinblick auf Geschäfte der Vertragsproduktion, Modernisierung eigener Handelseinheiten auf dem Inlandsmarkt, Entwicklung von Großhandel und Franchising), neue organisatorisch-verwaltende Maßnahmen (auch als Folge der Privatisierung) mit schrittweiser Annäherung an Just-in-time-Management und sog. schnelle Reaktionsfähigkeit. Auch Reduktion der Einführungszeiten sowie Steigerung von Flexibilität und Anpassungsfähigkeit in einzelnen Produktionsphasen sind zu verzeichnen. Es läßt sich zwar bestreiten, daß das Innovationen im traditionellen Sinne sind, man kann dies jedoch als innovativen Marketing- und Distributionsansatz für Verarbeitungsunternehmen und als Beweis für die Marketingorientierung bezeichnen. Das gilt leider wieder nur für einige Unternehmen. Erfindungsgabe in der nicht produzierenden Funktion des Unternehmens ist für die Mehrheit der Unternehmen immer noch untypisch (Problem der Flexibilität, Spezialisierung und gesteigerten Reaktion der Unternehmen), und daher werden verwaltendorganisatorische und Marketingkenntnisse oft nicht implementiert. Konzepte, die die Arbeitnehmer zu Innovationen in allen Geschäftsfunktionen motivieren sollen, werden in den Unternehmen nicht genügend durchgesetzt, was in Industriestaaten hingegen sogar an "Outsourcing"-Standorten der Fall ist. Auch die **Qualität** wird nicht ganzheitlich entwickelt. Trotz qualitativ hochstehender Produktion und entsprechendem Fachwissen mangelt es an ganzheitlichen Ansätzen für Marketing und Organisation sowie Anpassungsvermögen bei Veränderungen der Nachfrage (Abnehmer, Endverbraucher). Eigentlich ist die Qualität neben dem Preis (immer noch) der entscheidende Faktor für Ausländer, die sich für Vertragsproduktionen in Slowenien entscheiden (Textil-, Holzindustrie). Generell kann gesagt werden, daß nach dem Abhandenkommen des inländischen Marktes die Anforderungen der ausländischen Märkte zu einer Qualitätssteigerung führten. Trotzdem achten Unternehmen zu wenig auf Qualität als stetigen Entwicklungsprozeß. Die Gesamtqualität (nicht nur die des Produktes / der Dienstleistung, sondern auch Qualität in allen Geschäftsfunktionen) ist de facto derjenige Wirtschaftsfaktor, der in der Entscheidung der Verbraucher (auch im Interunternehmensmarketing) wichtiger als der Preis ist und Produkttreue gewährleistet.

Es änderte sich aber nicht nur die **Umgebung** des inländischen Marktes, sondern auch die der ausländischen Märkte, was die Anpassung an diese Verhältnisse zusätzlich erschwert. Die Untersuchung ergab folgendes: Unternehmen, die (erfolgreich) überlebt haben oder sich heute um ihr Überleben bemühen, haben rechtzeitig mit folgenden Organisationsveränderungen begonnen: Reorganisation der Verknüpfung von Geschäftsfunktionen - insbesondere der Produktionsfunktion mit anderen Funktionen im Unternehmen im Sinne einer größeren Reaktionsfähigkeit - Abschaffung von Lieferungs- und Verkaufsstockungen, wirksamere Anpassung an Anforderungen der Produktdifferenzierung, kürzere Lieferzeiten, bessere Kapazitätsausnutzung, technologische Modernisierung, Kostenreduktion (insbesondere bei Regiespesen) und Steigerung der Produktivität, Bildung von kleinen, flexibleren Gruppen für Kleinbestellungen. Auch im Marketing- und Distributionsbereich waren Veränderungen notwendig. Grundlage dafür waren Veränderungen in der strategischen Orientierung der Unternehmen. Diese sind: offensiverer Auftritt auf entwickelten Märkten, Umorientierung zur Steigerung des Anteils im klassischen Export, teilweise Einführung von Warenzeichen, Verbesserung des Gesamtbildes beim Auftritt auf dem inländischen Markt, Umstieg von basischen Lohngeschäften auf fortschrittlichere Partnerschaftsformen, segmentierte Produktion, Eingliederung in diverse Formen der internationalen Geschäftstätigkeit, wie z.B. Vermittlung von Geschäften mit Nachfolgestaaten des ehemaligen Jugoslawiens, Organisation von Gemeinschaftsunternehmen auf Basis von Vertragspartnerschaften. Die Analyse ergab, daß die meisten Unternehmen vergessen, die Verantwortung, Motivation und Kenntnisse des **Humanfaktors** im Unternehmen zu gewährleisten. Die Beschäftigten zeichnen sich zwar durch ihre Fertigkeiten (d.h. sie sind technisch angelernt) und das Middle-Management durch seine Verantwortung aus, hinsichtlich Aus- und Weiterbildung wird für dieses Personal im Marketing- und Managementbereich immer noch viel zu wenig getan, insbesondere was das Top-Management betrifft. Das slowenische Middle-Management stellt im Hinblick auf sein Wissen, Fähigkeiten und Verantwortung, vor allem in Verkauf, Einkauf und Produktion, eigentlich nur einen kleinen Budgetposten dar - im Durchschnitt liegen die Gehälter nur bei etwa 50% eines durchschnittlichen Managergehaltes in der EU bei vergleichbaren Managementpositionen. Diese Manager sorgen aber für die erstklassige Herstellung der Produkte und damit auch für Produktivitätssteigerung sowie Verbesserung des Produktionsaufbaus, für Kostensenkung sowie für die Einführung von neuen Technologien einerseits und für die Aufrechterhaltung und den Aufbau der Geschäftsbeziehungen und Distributionswegen andererseits. Es mangelt aber an Marketing- und Managementkenntnissen. Ein Hindernis für Produktivitätssteigerung und Kostensenkung im Produktionsprozeß ist auch, daß die Arbeitnehmer für nur eine oder höchstens zwei Arbeitsphasen angelernt sind. Hier beginnt das Problem der slowenischen Flexibilität und die Unfähigkeit, kleine aber häufige Bestellungen zu übernehmen, was auch ein noch so offensiver Marketingansatz nicht lösen kann. So bleiben die Unternehmen im Durchschnitt auf dem Niveau mehr oder weniger standardisierter Produkte und sind bezüglich Änderungen der Nachfrage nicht flexibel genug. Die Einführungsphasen neuer Produkte sind zu lang, auch die Austauschflexibilität oder Produktdifferenzierung sind unzureichend, was im Vergleich zu europäischen Unternehmen zu einer Entwicklungsverschiebung führt.

5 Schlußwort

Die Analyse zeigt vor allem folgende Hauptnachteile slowenischer Verarbeitungsunternehmen im Vergleich zur EU: zu geringe Investitionen in Marketingkenntnisse und Weiterbildung der Beschäftigten, beschränkte Investitionen in Technologien als Teilbereich der F&E, (k)eine Förderung der Innovationstätigkeit in allen Geschäftsfunktionen des Unternehmens (insbesondere in nichtproduzierenden), langsame Anpassung an Veränderungen in der Auslandsumgebung (EU) und Strukturveränderungen in der Nachfrage, (Nicht)erkennung und langsame Anpassung an Einflüsse und Veränderungen des Konsumenten. All dies kann zu Unternehmenskrisen führen. Sofern die hier behandelten Faktoren zur Bewältigung und Überwindung von Krisen nicht schrittweise, zumindest aber langfristig entwickelt werden, fehlt es an sog. Non-price-Wettbewerbsfaktoren und damit auch an Wettbewerbsvorteilen, wodurch die Unternehmen stärker in einen preisgebundenen Wettbewerb gezwungen werden (und sind). Deshalb kann behauptet werden, daß die Entwicklung der oben vorgestellten Faktoren nicht nur eine entsprechende und effektive Art der Bewältigung und Überwindung von Unternehmenskrisen, sondern auch einen Weg zur Steigerung der Wettbewerbsfähigkeit des Unternehmens und seiner Produkte / Dienstleistungen darstellt. Das ist auch die Voraussetzung für einen erfolgreichen Auftritt auf internationalen Märkten und die Internationalisierung slowenischer Unternehmen.

Literatur

Best H. Michael (1990): The New Competition. Institution of Industrial Restructuring. Policy Press, Oxford.

Day George S., Wensley Robin (1988): Assesing Advantage: A Framework for Diagnosing Competitive Superiority. In: Journal of Marketing, 52 (1988) 4, S. 1-20.

Drucker Peter F. (1991): The Changed World Economy. In: Foreign Affairs (1991), New York, S. 768-791.

Gmeiner P., Lapornik M., Majcen B., Slabe R. (1996): Priprave predelovalne industrije R Slovenije pred vstopom v EZ 1.del. Inštitut za ekonomska raziskovanja, Ljubljana.

Harvard Business Review (1987): Competitiveness: 23 Leaders Speak Out. In: Harvard Business Review, Boston, 65 (1987), 7/8, S. 106-123.

Hrastelj Tone (1995): Podjetniški izzivi mednarodnega poslovanja. Gospodarski vestnik, Ljubljana.

Kovačević Mladen (1973): Faktori konkurentnosti jugoslovenskog izvoza, Institut ekonomskih nauka, Beograd.

Krugman Paul, Competitiveness (1994): A Dangerous Obsession. In: Foreign Affairs, New York, 73 (1994), 2, S. 28-44.

Makovec Brenčič Maja (1996): Analiza konkurenčnih prednosti. Primer panoge: proizvodnja končnih tekstilnih izdelkov v Sloveniji. Magistrsko delo, Ekonomska fakulteta, Ljubljana.

Porter Michael E.(1985): Competitive Advantage. Free Press, New York.

Porter Michael E., ed.(1986): Competition in Global Industries. Harvard Business School Press, Boston.

Rugman Alan M., ed. (1993): Global Competition: Beyond the Three Generics. Jai Press, London.

Schendel Dan ed. (1995): Technological Transformation and the New Competitive Landscape. In: Strategic Mangement Journal, New York, 16 (1995), S. 202.

Thurow Lester C. (1992): Who Owns the Twenty-First Century? In: Sloan Management Review, Boston, Spring (1992), S. 5-17.

Albert Mayr

Informationspathologien - eine Hauptursache für das Versagen einer Krisenfrüherkennung in Unternehmen

Dr. Albert Mayr
Johannes Kepler Universität Linz, Österreich

INFORMATIONSPATHOLOGIEN - EINE HAUPTURSACHE FÜR DAS VER - SAGEN EINER KRISENFRÜHERKENNUNG IN UNTERNEHMEN

Zusammenfassung: Im Beitrag wird das Problem der Krisenfrüherkennung behandelt. Es stehen jedoch nicht die Suche nach Frühwarnindikaktoren im Vordergrund, sondern die Probleme, die sich im Zusammenhang mit der Übermittlung und der Wahrnehmung von Frühwarninformationen ergeben. Aus einer Vielzahl von möglichen Fehlerquellen werden einige, besonders wichtige im Beitrag behandelt.

Stichwörter: Früherkennung, Information, Informationspathologien, Krise

INFORMATION PATHOLOGIES - THE MAIN REASON FOR FAILING TO IDENTIFY A CRISIS IN ENTERPRISE

Summary: The paper deals with the problem of the identification of crisis. The main emphasis, however, is not on the search of leading indicators, but on the problems that result in connection with transmission and perception of early warning information. From a multitude of possible sources of failure some of them are dealt with special attention.

Keywords: crisis, identification, information, information pathologies

1 Zum Begriff der Krise

Der Begriff der Krise stammt aus dem griechischen "krinein" und hat dort die Bedeutung "**prüfen**", "**Unterscheidung**" oder "**Entscheidung**".

Eine brauchbare Analogie läßt sich auch aus dem medizinischen Bereich beziehen; bei Hippokrates tritt eine Krise im Krankheitsverlauf dann auf,

- wenn diese Krankheit an Intensität zunimmt
- oder abklingt,
- in eine andere Krankheit übergeht
- oder überhaupt ein Ende hat.

Kurz gefaßt ein Krankheitsgeschehen, das dem Höhepunkt, der Entscheidung zustrebt. Entscheidung beinhaltet dabei sowohl einen positiven als auch einen negativen Ausgang der Krise (vgl. Prisching 1986, S. 18ff.)

Wesentlich ist, daß nicht jede Störung, jedes überraschende Ereignis oder auch Eintreten eines Ungleichgewichtszustandes eine Krise darstellt. Eine Krise ist vielmehr eine Situation, in der das bisherige Verhalten wichtiger Akteure unter Zeitdruck geändert werden muß, wenn nicht eine schwere Schädigung des Systems eingeleitet werden soll.

Wesentliche Hauptmerkmale einer Krise sind daher: (vgl. Witte 1981, S. 9)

1. Eine existentielle Bedrohung
2. Eine geringe Vorhersehbarkeit
3. Wenig Zeit für Entscheidungen

Die Konstatierung einer Krise hängt häufig von der subjektiven Wahrnehmung der betroffenen Personen ab. So führen tatsächlich vorhandene krisenhafte Prozesse bei manchen Personen nicht immer zu einer angepaßten, den objektiven Verhältnissen entsprechenden Bewußtseinslage. Mit anderen Worten - die Krise wird nicht als solche wahrgenommen. Umgekehrt bedeutet eine subjektiv wahrgenommene Krisenstimmung nicht immer, daß auch tatsächlich real bedrohliche Verhältnisse existieren. Unter real bedrohlichen Verhältnissen sei hier eine Existenzgefährdung verstanden.

2 Zum Begriff der Unternehmenskrise (UK)

Analog zur vorherigen Definition der Krise sind Krisen in Unternehmen Erscheinungen, die durch eine massive Beeinträchtigung bestimmter Ziele, den Unternehmensfortbestand gefährden oder sogar unmöglich machen. Die darin enthaltenen Optionen sind einerseits eine Vernichtung des Unternehmens, z. B. durch Liquidierung oder eine Chance zur positiven Wende - sprich Sanierung (vgl. Krystek 1993).

Charakteristisch für UK ist, daß erheblicher Zeit- und Handlungsdruck sowie Entscheidungszwang vorherrscht. Weiters sind die Begriffe Streß, Konflikte, Spannung und Katastrophe symptomatisch für Krisenerscheinungen.

Häufig wird eine Krise daher auch solange nicht als solche wahrgenommen, solange nicht die oben beschriebenen Merkmale massiv auftreten. Darin liegen jedoch bereits erhebliche Gefahren. Ein derartiges Krisenverständnis ignoriert die Tatsache, daß sich Krisen bereits lange vorher in latenter Form ankündigen. Krystek (1987, S. 29ff.) spricht in diesem Zusammenhang von verschiedenen Phasen der UK:

- Phase: Potentielle UK (noch kaum Krisensymptome – quasi Normalzustand)
- Phase: Latente UK (verdeckt vorhandene Krisensymptome – durch Früherkennungsmethoden wahrnehmbar und auch aktiv beeinflußbar)
- Phase: Akute noch beherrschbare UK (durch Anwendung geeigneter Sanierungsmaßnahmen zu bewältigen, jedoch unter erheblichem Druck)
- Phase: Akute, nicht mehr beherrschbare UK

Wesentlich für das Eintreten von akuten Krisen dürfte sein, daß viele Unternehmer nur Phase 3 und 4 als Krise verstehen. Dadurch wähnen sie sich mit ihrem Unternehmen solange in Sicherheit, bis eben das Stadium der akuten Krise eintritt, wo jedoch bereits massive Anstrengungen unternommen werden müssen, um die Krise bewältigen zu können.

Risak (1981, S. 107f.) hat dieses Phänomen des Zuwartens und sich in Sicherheit fühlen als "beschränkte Fortschrittsfähigkeit der Unternehmen" beschrieben. Seine These lautet dabei, daß bei einer Vielzahl österreichischer Unternehmen strukturelle Anpassungen weitgehend über Krisen erfolgen. Die Existenzkrise und nicht das innengeleitete Handeln stellt das dominante Motiv zur Anpassung an geänderte Umweltbedingungen dar. Wirtschaftliche Wachstumsphasen tragen unter diesen Umständen eher zu einer Verschärfung der Krisenproblematik bei, da sie den strukturellen Wandel behindern.

3 Krisenfrüherkennung

Wenn eine Krise in einem noch latenten Stadium entdeckt wird, dann kann sie mit ziemlicher Sicherheit abgewendet werden – soweit die Annahme.

Die Suche nach Indikatoren, die eine Krise frühzeitig - in eben diesem latenten Stadium - anzeigen, stand daher auch lange Zeit im Mittelpunkt der Forschungsbemühungen.

Im wesentlichen wurden in diesem Zusammenhang drei Indikatorgruppen entwickelt (vgl. Wiedmann 1984, S. 26 ff.) – analog zu den Entwicklungsgenerationen der Früherkennung.

- Die erste Indikatorgruppe mit noch relativ geringen Früherkennungseigenschaften war die der globalen Zielindikatoren (Umsatz, Gewinn, ROI, Umsatzrendite etc.). Werden hier bestimmte Sollwerte bzw. Toleranzgrenzen überschritten, dann kommt es im Rahmen eines Soll-Ist-Vergleiches zu einem Warnsignal.
- Aus der Weiterentwicklung der globalen Zielindikatoren entstanden die niedrig aggregierten Zielindikatoren - auch datenursprungsbezogene Kennzahlen genannt. Hier wurden die Zielgrößen systematisch disaggregiert (Umsatz des Produktes X in der Region Y bei der Kundengruppe A).
- Die dritte, am weitesten entwickelte Indikatorgruppe sind die Vorlaufindikatoren (leading indicators), die den Verlauf relevanter Zielgrößen bestimmen bzw. die zu einer oder mehreren interessierenden Zielgrößen in kausaler oder sonstiger sachlogischer Beziehung stehen und in ihrer Entwicklung einen zeitlichen Vorlauf aufweisen, wie z. B. der Auftragseingang zum Umsatz oder die Kundenzufriedenheit zum Umsatz.

Für die strategische Früherkennung gingen insbesondere von Ansoff (Ansoff) wichtige Impulse aus, der in einem klassisch gewordenen Aufsatz erstmals auf die Idee der schwachen Signale hinwies. Die Grundidee war dabei, daß sich neue bisher völlig unbekannte Phänomene, die strategisch durchaus bedeutsam sind, nicht in Form von Ursache-Wirkungs-Ketten abbilden lassen, wie z. B. der "Ölpreisschock". Vielmehr zeigen sich diese Veränderungen häufig zunächst in Form von schwachen, schwer zu interpretierenden Signalen. Früherkennung nach dem Konzept der schwachen Signale beschäftigt sich demgemäß mit der Aufspürung dieser Signale.

Insgesamt betrachtet gibt es eine Vielzahl von Forschungsaktivitäten zum Thema Früherkennung in Unternehmen, trotzdem kann man sich nicht des Eindrucks erwehren, daß davon nur sehr wenig in den Unternehmen zur Anwendung kommt.

In Österreich ist ein Teil dieser Forschungsergebnisse in das neue Insolvenzrechtsänderungsgesetz kurz : IRÄG 97 und das darin enthaltene Unternehmensreorganisationsgesetz kurz: URG eingeflossen. Darin wird der Versuch unternommen, frühzeitig Unternehmenskrisen zu erkennen und entsprechende Reorganisationsmaßnahmen einzuleiten. In diesem URG wird anhand zweier Kennzahlen, nämlich der Eigenkapitalquote (Grenzwert 8%) und der fiktiven Schuldentilgungsdauer (Grenzwert 15 Jahre), ein Reorganisationsbedarf festgestellt. Werden diese beiden Kennzahlen überschritten, liegt sozusagen eine Sanierungsbedarf vor.

Ohne hier die Bemühungen des IRÄG 97 schmälern zu wollen sei doch festgehalten, daß es Versuche - Krisen anhand von Kennzahlenanalysen frühzeitig zu diagnostizieren - schon relativ lange gibt. Man denke hier nur an die traditionellen Bilanzanalyse-Systeme der Banken oder an verschiedene Quicktests (Kralicek, 1991) zur Insolvenzfrüherkennung. Kennzahlen, die über sogenannte Diskriminanzalysen gefunden wurden, haben sogar Eingang in die marktbeherrschende Buchhaltungs- und Bilanzierungssoftware Österreichs (Firma BMD) gefunden und stehen damit einer großen Anzahl von österreichischen Wirtschaftstreuhändern zur Verfügung.

Ein weiteres, inzwischen relativ verbreitetes Frühwarnsystem ist das Bonitätsbeurteilungssystem des Kreditschutzverbandes von 1870 (vgl. http://www.ksv.at). Dieses EDV-gestützte Frühwarnsystem liefert automatisch Warnsignale an Gläubiger, wenn bei Schuldnern eine wesentliche Beeinträchtigung der Bonität eintritt.

Die ganzen Bemühungen das Thema Unternehmensplanung in Klein- und Mittelbetrieben (KMB) zu etablieren, sind sicherlich auch in das Thema Früherkennung einzuordnen.

All diese Systeme haben wertvolle Beiträge zur Krisenerkennung geleistet. Letztendlich zielen sie darauf ab, dem Unternehmer frühzeitig zu signalisieren, daß Handlungsbedarf besteht.

Bei all diesen Ansätzen wird jedoch unterstellt, daß die Hauptprobleme einer Krisenfrüherkennung in der Informationsbeschaffung liegen. Dieser Ansatz mag in vielen Fällen zutreffen, verkürzt aber das Problem der Krisenfrüherkennung auf die Ermittlung von Indikatoren, anhand derer krisenhafte Erscheinungen angezeigt werden können. Dabei wird jedoch ignoriert, daß bei einer Vielzahl von Unternehmenskrisen die Hauptschwierigkeit nicht in der Beschaffung von Frühwarnindikatoren - hierfür reicht oftmals bereits ein einfaches Planungssystem oder unter Umständen sogar die Buchhaltung aus - sondern in der Informationsübermittlung und -wahrnehmung liegt. So werden von Kropfberger (1986, S. 44) als Hauptgründe für die Entstehung von Krisen genannt:

1. das bewußte Nicht-wahrnehmen-wollen bedrohender und krisenhafter Veränderungen und/oder
2. der Versuch, bestehende Strukturen trotz Veränderungen in der Umweltsituation zu halten und zu versteinern, und/oder
3. das Aufschieben längst fälliger Entscheidungen

Das heißt, nicht nur die Beschaffung von Frühwarninformationen ist beim Krisenfrüherkennungsprozeß zu beachten, sondern auch Aspekte der Informationsübermittlung, -wahrnehmung und -verarbeitung. In jedem dieser Bereiche gibt es eine Reihe von Fehlermöglichkeiten. In diesem Kontext spricht Wilensky (1967, S. 41) von einem "Aufklärungsversagen" (intelligence failure) der Organisation. Dieses Aufklärungsversagen äußert sich in sogenannten "Informationspathologien". Er beschrieb dieses Phänomen mit folgenden Worten:

"Es gibt unzählige Fehlerquellen: Die Information ist oft nicht richtig, nicht klar, nicht rechtzeitig oder nicht relevant; aber selbst wenn sie das alles ist, wird sie unter Umständen falsch zusammengefaßt, verzerrt oder völlig blockiert auf dem Weg zwischen Sender und Empfänger. Und wenn sie ankommt und in Handlungen umgesetzt werden könnte, wird sie vom Empfänger unter Umständen nicht beachtet, weil sie nicht zu seinen vorgefaßten Meinungen paßt, weil sie in irrelevantes Material eingebettet ist, weil der andere nicht glaubwürdig erscheint oder einfach weil er selbst überlastet ist."

4 Insolvenzursachen

In Untersuchungen zum Thema Insolvenzursachen wird fast einhellig festgestellt, daß Mängel bei der Unternehmensführung eine wesentliche Ursache für Unternehmenszusammenbrüche in Klein- und Mittelbetrieben darstellen. Insbesondere sind dies (Reske et al. 1976, S. 57; Haendel 1998):

- Mangelhafte Unternehmerqualifikation
- Schwächen im Planungs- und Controllingsystem
- Unzureichender Informationsstand
- Mangelnde Wahrnehmungsfähigkeit
- Charaktermängel, Fahrlässigkeit

Als besonders bestürzend wurde festgestellt, daß die Wahrnehmungsfähigkeit der Verantwortungsträger von insolventen Unternehmen extrem schlecht ist. Selbst wenn die Veränderungen schon dramatisch sind, wird noch bei den alten Gepflogenheiten und den Erfahrungen der Vergangenheit geblieben.

Symptome hierfür sind: Aufschieben, Verdrängen, Ignorieren, kurzfristig über die Runden kommen, grenzenloser (Zweck)Optimismus und Abgehobenheit von der Realität.

Erschwerend kommt hinzu, daß diese Unternehmer oft nicht einmal wissen, wie es um ihren Betrieb steht. Gravierende Schwächen im Planungs- und Controllingsystem sind besonders augenfällige Insolvenzgründe. In diesen Unternehmen wird der Sinkflug nicht einmal ansatzweise erkannt. Gegenmaßnahmen greifen hier meistens zu spät.

Die genannten Probleme äußern sich gesammelt darin, daß nur ein Bruchteil der insolventen Unternehmer sich selber für schuldig bekennt. Der Großteil betrachtet sich als Opfer widriger Umstände. (Vgl. Haendel 1998, S. 2ff.)

Es sei hier betont, daß die dargestellten Probleme aus einer Untersuchung von insolventen Unternehmen resultieren und daß es in Österreich neben ca. 5.500 insolventen Unternehmen 270.000 aktive, überwiegend gut geführte Unternehmen gibt.

Ergänzend sei aber trotzdem noch angeführt, daß bei einer Befragung eines Großteils der oberösterreichischen Wirtschaftstreuhänder (WT) durch den Verfasser dieses Beitrages, sich ein ähnlich pessimistisches Bild ergeben hat. Gefragt wurde dabei unter anderem, was WT zur Insolvenzvermeidung bei den Kleinbetrieben tun könnten. Der Großteil der WT meinte dazu, daß gegen die Sturheit der Unternehmer kein Mittel existiere, daß die Krisenbetriebe zu wenig Unternehmerpersönlichkeit besäßen, daß sie Krisensymptome zu sehr verdrängen würden, sich Auswertungen der WT gar nicht ansähen und viele dieser Krisenbetriebe viel zu hohe Privatentnahmen tätigen würden.

Diese negative Einschätzung deckt sich in vielen Punkten mit der Untersuchung des KSV.

Es kristallisiert sich dabei doch relativ klar heraus, daß die Hauptprobleme, durch die aus einer latenten Krise eine akute, wenn nicht sogar unbewältigbare wird, darin bestehen, daß viele Unternehmer die Krise trotz eindeutiger Signale einfach nicht wahrnehmen wollen. In einer gewissen Art und Weise handelt es sich dabei um einen Realitätsverlust. Erschwerend kommt bei den Kleinbetrieben noch hinzu, daß sich die Geschäftsführung überwiegend in der Hand des Eigentümers befindet, verbunden mit einem eher patriarchalisch, autoritärem Führungsstil. Eine kritische Auseinandersetzung mit dem Führungsverhalten der Geschäftsführung wird bei dieser Konstellation tendenziell eher schwerer möglich sein als in Unternehmen, wo die Unternehmensführung und damit auch die Macht sich auf mehrere Personen verteilt.

5 Informationspathologien

Obwohl es bereits eine Fülle betriebswirtschaftlicher Früherkennungsmethoden gibt, werden diese in Klein- und Mittelunternehmen (KMU) kaum verwendet. Vielfach werden nicht einmal einfachste Planungs- und Abrechnungssysteme eingesetzt (vgl. Kropfberger 1986, S. 38ff.). Forschungsbemühungen, z. B. in Richtung noch besserer Früherkennungsindikatoren, lassen sich daher mit dem von Watzlawick (1988, S. 51) geprägten Leitsatz umschreiben: "Mehr desselben – oder: Wenn die Lösung selbst das Problem ist".

Wesentlicher erscheint es, zuerst einmal die bestehenden Informationsgewohnheiten und Verhaltensprogramme in KMU, die meist tief in den Personen verwurzelt sind und oftmals den Charakter von Informationspathologien haben, zu analysieren und bewußt zu machen.

5.1 Zum Begriff der Informations pathologien

Informationspathologien äußern sich als Fehlfunktion bei der:

- Aufnahme, Beschaffung
- Weitergabe, Übermittlung und
- Verarbeitung

von Informationen!

5.2 Mögliche Ausprägungs-formen von Informations-pathologien

Im folgenden sollen eine Reihe von möglichen Informationspathologien erörtert werden, ohne den Anspruch eines theoretisch einwandfreien Konzeptes stellen zu wollen. Dies soll dazu beitragen, die Problematik Früherkennung aus einem möglichst breiten Blickwinkel zu sehen.

Arbeitsüberlastung

Manager in KMU leiden meistens ganz erheblich unter Arbeitsüberlastung, sie haben wenig Freiraum für eine kreative Reflexion (vgl. Rieser 1980, S. 115 ff.), das Tagesgeschäft steht im Vordergrund, für strategische Aufgaben bleibt keine Zeit. Es gibt hierfür ein Menge Gründe, einer davon dürfte jedoch in einem von EINSTEIN formulierten Zitat liegen: "Holzhacken ist deshalb so beliebt, weil man dabei den Erfolg sofort sieht." (Krystek/Müller-Stewens 1993, S. 5 f.). Die Wirkungen für die Krisenfrüherkennung sind aufgrund der dominanten Innenzentrierung sehr negativ.

Unzureichende Grundkenntnisse

Informationserarbeitung betriebswirtschaftlicher Sachverhalte wird eher als "untergeordnete, lästige Verwaltungsarbeit" abgetan. Das Interesse am "eigentlichen Geschäft" ist meistens wesentlich größer.

Eine der Ursachen hierfür liegt im Wissensaufbau beim Menschen (vgl. Scholl 1992, S. 903ff.). Der Aufbau von Wissen geschieht in schrittweiser Form durch Assimilation und Akkomodation. Assimi-

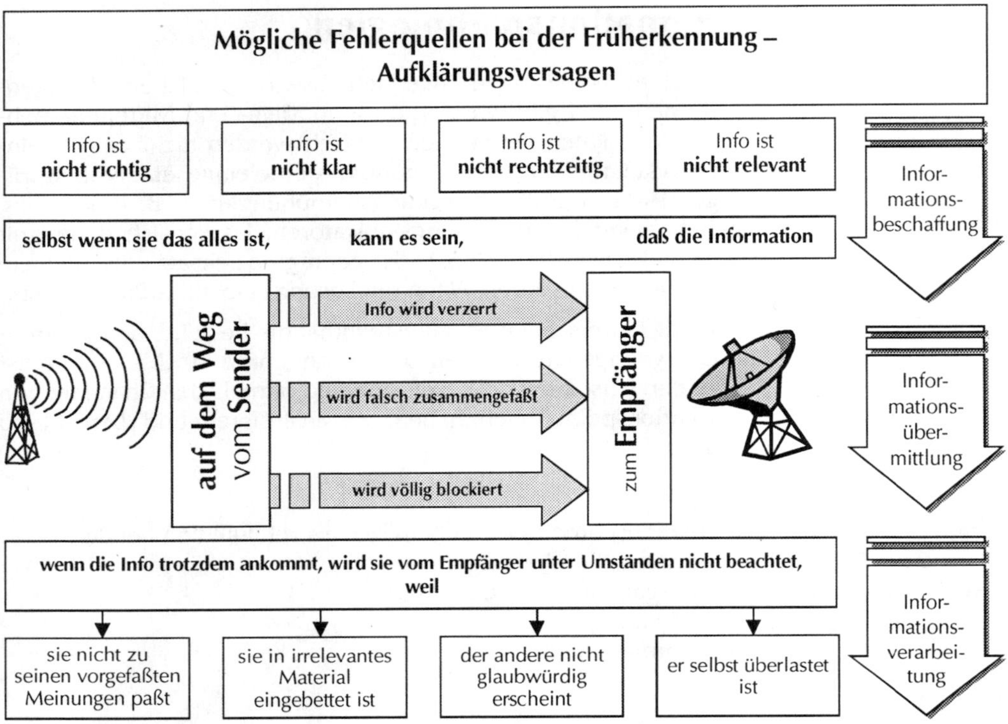

lation bedeutet die Anwendung gewohnter Denk- und Handlungsweisen auf ein vertrautes und oder neues Problem. Akkomodation die Veränderung der bisherigen Handlungs- und Denkweisen, um dem neuen Problem gerecht zu werden. Beide Prozesse wirken komplementär und tragen zum schrittweisen Wissenserwerb bei. Assimilation wirkt dabei stabilisierend und Akkomodation verändernd.

Neues kann nur dann assimiliert werden, wenn im vorhandenen Wissen dafür bereits ein Platz bereitgehalten wird. Wenn das nicht der Fall ist, wird versucht, durch eine Anwendung neuer Denkweisen das Problem zu lösen. Sind jedoch die Grundkenntnisse zu gering, werden die Informationen nicht aufgenommen bzw. verstanden (vgl. Rauh 1974, S. 232ff.). In dieser an sich trivialen Aussage, liegt jedoch häufig die Ursache dafür, daß z. B. neue Technologien oder wichtige politische Ereignisse nicht richtig interpretiert werden, weil aufgrund mangelnden Wissens bzw. mangelnder Assoziationsfähigkeit nicht die richtigen bzw. gar keine Schlüsse gezogen werden. Aber auch wichtige betriebswirtschaftliche Informationen werden aufgrund der mangelnden Grundkenntnisse nicht richtig interpretiert oder gar nicht verarbeitet.

Betriebsblindheit

Ein häufiges – im Zusammenhang mit der Früherkennung besonders wichtiges Problem – ist das der Betriebsblindheit (vgl. Scholl 1992, S. 903f.). Menschen, die immer in der gleichen Umgebung tätig sind und gleiche Erfahrungen machen, neigen zu übertriebener Assimilation. Das heißt, sie sind zwar relativ rasch in der Lage, Probleme zu lösen, die ihrem Erfahrungshintergrund entsprechen, entwickeln aber gerade deshalb eine Tendenz, auf neuartige Probleme bereits bestehende Denkschemata anzuwenden, auch wenn dafür objektiv keine Passung existiert. Je häufiger der Prozeß der Assimilation passiert, umso mehr nehmen die Neigung und Fähigkeit der Akkomodation, d. h. der Entwicklung neuer Denkstrukturen ab. Dies ist jedem bekannt, der sich mit Denksportaufgaben beschäftigt hat. Auch hier werden zuerst einmal vertraute Denkschemata für neue Probleme angewendet.

Ein breite Ausbildung und abteilungsübergreifende Teamarbeit sind geeignete Gegenmittel.

Mangelnde Informationsnachfrage

Betriebsblindheit und mangelnde Grundkenntnisse haben leider noch einen unangenehmen Nebeneffekt, die Informationsnachfrage sinkt dadurch erheblich. In vielen Fällen wissen die Betroffenen gar nicht, welche Informationen sie brauchen bzw. suchen sollen.

Eine Untersuchung von Witte (1972, S. 50) hat ergeben, daß die Menge der Informations-Nachfrage-Aktivität zur Lösung komplexer Entscheidungs-Probleme in einem positiven Zusammenhang mit der Effizienz der erarbeiteten Entschlüsse steht. D.h., die Informationsnachfrage stellt im Vergleich zur Informationsversorgung den kritischen Bereich der Informationsaktivitäten dar. Es kommt deshalb nicht so sehr auf die Erhöhung des Informationsangebotes an, sondern auf die qualitative und quantitative Anhebung der Nachfrageartikulation. Wesentlichste Erkenntnis für die Praxis ist, daß eine "Vitalisierung der Informationsnachfrage" (Witte 1972, S.73) daher besonders vordringlich ist.

Machtbedingte Informationsverzerrungen

Ein wesentlicher Problembereich in KMUs sind die autoritär, patriarchalischen Führungsstrukturen. Kritik und Widerspruch, aber auch der Hinweis auf mögliche krisenhafte Erscheinungen, werden unterdrückt. "Da die institutionelle Kritik, die durch eine Organisationshierarchie, durch Teamorganisation und/oder durch professionelle Analyse- und Planungssysteme gegeben wäre, fehlt, sind der subjektiven Wahrnehmung und der damit verbundenen Selektion und Deformation von Informationen sehr häufig Tür und Tor geöffnet." (Kropfberger 1986, S. 66).

Selbstkonzept-bedingte Verzerrungen

Die strukturellen Bedingungen in KMU tragen noch zusätzlich zur Entstehung psychologischer Informationspathologien bei, wie z. B.

die selektive Suche und Bewertung von Informationen. Als Erklärung hierfür kann die Theorie der kognitiven Dissonanz herangezogen werden. Nimmt eine Person einen Widerspruch zwischen zwei kognitiven Elementen, z. B einer Einstellung und einer von ihr gezeigten Verhaltensweise wahr, so entsteht ein Spannungszustand. Menschen neigen dazu, diesen Spannungszustand zu reduzieren, also Dissonanz abzubauen. Möglichkeiten der Dissonanzreduktion sind:
- Nichtwahrnehmung oder Leugnung von Informationen
- Änderungen der Einstellung oder des Verhaltens (Anpassung)
- Selektive Beschaffung und Interpretation dissonanzreduzierender Informationen (z. B. die Eigenkapitalquote in unserer Branche ist generell schlecht etc.)
- Die Glaubwürdigkeit der Quelle wird in Zweifel gestellt

Diese Tendenzen einer selektiven Suche und Bewertung von Informationen erhöhen das Risiko von Fehlentscheidungen. Umgekehrt vermindern Sie die Fähigkeit, strategisch bedeutsame Informationen wahrzunehmen.

Führungspersonen, die häufig "einsame" Entscheidungen zu treffen haben – was typisch für KMU ist – sollten sich die aufgezeigten Gesetzmäßigkeiten bewußt machen. Die Umgehung dieser subjektiven Verzerrungstendenzen in der Informationsbewertung ist am ehesten durch einen partizipativen Entscheidungsstil, bei dem sich durch die Beteiligung mehrerer Personen bei der Informationsbeschaffung und –bewertung subjektive Verzerrungen nivellieren können (vgl. Osnabrügge/Frey 1987, S. 151).

Zusätzliche psychologische Informationspathologien sind das **"non invented here"-Syndrom**, das besagt, daß die Problemlösungen anderer Firmen abgewertet werden, anstatt von ihnen zu lernen (vgl. Scholl, 1992, S. 905). Weiters die von Rieser (1980, S. 119 ff.) beschriebenen Phänomene: so wird die Bedeutung zeitlich entfernter (zukünftiger oder vergangener) Probleme oder Möglichkeiten im Vergleich zur Bedeutung unmittelbar anstehender Probleme deutlich herabgesetzt. Er nennt dieses Phänomen "**Diskontierung**". Ein anderer Problembereich ist der des "**Matching**". Demnach werden neue Probleme, für deren Lösung keine Erfahrungen aus der Vergangenheit herangezogen werden können, tendenziell hintangestellt. Neuartige Ideen, deren Nutzen nicht sofort erkennbar ist, werden eher vernachlässigt. Bekannte Probleme werden im Vergleich zu neuartigen Problemen bevorzugt.

Rieser (1980, S.122ff.) zieht daraus den Schluß, daß viele Unternehmer mangelnden Weitblick zeigen und sich eher von Problem zu Problem "durchwursteln". Neue Probleme werden nicht aktiv, sondern reaktiv gelöst – man wartet, bis die Probleme "anstehen". Es erfolgt kaum eine Antizipation von Problemen (insbesondere langfristiger Natur). Reaktionen erfolgen erst, wenn greifbare Folgen bereits sichtbar sind und rasches Handeln unumgänglich wird. Chancen werden tendenziell zu Gunsten der Lösung kurzfristiger Probleme vernachlässigt.

Mehr vom Falschen (vgl. Watzlawick 1988, S. 51)
Aus der Tendenz der selbstkonzept-bedingten Verzerrungen leitet sich die Neigung ab, das eigene Handeln auch dann noch für richtig zu halten, wenn sich das Gegenteil schon abzeichnet. Irrtümer werden verleugnet, es wir nach rechtfertigenden Informationen gesucht und der eingeschlagene Kurs wird sogar noch verstärkt, obwohl sich klar abzeichnet, daß etwas schief läuft bzw. die verwendeten Lösungsansätze bisher nicht zum Erfolg geführt haben. So glauben viele Unternehmer, daß sie, wenn sie sich "ab jetzt" besonders intensiv anstrengen, den "Karren noch aus dem Dreck ziehen können". Meistens haben sie sich jedoch ohnedies schon die längste Zeit intensiv angestrengt – jedoch mit wenig Erfolg bzw. mittels ungeeigneter Lösungsansätze. Viele Insolvenzfälle zeigen, daß schon jahrelang gegen die Krise angekämpft wurde.

Eingeschränkter Meinungsaustausch
Obwohl man von Andersdenkenden und anders Ausgebildeten am meisten profitieren könnte, findet der tatsächliche Meinungsaustausch vorwiegend unter Gleichgesinnten statt. Bei grundlegenden Meinungsunterschieden wird eine Diskussion meist schnell beendet oder erst gar nicht begonnen. Diese Tendenz zur Beschränkung des Meinungsaustausches auf Gleichgesinnte ist unterschiedlich ausgeprägt. Besonders stark ist sie, wenn Zeit oder Motivation zur Auseinandersetzung fehlen, gering hingegen "...bei Aktoren mit hoher integrativer Komplexität, die bessere Anknüpfungspunkte in ihrer differenzierten kognitiven Struktur haben." (Scholl 1992, S. 906). Weitere Ausprägungsformen des eingeschränkten Meinungsaustausches sind:

Harmoniebedürfnis. Gleiche Meinungen führen aufgrund des menschlichen Konsistenzbestrebens eher zu Sympathie. Kontraversielle Meinungen werden daher bei starkem Harmoniebedürfnis kaum ausgetragen.

Unverständnis zwischen Spezialisten. Die Denkkategorien der Spezialisten passen aufgrund der Fachspezialisierung häufig nicht zueinander. Daraus resultieren Probleme, z. B. in einer ganzheitlichen Lagebeurteilung.

Zu weiteren Ausprägungsformen von Informationspathologien vergleiche: Scholl, 1992, S. 900ff.; Macharzina 1984, S. 77ff.; Sorg 1982; Kirsch/Klein 1977, S. 153ff.,

Literatur

Ansoff I. (1981): Die Bewältigung von Überraschungen und Diskontinuitäten - Strategische Reaktionen auf schwache Signale. In: Steinmann H.: Planung und Kontrolle: Probleme der strategischen Unternehmensführung, München.

Haendel K. (1998): Insolvenzursachen 1997. In: Kreditschutzverband von 1870 – Pressedienst.

Kirsch W., Klein H.K. (1977): Management-Informationssysteme II, Stuttgart.

Kralicek P. (1991): Grundlagen der Finanzwirtschaft, Wien.

Kropfberger D. (1986): Erfolgsmanagement statt Krisenmanagement, Linz.

Macharzina K. (1984): Diskontinuitätenmanagement: Strategische Bewältigung von Strukturbrüchen bei internat. Unternehmenstätigkeit, Berlin.

Osnabrügge G., Frey D. (1987): Dissonanztheoretische Aspekte der Führung. In: Kieser, A., Reber G., Wunderer R. (Hrsg.): Handwörterbuch der Führung, Stuttgart.

Prisching M. (1986): Gesellschaftliche Krisen, Wien; Köln; Graz; Böhlau.

Rauh H. (1974): Entwicklung des Denkens. In: Weinert F.E. et al. (Hrsg.), Pädagogische Psychologie 1, Frankfurt am Main.

Reske W., Brandenburg A., Mortsiefer H.J. (1976): Insolvenzursachen mittelständischer Betriebe – eine empirische Untersuchung.

Rieser I. (1980): Frühwarnsysteme für die Unternehmenspraxis, München.

Risak J. (1981): Ansätze zur Erklärung der beschränkten Fortschrittsfähigkeit der Unternehmung. In: Zeitschrift für Ganzheitsforschung, Heft II/1981, S. 102-108.

Scholl W. (1992): Informationspathologien. In: Frese E. (Hrsg.): Handwörterbuch der Organisation, 3. Auflage, S. 900-912, Stuttgart.

Sorg S. (1982): Informationspathologien und Erkenntninsfortschritt in Organisationen, Diss., München.

Watzlawick P. (1988): Lösungen: zur Theorie und Praxis menschlichen Wandels, 4. Aufl., Bern; Stuttgart.

Wilensky H. L. (1967): Organizational Intelligence, New York.

Witte E. (1972): Das Informationsverhalten in Entscheidungsprozessen, Tübingen.

Witte E. (1981): Die Unternehmenskrise - Anfang vom Ende oder Neubeginn? In: Bratschitsch R.; Schnellinger W. (Hrsg.): Unternehmenskrisen, Ursachen, Frühwarnung, Bewältigung, Stuttgart.

Margit Enke

Krisenmanagement im Unternehmen – Herausforderung für das Marketing in KMU

Prof. Dr. Margit Enke
Technische Universität Bergakademie Freiberg, Deutschland

KRISENMANAGEMENT IM UNTERNEHMEN – HERAUSFORDERUNG FÜR DAS MARKETING IN KMU

Zusammenfassung: In diesem Beitrag geht es nicht um Krisenprognose, sondern um Krisenprophylaxe. Es wird gezeigt, daß strategische Fehler im Marketing sowie die Unterschätzung der Marketingpolitik in aller Regel Unternehmenskrisen auslösen. Theoretisch abgesicherte Verfahren der Aufdeckung von Marketingfehlern stellen somit unverzichtbare Elemente eines Frühwarnsystems dar. Die empirischen Zusammenhänge werden durch eine Treppe veranschaulicht, die von der mangelnden Qualifikation des Top-Managements über Marketingfehler und schlechte Jahresabschlußzahlen hin zur Insolvenz führt.

Stichwörter: Krisenmanagement, Management, Marketing, Unternehmen

CRISIS MANAGEMENT OF THE ENTERPRISE - A CHALLENGE FOR THE MARKETING IN SMEs

Summary: The paper does not deal with the crisis forecast, but with the crisis prophylaxis. It shows that strategic marketing mistakes as well as the underestimation of marketing policy cause usually an enterprise crisis. Therefore, theoretically underpinned methods for exposing errors in marketing represent indispensable elements for an early warning system. The empirical context is demonstrated by stairs leading from an insufficient qualification of the top management to marketing errors, to an unsatisfying annual final statement and, finally, to insolvency.

Keywords: crisis management, enterprise, management, marketing

1 Problemdefinition

Unternehmenskrisen sind ein gravierendes Problem, wenn sie auch häufig verdrängt werden. Der betriebswirtschaftliche Krisenbegriff wird in der Entwicklung der letzten Jahrzehnte immer weiter gefaßt und nicht mehr ausschließlich als konjunkturelles Phänomen betrachtet. R. Müller sieht die Unternehmenskrise als einen von der betroffenen Unternehmung ungewollten, zeitlich begrenzten Prozeß, durch den die Erfolgspotentiale, der Erfolg oder die Liquidität der Unternehmung ernsthaft bedroht werden, so daß die Existenz der gesamten Unternehmung gefährdet ist (Müller 1982).

Die betriebswirtschaftliche Forschung und Praxis beschäftigt sich immer stärker mit Fragen der Insolvenzprognose. Auf Grund eines großen Anstiegs von Insolvenzen, der extremsten Ausprägungsform der Unternehmenskrise, nimmt die Bedeutung von Krisendiagnose und sogar der Krisenprophylaxe zu.

Mit Blick auf die Entwicklung von 1991 bis 1996 in Deutschland zeigt sich, daß die Zahl der Insolvenzen von 13.400 auf 31.500, d.h. um 150% gestiegen ist (Geisen 1997). Vor diesem Hintergrund ist eine Ursachenforschung um so dringlicher.

Betrachtet man Frühwarnindikatoren und Spätwarnindikatoren, so ist die Wahrscheinlichkeit der Insolvenzabwendung im Prozeß der Früherkennung am größten. "Je früher die Krisensymptome erkannt werden, desto größer sind die Chancen, Fehlentwicklungen bei einem Unternehmen zu korrigieren, das infolge Mis-Managements auf eine Insolvenz zusteuert" (Hauschildt 1988). Aber gerade in diesem Prozeß weisen Marketingmängel auf eine drohende Krise hin.

In der Literatur beschäftigt man sich im Zusammenhang mit Unternehmenskrisen fast ausschließlich mit Strategien zur Vermeidung von Zahlungsunfähigkeit und/oder Überschuldung und den damit in Zusammenhang stehenden Fragen nach Bilanz-, Erfolgs- und Finanzierungskennzahlen. Probleme des Marketing, die vor allem entscheidend sind, eine drohende Insolvenz rechtzeitig abzuwenden, spielen eine untergeordnete Rolle.

Vor diesem Hintergrund wurden Untersuchungen durchgeführt, die zeigten, daß insbesondere die ungenügende Berücksichtigung des Marketing eine entscheidende Ursache für Erfolgs- oder Liquiditätsprobleme ist und letztendlich auch zu Insolvenzproblemen führt. In diesem Zusammenhang wird analysiert, wie das

- Marketingdenken
- Marketingstrategien und die
- Nutzung von Marketinginstrumenten

Krisensituationen in KMU voraussehen, bewältigen bzw. gar nicht erst entstehen lassen.

Ausgangspunkt bildet eine "Insolvenztreppe", die Marketingprozesse als Frühwarnindikatoren darstellt. Im Beitrag werden diese Marketingprozesse im Zusammenhang mit der Insolvenzprognose kritisch betrachtet.

Abb. 1: Abstieg in die Insolvenz

Ausgehend von dem Insolvenzanstieg in Deutschland erscheint es interessant, Unternehmen insbesondere zu ihren gegenwärtigen Problembereichen zu befragen, um Frühwarnindikatoren zu erfassen und reagieren zu können.

2 Empirische Untersuchungen in KMU

1996/97 erfolgte eine empirische Untersuchung am Institut für Mittelstandsforschung in Bonn zu Neugründungen, Übernahmen, Privatisierung und Management Buy Outs in Ostdeutschland (Kokalj, Strobl, Paulini, Enke 1997). Es wurden 1.400 Unternehmen in die Untersuchung einbezogen.

Aus dieser empirischen Erhebung sind die wichtigsten Schlußfolgerungen für die Krisenprophylaxe insbesondere auf dem Gebiet des Marketing zu ziehen. 70% aller befragten Unternehmen gaben Absatzprobleme als Hauptproblem im Unternehmen an. Im Vergleich dazu wurden Angaben zu Finanzproblemen mit 64%, Personalproblemen mit 42% und Betriebsablaufproblemen mit 16% gemacht. Geht man davon aus, daß Absatzprobleme ein Frühwarnindikator für die Unternehmensgefährdung sind, liegt nahe, daß die Insolvenzfälle, insbesondere in Ostdeutschland zunehmen könnten, wenn nicht rechtzeitig marketingorientierte Gegenmaßnahmen ergriffen werden.

Von besonderem Interesse ist, ob sich geförderte Unternehmen und nicht geförderte Unternehmen hinsichtlich der aufgetretenen Probleme voneinander unterscheiden, da die geförderten Unternehmen ja seltener Finanzierungsengpässe aufweisen müßten, Vermarktungshilfen wie Messeförderungen u.a. erhalten.

Abb. 2: Problemstruktur nach Fördertatbestand

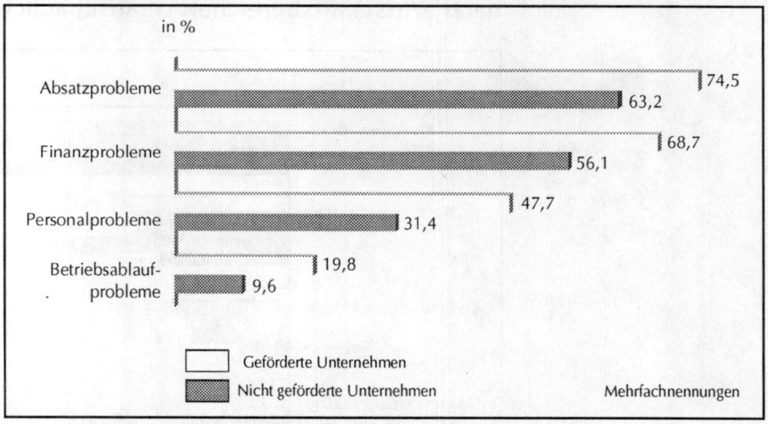

Quelle: Kokalj, Strobl, Paulini, Enke (1997), S. 148

Die Abbildung 2 zeigt jedoch, daß zwar Unterschiede im Auftreten der Probleme bestehen, aber nicht in der erwarteten Richtung. Geförderte Unternehmen gaben signifikant häufiger als nicht geförderte Unternehmen an, Probleme im Absatz-, Finanz-, Personal- und Betriebsablaufbereich zu haben.

Schaut man sich speziell Einzelprobleme im Markt- und Absatzbereich an (vgl. Abbildung 3), so wird als wichtigstes Absatzproblem der hohe Konkurrenzdruck angegeben. Gut drei Fünftel der Unternehmen führen ihre Absatzprobleme auf den intensiven Wettbewerb und den damit einhergehenden Preisverfall zurück.

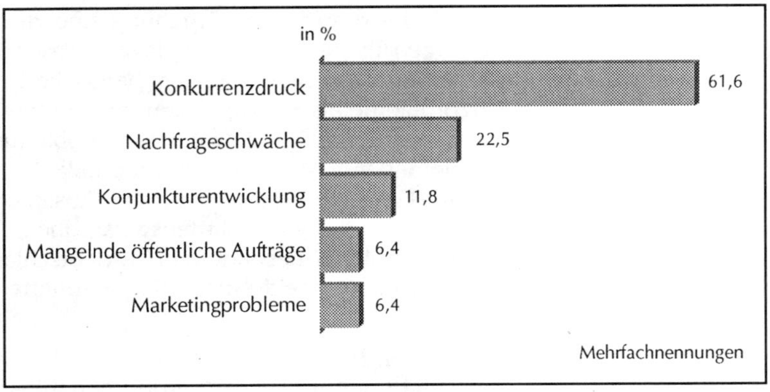

Abb. 3:
Die wichtigsten Einzelprobleme im Markt- und Absatzbereich

Quelle: Kokalj, Strobl, Paulini, Enke (1997), S. 150

Die wichtigsten Einzelprobleme im Markt- und Absatzbereich nach Wirtschaftsbereichen veranschaulicht die Abbildung 4.

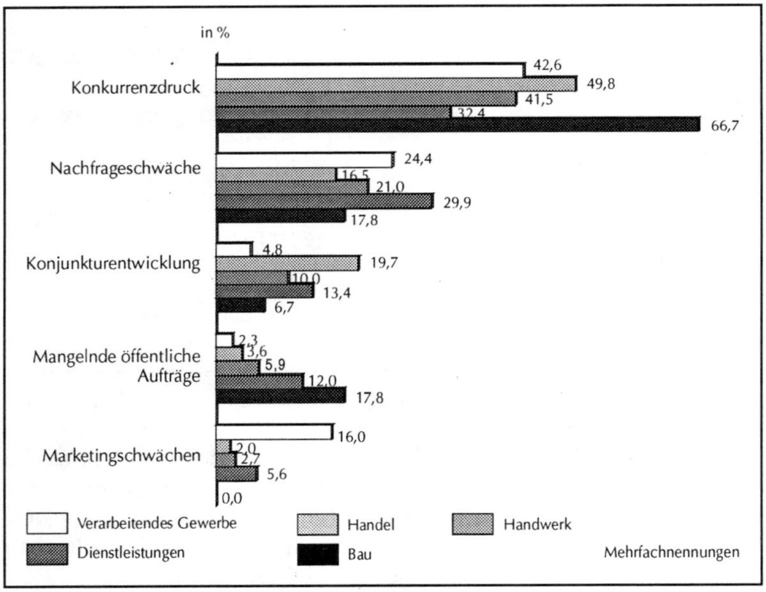

Abb. 4:
Die wichtigsten Einzelprobleme im Markt- und Absatzbereich nach Wirtschaftsbereichen

Quelle: Kokalj, Strobl, Paulini, Enke (1997), S. 151

Diese Abbildung zeigt den Einbruch im Baugewerbe nach der ausgelösten Sonderkonjunktur durch Subventionen nach der Wiedervereinigung, der auch einen Teil des Dienstleistungsgewerbes erfaßt hat.

Im Handel werden Unternehmensprobleme hauptsächlich auf den intensiven Wettbewerb zurückgeführt. Es ist zu vermuten, daß sich gegenwärtig im Handel ein Bereinigungsprozeß vollzieht.

Im verarbeitenden Gewerbe stellt sich neben dem starken Konkurrenzdruck das Problem, auf der einen Seite kostendeckend zu produzieren und auf der anderen Seite eine zu geringe Nachfrage nach den vorhandenen Produkten zu haben.

Nach den Untersuchungen hat das Handwerk noch die besten Absatzpositionen.

Die Analyse der Einzelprobleme im Absatzbereich nach Gründungsformen bestätigt die Annahme, daß Neugründungen seltener Absatzschwierigkeiten haben als privatisierte und MBO-Unternehmen.

Interessant bei diesen Selbsteinschätzungen ist, daß primär äußere Faktoren für die Absatzprobleme verantwortlich gemacht werden, eigene Marketingschwächen jedoch eher unterbewertet werden.

Um so wichtiger ist es gerade, diese eigenen Marketingschwächen zu untersuchen, um herauszufinden, ob der angegebene Stellenwert gerechtfertigt ist.

3 Hypothesenbildung

Es ist zunächst davon auszugehen, daß Absatzprobleme in den KMU ein entscheidender Problemfaktor sind.

Einzelproblemnennungen wie Konkurrenzdruck, Nachfrageschwäche, Konjunkturentwicklung u.a. sind jedoch oft nur Auswirkungen bzw. Erscheinungsformen eigener Marketingschwächen. Ausgehend von dieser Grundhypothese und vor dem Hintergrund, daß entsprechend der Insolvenztreppe (vgl. Abbildung 1)

- Fehlende strategische Ausrichtung
- Falsche Einschätzung von Märkten und fehlende Marktbearbeitung und Kundenbindung
- Unzureichende Umsetzung der Marketingpolitik

entscheidende Frühwarnindikatoren sind, erfordert es weitere Untersuchungen des Marketings im Unternehmen.

Empirische Erhebungen mittels Interviews und Expertengesprächen sowie Analysen der Unternehmenstätigkeit haben dazu geführt, daß sich die Problembereiche auf drei Schlüsselhypothesen focussieren lassen:

1. Der Konflikt zwischen Marketingexperten und Ingenieuren, insbesondere im Prozeß der Produktentwicklung ist konstruktiv zu lösen. Dabei spielt die frühzeitige Einbeziehung der Kunden,

insbesondere unter den Bedingungen der Nutzung moderner Medien, wie Internet eine wichtige Rolle.
2. Stärken- und Schwächenanalyse ist periodisch und systematisch durchzuführen, deren Ergebnisse haben zur Schaffung und Umsetzung eines Corporate Identity beizutragen.
3. Zielgruppenorientierte Marketingforschung ist entscheidende Voraussetzung zur Festlegung von Maßnahmen der Kundenbindung und Kundenintegration, insbesondere durch Nutzung eines kreativen Marketingmix.

Diese drei Hypothesen werden im weiteren untersucht und hinsichtlich möglicher Lösungsansätze diskutiert.

4 Ingenieurdenken versus Marketingdenken

Ein wichtiger und übergreifender Problemkreis besteht im Ingenieur- und Marketingdenken, insbesondere im Prozeß der Produktentwicklung. Es ist festzustellen, daß vor allem im Prozeß der Produktentwicklung das Ingenieurdenken das Marketingdenken dominiert. Schon in diesem Prozeß ist es erforderlich, interdisziplinär vorzugehen. Gerade im Prozeß der Produktentwicklung gilt es, kundenorientiert zu arbeiten.

Eine vergleichende empirische Studie, die an der Universität Warwick, Coventry und an der Technischen Universität Bergakademie Freiberg durchgeführt wird, zeigt, welches Verhältnis Ingenieure zum Marketing haben (Shaw 1997). Erste Auswertungen ergeben, daß nach wie vor eine große Diskrepanz zwischen Marketing- und Ingenieurexperten besteht. Diese Diskrepanz ist die Wurzel des Übels späterer Krisen. Schon hier gilt es, stärker interdisziplinär zu arbeiten. Bereits in diesem Prozeß ist es erforderlich, daß der Kunde im Mittelpunkt steht, daß seine Bedürfnisse und Wünsche analysiert und der Produktentwicklung zugrunde gelegt werden.

Die empirischen Erhebungen haben gezeigt, daß eine gute Beziehung zwischen den beiden Gruppen, daß heißt Ingenieuren und Marketingspezialisten, grundlegend für eine effektive Forschung und Entwicklungsarbeit im Unternehmen ist. Leider aber kommt es im Unternehmen immer wieder zu erheblicher Beeinträchtigung der Zusammenarbeit von Marketingabteilung und der Forschungs- und Entwicklungsabteilung. Es ist ein zwingendes Erfordernis, in allen Unternehmen diesen Konflikt zu beleuchten, um gleichzeitig jene Barrieren aufzuzeigen, die zwischen den beiden Gruppen bestehen und sie konstruktiv zu lösen.

Als grundlegende Barrieren wurden erkannt:
- fehlende Kommunikation der beiden Gruppen im Unternehmen,
- fehlendes Verständnis füreinander,

- fehlende Unterstützung des Management für eine integrative, daß heißt gemeinsame Entwicklung neuer Produkte,
- Differenzen bezüglich der Persönlichkeit und Kultur zwischen Ingenieuren und Marketingspezialisten,
- mangelnde Marketingkenntnisse eines Teils der Ingenieure in Forschung und Entwicklung

Erste Ergebnisse haben jetzt schon ergeben, daß die mangelhafte Integration von Ingenieuren und Marketingexperten zur Ausbreitung des Konfliktes führt. In erster Linie werden diese Gründe in der unterschiedlichen Interpretation der Aufgaben, Ziele und Betrachtungsweisen der beiden Gruppen gesehen.

Als zweites Kriterium wird die Polarisierung des Verhaltens der beiden Gruppen bewertet. Die Ingenieure konzentrieren sich auf die Produktion, wobei sich die Marketingexperten lediglich auf Absatz und Vermarktung der Produkte konzentrieren. Es ist bereit jetzt festzustellen, daß nur durch die beiderseitige Anerkennung und Würdigung der Leistungen der Ingenieure und Marketingexperten eine Verbesserung des Klimas in der Zusammenarbeit erreichbar ist. Eine nur sporadische Aneignung von Kenntnissen der jeweils anderen Spezialisierung führt nicht automatisch zur Verbesserung der Verhältnisse, im Gegenteil. Eine nur oberflächliche Erhöhung der Fähigkeiten des anderen Sektors kann zur Verstärkung des Konfliktes führen.

Dem Management fällt bei der Lösung dieser Probleme die größte Aufgabe zu. Die Unternehmensführung kann mit Hilfe einer gezielten Integration der beiden Bereiche zu einer größeren Akzeptanz beitragen. Mit der Einbeziehung beider Gruppen bei der Produktions- sowie der Absatzplanung als auch durch eine Erhöhung des Informationsflusses im Unternehmen kann für eine Verbesserung des Verhältnisses der beiden Gruppen untereinander gesorgt werden.

5 Von der Stärken-Schwächen-Analyse zum Corporate Identity

Als weiterer Problemkreis bei Untersuchungen der Marketingprozesse als Frühwarnindikatoren kristallisierte sich das Fehlen periodischer und systematischer Stärken-Schwächen-Analysen heraus. Stärken-Schwächen-Analysen müssen in Einheit mit einer Chancen-Risiken-Analyse immer stärker dazu führen, das Corporate Identity (CI) zu durchdenken, möglicherweise zu überarbeiten und im Unternehmen durchzusetzen.

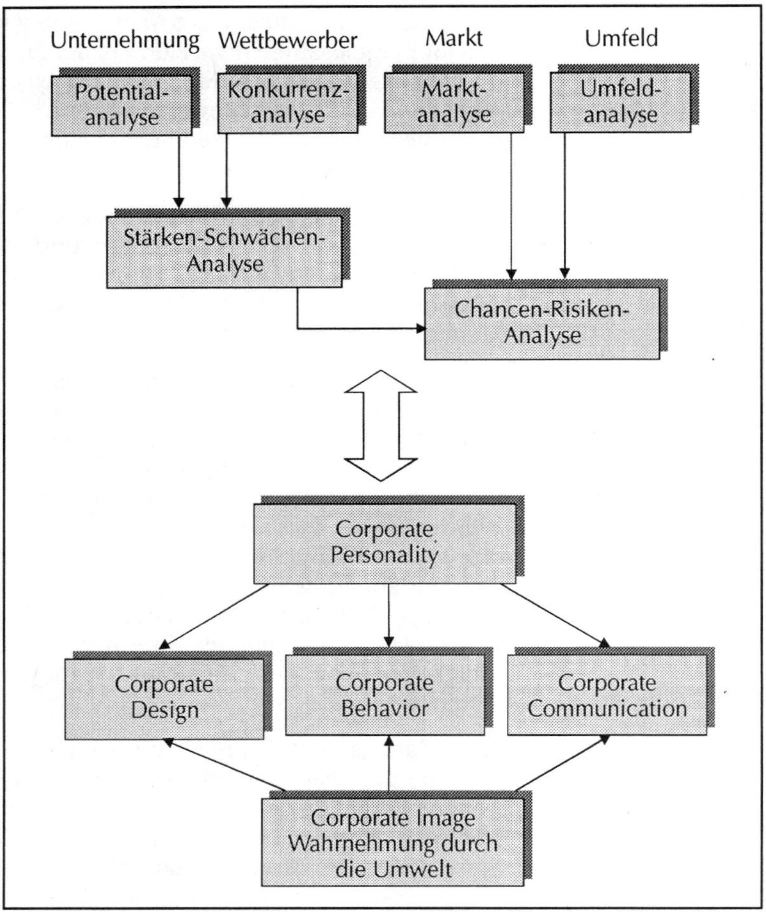

Abb. 5: Wechselseitiger Einfluß von Stärken-Schwächen-Analyse, Chancen-Risiken-Analyse und dem Corporate Identity

Oft scheuen sich Unternehmen, ihre eigenen Prozesse so zu analysieren, daß Stärken und Schwächen klar erkennbar sind. Erst dadurch ist es möglich, Strategien zu erarbeiten, Schwächen zu Stärken zu verändern. In diesem Zusammenhang gewinnt die Findung einer eigenen Identität im Unternehmen sowohl nach innen als auch nach außen entscheidende Bedeutung. Dies gilt z. B. bei Stärken und Schwächen im Bereich der Produktentwicklung, Distribution, Konditionenentwicklung, aber auch der Kommunikationspolitik sowie die Untersuchung und die Festlegung der eigenen Identität. Wenn es gelingt, das eigene Corporate Identity so zu erarbeiten, daß sich alle Mitarbeiter damit identifizieren, ist ein entscheidender Punkt zur Abwendung drohender Krisen erreicht.

6 Zielgruppenorientierte Marketingforschung – Schlüssel zur Kundenbindung

Es stellt sich die Frage, warum sind gerade gegenwärtig zahlreiche Interviewer auf Straßen, in Wohnanlagen unterwegs, um potentielle Kunden nach ihren Bedürfnissen zu befragen. Es ist festzustellen, daß nicht in erster Linie die Weiterentwicklung methodischer Instrumentarien wie Fragebogen- und Interviewtechnik, mathematisch-statistische Verfahren und computergestützte Auswertungsverfahren dazu geführt haben, sondern die rasante Entwicklung bei der Kundenbefragung ist in folgenden zwei wesentlichen Tendenzen zu sehen:

1. Zunehmende Entwicklung aller Märkte zu Käufermärkten
2. Zunehmende Individualisierung als ein Megatrend der postindustrialisierten Gesellschaft

Die Unternehmen sind immer mehr gezwungen, bei ihren Produktions- und Dienstleistungsentscheidungen den Bedarf der Kunden rechtzeitig einzubeziehen. Dies beginnt schon bei der Produktentwicklung, wo gerade durch die Nutzung moderner Medien wie Internet Informationen in Sekunden weltweit austauschbar sind.

Auf Grund der Individualisierung muß es den Unternehmen gelingen, für ihre Sortimente sehr differenzierte Zielgruppen zu ermitteln, um kundengruppen-orientiert zu produzieren, zu distribuieren und zu kommunizieren.

Eine rein individuelle Ausrichtung wird auch künftig auf einzelne Bereiche wie Maßschneidereien beschränkt bleiben. Jedoch ist denkbar, daß bei der Einbeziehung des Kunden in die Erstellung seines "Unikats" neue Felder zu entdecken sind, wie z.B. das Gestalten des eigenen Teppichs am Computer mit sofortiger Fertigung und Mitnahme.

Unternehmen, die in Zeiten umkämpfter Märkte auf die Marketingforschung und damit auf ein entscheidendes Instrument zur Früherkennung drohender Krisen verzichten, sind nicht in der Lage, Kunden langfristig zu binden und sich im Wettbewerb zu behaupten.

Kundenorientierung, Kundenbindung bis hin zur Kundenintegration müssen zum Paradigma jedes Unternehmens werden. Künftig wird es nicht ausreichen, dies in Unternehmensleitlinien zu erfassen. Es ist erforderlich, ein internes Marketing für die Kundenorientierung zu entwickeln (vgl. Trommsdorff 1997).

7 Schlußfolgerungen für KMU

Die genannten Lösungsansätze mit ihren verhaltensorientierten, strategieorientierten und empirischen Ansätzen zur Früherkennung von Marketingproblemen haben Gültigkeit für alle Unternehmen. In vielen Großunternehmen sind diese Prozesse oft auch stabsmäßig organisiert und durch Marketinginplementierung und Marketingcontrolling gesichert.

Oft betrifft es aber gerade die KMU, die auf Grund ihrer Größe, personeller Engpässe, operativer Zwänge die Bedeutung der genannten Marketingprobleme unterschätzen und sie aus Kostengründen und Unkenntnis oft vernachlässigen. Gerade aber für KMU führt eine diesbezügliche Unterschätzung oft zu Krisen und Insolvenz.

Zusammenfassend ist festzustellen:

Jedes KMU muß sich darüber Klarheit verschaffen,

- wie seine Ingenieure sich mit Fragen des Marketing beschäftigen, ob die Produktentwicklung kunden- und damit in jedem Fall marktorientiert ist,
- wie das Stärken-Schwächen-Profil des Unternehmens aussieht und ob die Unternehmung mit ihrem Leitbild, der Identifikation des Unternehmens übereinstimmt,
- welche Methode der Marketingforschung selbst oder durch entsprechende Institute durchgeführt werden,
- wie die Zielgruppen im Unternehmen definiert sind und inwieweit man diese stärker binden und sogar integrieren kann,
- wie Marketingmix in neuer und kreativer Weise umzusetzen ist.

Voraussetzung aller Unternehmensaktivitäten zur Überwindung von Krisensitutationen ist das Verständnis des Marketings als marktorientierte Unternehmensführung in allen Managementbereichen. Auf dieser Grundlage kann durch die Umsetzung der oben genannten Schwerpunkte entscheidend gegen die Krisensituation im KMU angekämpft werden.

Literatur

Geisen, Bernd (1997): Gründerzeiten: BMWI-Nachrichten zur Existenzgründung und Sicherung 22 (1997), S. 3.

Hauschildt, Jürgen (1988): Krisendiagnose durch Bilanzanalyse, Verlag Dr. Otto Schmidt KG, Köln, S. 2.

Kokalj L.; Strobl E.;, Paulini M.; Enke M (1997): Mittelstand in den neuen Bundesländern – Die Entwicklung von Gründungen, privatisierten Unternehmen und MBO. Schriften zur Mittelstandsforschung. Verlag Schäffer-Poeschel, Stuttgart.

Müller, R. (1982): Krisenmanagement in der Unternehmung. Frankfurt/ M. und Bern, S. 1.

Shaw V.; Shaw, Ch. (1997): Conflict Between Engineers and Marketers:: The Engineer's Perspective. Submission No.: 97-011R, Warwick, Coventry.

Trommsdorff, V. (1997): Kundenorientierung verhaltenswissenschaftlich gesehen. In: Bruhn M.; Steffenhagen, H. (Hrsg.): Marktorientierte Unternehmensführung. Betriebswirtschaftlicher Verlag Dr. Thomas Gabler GmbH, Wiesbaden, S. 275-293.

III. Teil:

Instrumente des Krisenmanagements

Stefan Hlawacek

Szenariotechnik eine Methode, um zukünftige Erfordernisse in Firmen, Branchen und Regionen festzustellen

Andrej Tomšič, Marjan Pivka

Sind die Qualitätskriterien des Informationssystems auch im Fall der Bewältigung von Unternehmenskrisen verwendbar?

Janez Ločniškar

Informationen über Standardkosten - Ein Aspekt der Verhinderung und Beseitigung der Krise durch die Sanierung der Informationskommunikation im Unternehmen

Hans-Peter Kicherer

Die Kosten- und Leistungsrechnung als Instrument zur Erkennung und Bewältigung von Unternehmenskrisen

Dirk Matten

Management ökologischer Unternehmensrisiken - Eine Konzeption zur proaktiven Krisenprävention -

Am Symposium MER '98 nahm auch der Minister der Republik Slowenien für internationale Beziehungen und Entwicklung Prof. Dr. Marjan Senjur teil. In der ersten Reihe von rechts nach links: Prof. Dr. Jože Glogovšek, Minister Prof. Dr. Marjan Senjur, Prof. Dr. Dietrich Kropfberger und Prof. Dr. Štefan Kajzer

Stefan Hlawacek

Szenariotechnik eine Methode, um zukünftige Erfordernisse in Firmen, Branchen und Regionen festzustellen

Mag. Stefan Hlawacek
Wirtschaftsförderungsinstitut der Wirtschaftskammer Österreich,
Wien, Österreich

SZENARIOTECHNIK - EINE METHODE, UM ZUKÜNFTIGE ERFORDERNISSE IN FIRMEN, BRANCHEN UND REGIONEN FESTZUSTELLEN

Zusammenfassung: Szenariotechnik ist eine Methode, die im Rahmen des strategischen Werkzeugkastens besonders in der Planung für Regionen und Firmencluster eingesetzt wird. Sie erhöht die Qualität strategischer Ent - scheidungen dramatisch.

Stichwörter: Alternativstrategien, Chancen, Erfolgspotentiale, Risiken, strategische Planung, Szenariotechnik,

SCENARIOTECHNICS - A METHOD TO DEFINE FUTURE NEEDS IN ENTERPRISES, BRANCHES AND REGIONS

Summary: Scenariotechnics is a method applied within the strategic toolbox especially in planning for regions and enterprise cluster. It dramatically increases the quality of strategic decisions.

Keywords: alternative strategies, oppurtunities, success potentials, risks, strategic planning, scenariotechnics

Erfolgreiche Unternehmen, erfolgreiche Regionen und erfolgreiche Volkswirtschaften zeichnen sich u.a. dadurch aus, daß sie versuchen, Entwicklungen in ihrem Umfeld längerfristig zu erkennen und Alternativstrategien zu entwickeln, um die Chancen und Gelegenheiten die sich daraus bieten, wahrzunehmen bzw. Gefahren und Risiken zu minimieren. Gerade in den letzen Jahren haben sich eine Fülle von Werkzeugen entwickelt, die den Verantwortlichen helfen sollen, richtige strategische Entscheidungen zu treffen.

Neben den harten, vielfach in Zahlen zu erfassenden Daten gilt es zunehmend als wichtig, sich auf weiche Daten zu konzentrieren und Erfolgspotentiale passend zur Vision zu sichern. Gleichzeitig geht es auch darum, Gefahren für wünschenswerte Potentiale rechtzeitig zu erfassen, um frühzeitig gegensteuern zu können.

Wir beobachten auch, daß Lebenszyklen von Produkten und Investionen sich deutlich verkürzen, die Vorbereitungs- und Entwicklungszeiten sich jedoch dramatisch verlängern. Als Konsequenz muß angestrebt werden, noch mehr Alternativen, die vor allem einen langfristigen Horizont haben, zu erarbeiten, gleichzeitig aber auch den Versuch zu unternehmen, Signale im Umfeld wahrzunehmen, die auf eine Veränderung der laufenden Entwicklung hinweisen.

Als ein besonders interessantes Werkzeug hat sich in diesem Zusammenhang die Szenarioanalyse erwiesen. Wesentliche Entwicklungsschritte zu den heute gebräuchlichen Formen wurden vom Batelle-Institut, insbesondere vom Team um Ute von Reibnitz und Geschka, gesetzt. Neue wichtige Forschungsschritte wurden von der Universität Paderborn, in Zusammenarbeit mit mehreren Softwarehäusern gesetzt, um diese aufwendige Technik auch durch entsprechende Computerunterstützung effizient zu machen.

Das WIFI der WK Österreich wendet dieses Verfahren seit vielen Jahren in der strategischen Beratung einzelner Unternehmen, Firmengruppen, Branchen und bei der Erarbeitung von Regionalkonzepten mit großem Erfolg an. Richtig angewandt, verspricht die Szenariotechnik eine systematische Absicherung der Planung nach verschiedenen Richtungen

- alternative Entwicklungen erkennen und rechtzeitig darauf reagieren lernen
- Zeitvorsprung gewinnen durch die Verknüpfung von Szenariotechnik mit Frühwarnsystemen, wodurch rechtzeitig Chancen genutzt und Risiken minimiert werden können

- Störereignisse in den Griff bekommen durch Simulation, Auswirkungsanalyse und Krisenpläne, insbesondere jedoch ein Umdenkprozeß im Unternehmen, der Branche oder der Region, von der eindimensionalen Betrachtungsweise zur ganzheitlich, vernetzten, zukunftsorienterten Denk- und Handlungsweise
- Sensibilisierung der Beteiligten bezüglich der Umfeldentwicklungen und Einwirkungen
- Verbesserung der Kommunikation zwischen den unterschiedlichen Fachbereichen
- Transparenz der gemeinsam erarbeiteten Ziele und Strategien und letztlich
- bessere Nutzung des heterogenen Fachwissens im Unternehmen.

Die Szenario-Technik kann in der Unternehmensplanung eingesetzt werden

- bei der Leitbildformulierung
- für die Strategieentwicklung
- für die Überprüfung von Strategien
- bei wichtigen Entscheidungen mit langfristiger Tragweite
- bei der Einrichtung eines Trenderkennungssystems (Frühwarnsystem)
- in der operativen Planung

Gerade Untersuchungsobjekte wie Branchen und Firmencluster sowie Regionen stehen heute vor der Situation, daß die Zahl der externen Einflußfaktoren gewaltig zunimmt. Nur durch die Vernetzung und die systembetrachtende Gewichtung dieser externen Faktoren gelingt es, aus der Fülle der Daten diejenigen herauszufiltern, die voraussichtlich in den nächsten Jahren entscheidenden Einfluß erhalten. Für diese kann dann untersucht werden, welche Entwicklungspfade denkmöglich und wahrscheinlich sind, woraus wiederum wichtige Anstöße für die Formulierung der Strategien erfolgen kann.

Aus der Fülle der unterschiedlichen, in der Literatur beschriebenen und teilweise auch in der Praxis eingesetzten Vorgehensweisen, hat sich im Rahmen der WIFI-Betriebsberatung ein 8-Schritte-Verfahren als im allgemeinen gut umsetzbar herauskristallisiert.

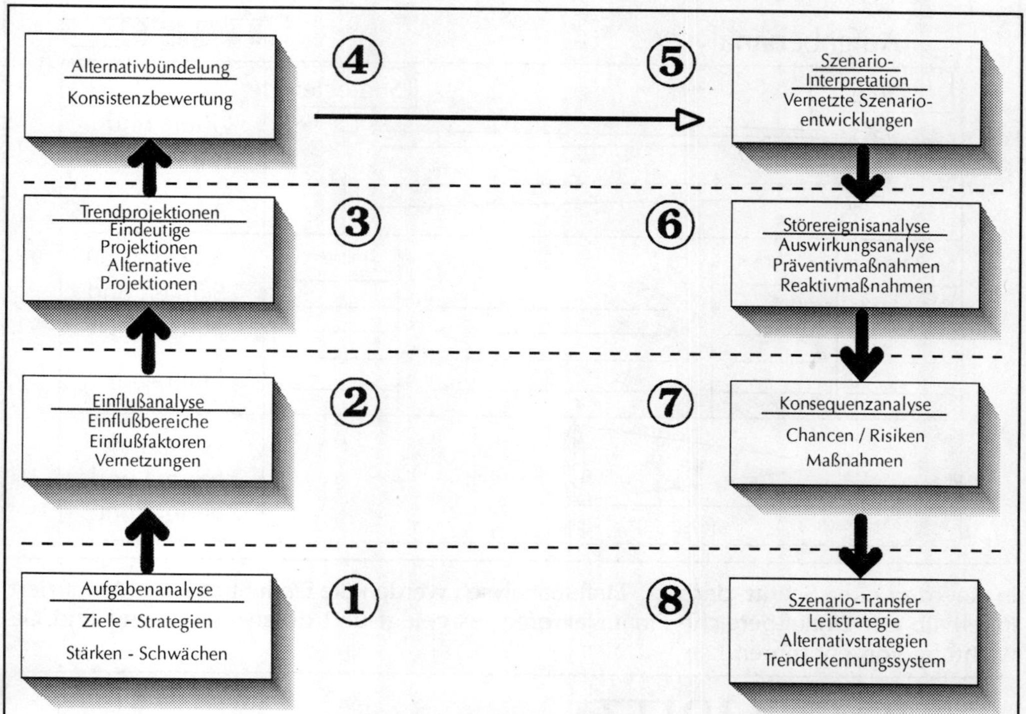

Die acht Scritte der Szenario-Technik

In einem ersten Schritt wird in der Regel analysiert, welche Fragen durch den Szenarioprozeß beantwortet werden sollen und können, welche Ziele und Strategien im Untersuchungsobjekt vorliegen, welche Visionen angedacht sind und welche Stärken und Schwächen heute bereits feststellbar sind.

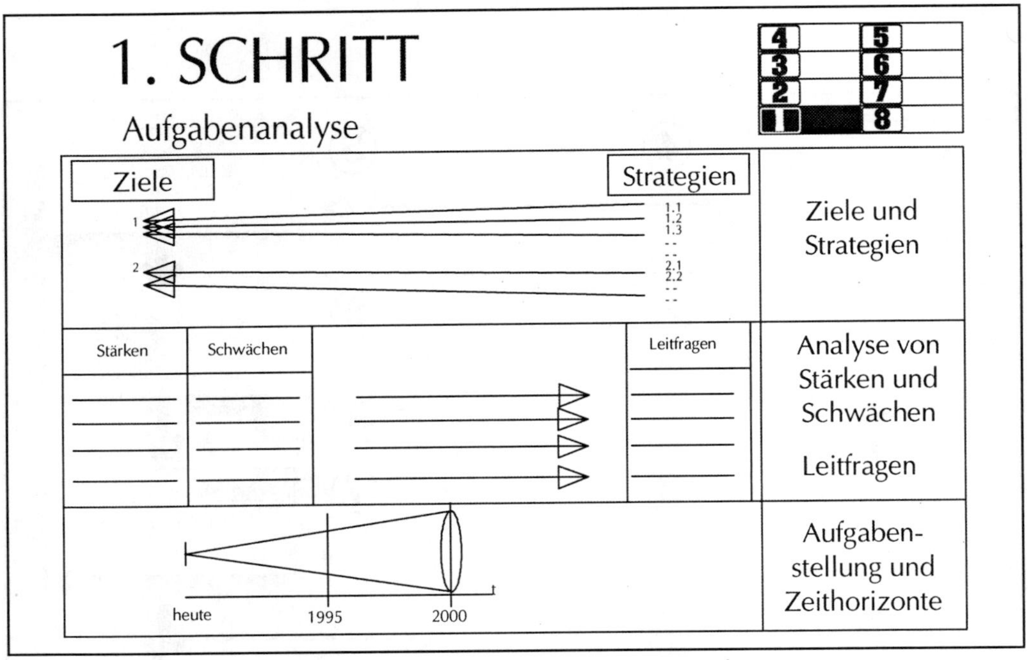

In einem zweiten Schritt, der sog. "Einflußanalyse", werden die Einflußbereiche identifiziert. Innerhalb der Einflußbereiche Einflußfaktoren festgelegt und deren Vernetzung und Gewichtung vorgenommen.

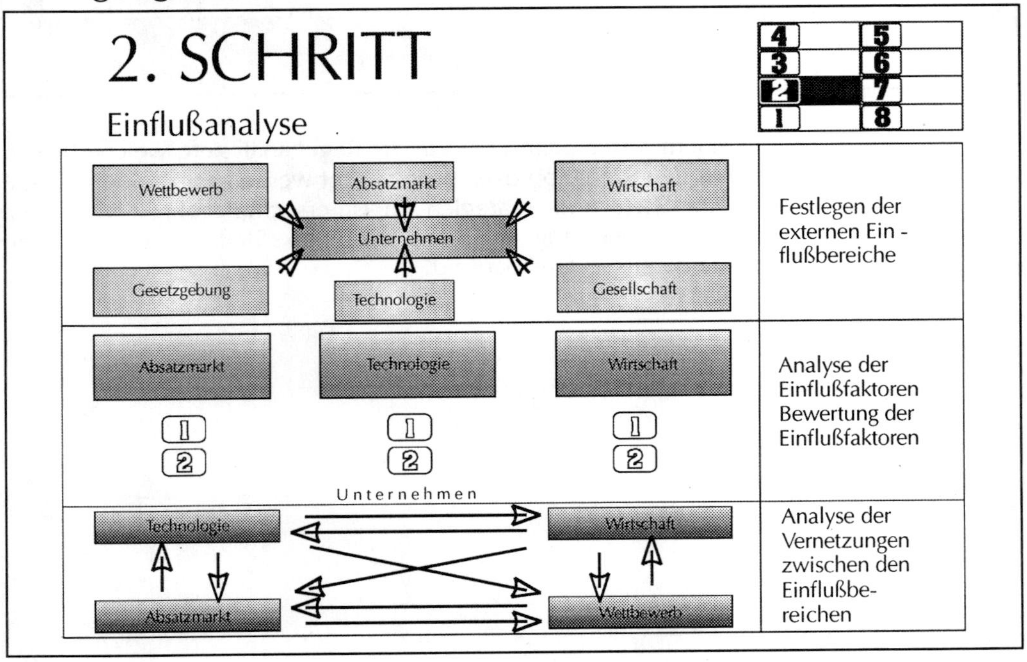

In einem dritten Schritt, der "Trendprojektion", werden nun zu den wichtigen Einflußfaktoren alternative Trendprojektionen erarbeitet.

Im vierten Schritt werden aus der Vielzahl von Trendprojektoren alternative Zukünfte entwickelt und diese mit einer Konsistenzbewertung auf ihre Validität untersucht.

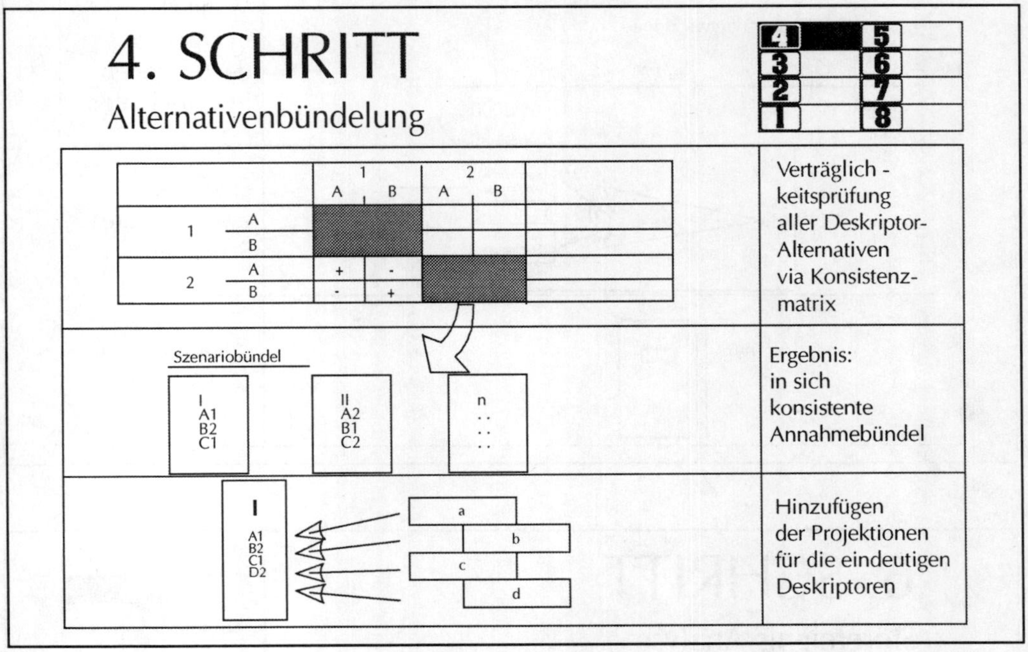

Im fünften Schritt, der "Szenariointerpretation", werden aus den vielen Alternativbündelungen zwei, maximal drei, einander möglichst in vielen Bereichen widersprechende Szenarien vernetzt, entwickelt und dargestellt.

In einem sechsten Schritt werden Störereignisse gesucht, die dazu führen könnten, daß ein eingeschlagener Entwicklungspfad in Richtung des Szenario A oder B nicht weiterverfolgt wird und es zu einem sog. Kippen der Trends kommt. Nach einer Risikoabschätzung und einer entsprechenden Auswirkungsanalyse können hier bereits erste Präventivmaßnahmen bzw. Reaktivmaßnahmen definiert werden.

5. SCHRITT

Szenario-Interpretation

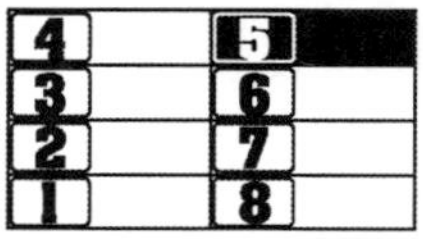

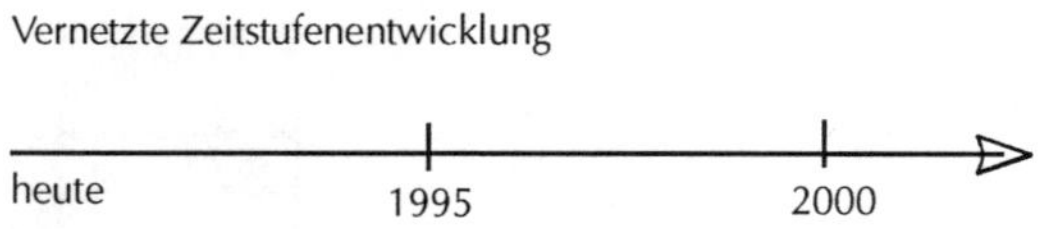

Vernetzte Interpretation der Szenarien in Zeitschritten

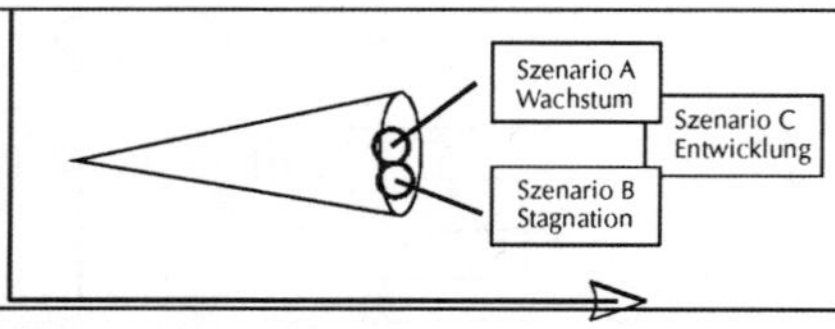

Ergebnis: zwei konträre Szenarien

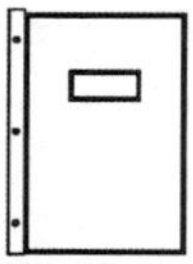

Szenario-writing

6. SCHRITT

Störereignis-Analyse

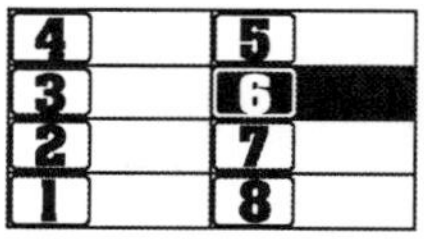

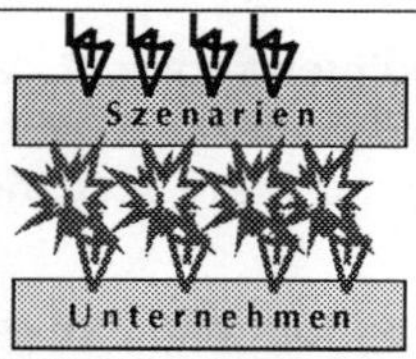

Analyse potentieller externer und interner Störereignisse

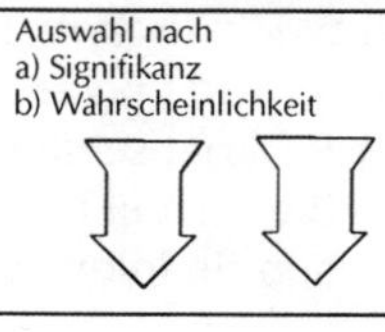

Bewertung von Signifikanz und Wahrscheinlichkeit

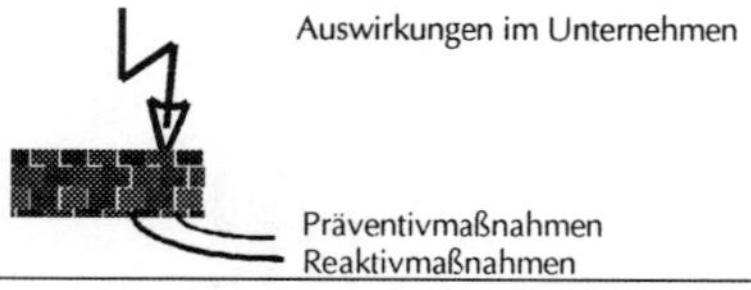

Auswirkungsanalyse der Störereignisse

Im siebenten, einem gerade für die strategische Planung besonders wichtigen Schritt, werden die Konsequenzen aus den beiden erarbeiteten Szenarien hinsichtlich ihrer Gelegenheiten und Gefahren analysiert und daraus Maßnahmen entwickelt, die helfen sollen, Chancen zu nutzen und Risiken zu minimieren. Aus Erfahrung wissen wir, daß die so erdachten Maßnahmen zu einem überraschend hohen Prozentsatz für beide Szenarien Gültigkeit haben. Im Sinne der robusten Schritte sind dies jene Aktivitäten, die jedenfalls sofort angegangen sein müßten, damit sie eine Entwicklung in die richtige Richtung weitertreiben.

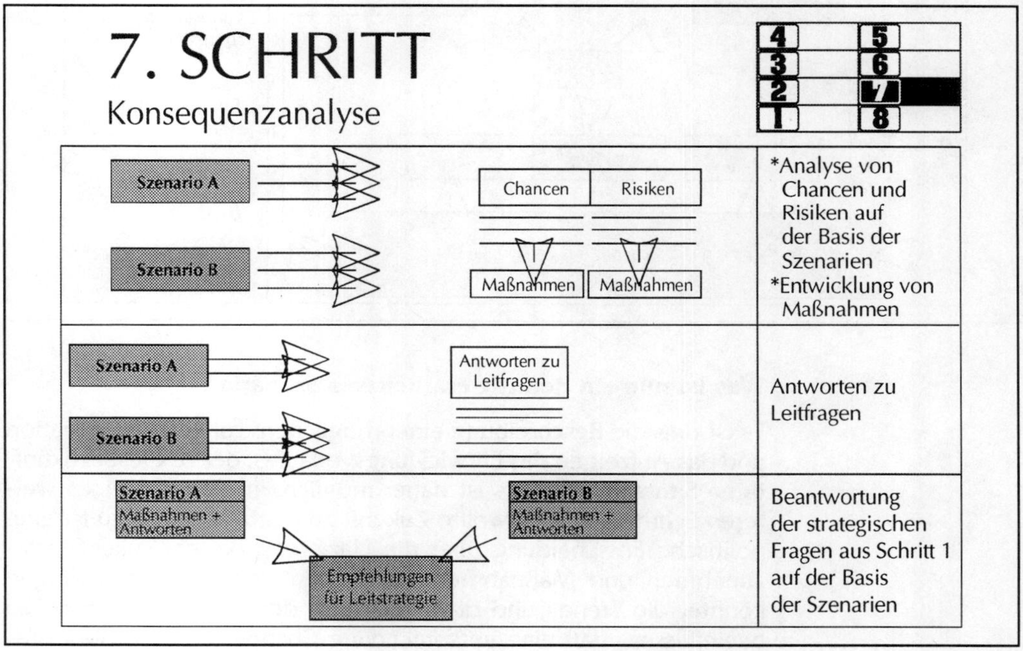

Die vollständige Nutzung und Entwicklung eines Szenarios erfolgt in Schritt acht "Szenariotransfer", wo eine erste Leitstrategie und Alternativstrategien für die Szenarien A und B entwickelt werden, die ihrerseits dann im strategischen Planungsprozeß weiter verfeinert und vertieft werden. Gleichzeitig hat es sich als sehr wichtig erwiesen, daß rückkoppelnd auf die im Schritt zwei erarbeiteten Einflußfaktoren ein Trenderkennungssystem eingerichtet wird, das zusammen mit der Störereignisanalyse eine gezielte Beobachtung des Umfeldes des untersuchten Objektes erlaubt.

8. SCHRITT

Szenario-Transfer

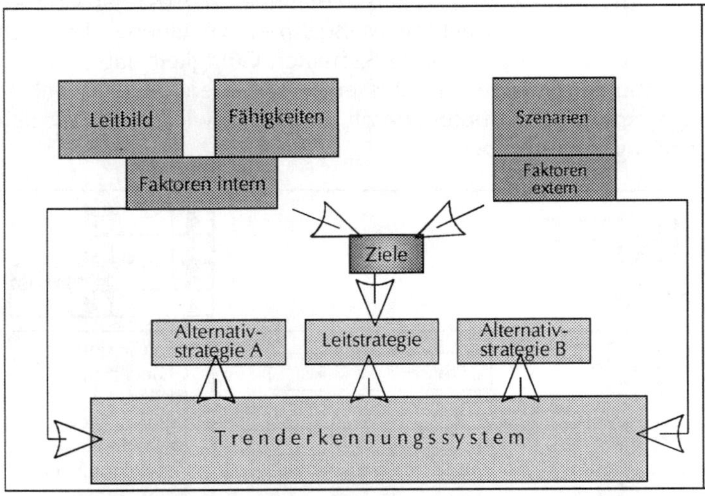

*Erarbeitung einer Leitstrategie

*Erarbeitung von Alternativ-strategien

*Aufbau eines Trenderkennungs-systems

*Überprüfung bisheriger Strategien

Was ist nun ein derartig erarbeitetes Szenario ?

Es ist dies die Beschreibung einer möglichen, zukünftigen Situation und das Aufzeigen des Entwicklungsverlaufes, der zu dieser zukünftigen Situation führt. Es ist daher möglich, im Rahmen eines weiteren Schrittes eine gewollte Zukunft zu erarbeiten. Hierzu ist eine politische Entscheidung über die Plazierung dieser "Zukunft" vorzunehmen und Maßnahmen festzulegen, durch die es gelingen könnte, die Trends und die Bedeutung der Einflußfaktoren so zu beeinflussen, daß eine entsprechende Chance entsteht, diese gewünschte Zukunft zu erreichen.

Selbstverständlich ist es auch mit dieser Methode nicht möglich, den Traum der Menschheit, die Zukunft vorhersagen zu können, zu verwirklichen. Aus unseren vielen Beratungen wissen wir allerdings, daß Firmen und Branchen sowie Regionen, die sich dieser Mühe unterzogen haben, frühzeitig und rascher auf Veränderungen im Umfeld reagieren. Dies ist insbesondere deshalb relativ leicht möglich, nachdem eine Reihe von Alternativmaßnahmen bereits vorgedacht sind. Es zeigt sich aus, daß eine der besonderen Nutzen dieses Verfahrens darin besteht, daß durch das eingerichtete Frühwarnsystem es zu einem regelmäßigen Auseinandersetzen mit den Umweltfaktoren und Einflüssen kommt, so daß das beratene System, gleichgültig ob Firma, Firmencluster, Branche oder Region, eine besondere Sensibilität entwickelt.

Im Normalfall ist es sehr schwierig, an solche Szenarien heranzukommen, weil sie Grundlage der strategischen Planung sind und damit strenger Geheimhaltung unterliegen. Trotzdem ein Beispiel für ein Clusterszenario, daß ich ohne Details in seinen Grundzügen darstelle. Auftraggeber war ein Cluster des österreichischen Nahrungsmittelhandels. Es war dies bereits das 2 Szenario im Abstand von 10 Jahren.

Dieses Handelsszenario dient als wichtige Orientierungshilfe für strategische Unternehmensführung. Aus den strategischen Überlegungen für einzelne Szenarien lassen sich Alternativpläne ableiten, die bei eingetretenen Ereignissen ein rasches und situationsgerechtes Handeln ermöglichen. Die Ergebnisse des Handelsszenarios erleichtern den teilnehmenden Firmen Entscheidungen über:

- die Entwicklung von Vertriebsorganisationen
- Personalentscheidungen (Anzahl, Qualifikation, Aufgabenstellung)
- Produkt- und Sortimentsgestaltung
- werbliche und verkaufsfördernde Maßnahmen
- Markenpolitik

Es wurden 3 Szenarien im Handelsszenario-Trichter erarbeitet:

- Optimistisches Szenario: "Sunshine"
- Realistisches Szenario: "Yes Future"
- Pessimistisches Szenario: "Sunset"

SZENARIO-ÜBERSICHT

Systemebene	SUNSHINE	YES FUTURE	SUNSET
UMFELD	➢ positive EU-Entwicklung ➢ Wirtschaftsboom durch Innovation u.Technologie ➢ Lösung der sozialen und ökologischen Probleme	➢ EU konsolidiert ➢ Wirtschaft wächst durch neue Märkte ➢ langsame Lösung der Probleme ➢ Arbeitslosigkeit ↗	➢ viele EU-Probleme ➢ schlechte Wirtschaft ↘ ➢ keine Lösung der sozialen Probleme ➢ Arbeitslosigkeit ↑ ➢ Kriminalität, Terror
INDUSTRIE	✧ 50 % der Beschäftigen ✧ neue Technologien im Umwelt- u.Naturbereich ✧ neue Wettbewerbsstärke	✧ 40 % der Beschäftigten ✧ neue Technologien kommen langsam	✧ 25% der Beschäftigten ✧ F & E ↘ ✧ Hi-tec-Lücke ↗
HANDEL	⇨ starkes Wachstum ↗ ⇨ Profilierung durch Erlebnis Innovation und Handelsmarken ⇨ Diskonter ↘	⇨ kaum Wachstum ⇨ Profilierung durch Kundenbindung, Bedienung und Service ⇨ Diskonter ↗	⇨ Handel schrumpft ↘ ⇨ Profilierung über Preis und trading down ⇨ Diskonter und Harddiskonter ↑

SZENARIO "SUNSHINE"

UMFELD	• EURO wurde Ende 1999 realisiert ➔ sehr positive Auswirkungen • EU-Erweiterung: CH, N ab 2001 CZ, PL, H, SL ab 2004 RO, BG, SK, HR, YU, BIH ab 2008 Euroasiat.Staaten (Rußland ..) im EWR ab 2006 • EU-Wirtschaft boomt (+ 3,5 - 5,0% real p.a.) • EU-Parlament ("EU ist Bundesstaat wie USA") • neue Technologie-Welle bei Wasser, Energie, Medien, Nahrung • Österreichische Wirtschaft ↑ mit Investpaket und ÖKO-Modell-Austria • seit 2000 wurde auch das Sozial- und Bildungswesen erfolgreich umstrukturiert (Eigenvorsorge, Selbstbehalt, Pensionsmodelle,..)
INDUSTRIE	• Ökologie und Natur wurden neue Werte für österreichische Marken ↑ ("JA zu A", "Alpenwelle") • viele Innovationen und Technologie-Schübe mittels EU-Förderungen (z.B. neue F & E-Centers von privaten Unternehmen und Universitäten) • neben starken internationalen Marken gewinnen transnationale und EU-Marken ↑ • Logistikkosten wurden durch Kooperationen (WWS, ECR) und neue Technologien im Verkehrsbereich um etwa 20% im Vergleich zu 1995 reduziert • Drei Distributionssysteme: klassischer Handel, neue Vertriebsformen im Handel sowie CHRP (= Continuous Home Replenishment Program) • Kooperation wurde europäisiert und stark intensiviert: CM seit 2000 • Brain-Factories und ca. 60% der früheren Werkbänke ➔ 50% Jobs 1995
HANDEL	• Channel brands haben sich seit 2000 voll durchgesetzt (Ketten, Franchise) • Kundenbindungsprogramme mittels neuer Medien und Clubcard-Systemen mit heterogenen Partnern (z.B. Bank, Versicherung, Airline, Hotel, ..) • CHRP entwickelte sich seit 2000 ↑ und wurde von 4 Konsortien forciert • VM mutierten zu Freizeit-Tempeln (z.B. Wellness-Center) und 50% der SM haben Imbißinseln bzw. paragastronomische Einheiten • Diskonter verlieren an Bedeutung ↘ • Eigenmarken stagnieren bei ca. 20% • neue Philosophie "Smile & Cash" setzte sich durch • neue Jobs im Laden: Lady Sunshine and Mister Moon

SZENARIO "YES FUTURE"

UMFELD	• EURO wurde 2002 realisiert ➔ positive Auswirkungen EU-Erweiterung: CH, N ab 2005 CZ, PL, H, SL ab 2008 (seit 2003 EWR-Status) restliche Oststaaten im EWR (Warteraum) ab 2008 • EU-Wirtschaft behauptet sich gegenüber Asien und USA (+2-3% real p.a.) • EU-Parlament ("Europa der Bundesstaaten") • Penetration neuer Kommunikationstechnologien (Büro + Zuhause) ↗ • Umstrukturierung der österreichischen Wirtschaft (Privatisierung und Liberalisierung) • wirtschaftlicher Optimismus ➔ sukzessive Lösung soziale Probleme

INDUSTRIE	• Trend zu Dachmarken-Konzepten • wenige neue Marken ➔ EU-Marken, Ö-Marken im Osten • Innovationen primär aus dem Ausland ➔ ab 2005 Forschungszentren • WWS sind bis 2005 etabliert • klassischer AD wurde von Spezial-Service-Firmen abgelöst • Kooperation mit dem Handel ↗ (POS-Manager, regionale KAM's, CM) • Kooperation wurde europäisiert ➔ EU-Accounts, EU-KAM, aber auch Industrie-Kooperationen • Produktionsstandort bis 2005 ↘ dann Stabilisierung bei 40% von 1995
HANDEL	• klare Positionierung von Handelsmarken (channel brands), ab 2005 in EU • Intensivierung der Kundenbindungsprogramme mittels neuer Medien und Clubcard-Systemen ("All-Inclusive-Clubs") • neue Direktvertriebsformen boomen ab 2003, z.B. Hauszustelldienste ↑ • freie Flächen werden für Erlebnis- und Event-POS genützt • Diskonter stagnieren seit Beginn des neuen Jahrtausends ab 2005 praktizieren die Top Five geschlossene WWS • Bedienung und Service ↑ ab 2005 • Personal wird zum Markenzeichen: Marktleiter wurde Sub-Unternehmer Event-Manager ersetzte AL

SZENARIO "SUNSET"

UMFELD	• EURO wurde erst 2005 realisiert ➔ leicht positive Auswirkungen • keine EU-Erweiterung: Verhandlungen mit CH + N (Vollmitglieder) sowie mit den Oststaaten (EWR als Warteraum) laufen konkreter ab 2008 • EU-Wirtschaft verliert gegenüber Asien und USA (0-1% real p.a.) • EU-Parlament und Demokratie sehr schwach: Diktat der Lead-Länder • Penetration neuer Kommunikationstechnologien im Haushalt ↗ • Österreich als Industriestandort nicht interessant • schlechte Wirtschaftslage, hohe Arbeitslosigkeit und viel Pessimismus • Streiks, Kriminalität, Extremismus und Terror ↗
INDUSTRIE	• Konzentrationsprozeß der Marken • Reduktion der Sortimente aus Kostengründen • Innovationen ausschließlich aus Übersee von Multis: in Österreich nur "face-liftings" • Private Label - Produktionen für nationale und EU-Händler ↑ • aufgrund explodierender Verkehrsprobleme steigen Logistikkosten ↑ • Kooperation mit dem Handel ↓ (kein Vertrauen, Geldmangel) • Industrie-Prostitution statt Kooperation! • Produktionsstandort ↓ auf ca. 25% der Beschäftigen von 1995
HANDEL	• ab 2003 nur noch 3 große LEH • Kostensparen wurde zum obersten Prinzip im Handel, daher surfen gute Handelsmarken auf der Vertrauenswelle und schlechte haben Probleme • Trading down erreichte 2005 den Höhepunkt ➔ völlige Profillosigkeit • Diskonter boomen und haben einen Marktanteil von 50% • neue Vertriebsformen entwickeln sich kaum, trotz hoher Internet-Penetration • Eigenmarken stagnieren seit 2005 auf einem Marktanteil von 35% • Self-scanning und Ladenbewachung durch eigene Polizei ist Standard • hard-discount führte zu personalleeren Läden

Gerade für Firmen und Regionen in einem besonders turbulenten Umfeld scheint diese Methode geeignet, die nötige Ruhe im Planungsprozeß zu erreichen. Es könnte damit auch gelingen, stabilisierenden Einfluß auf die politische und ökonomische Entwicklung zu gewinnen. Mir scheint es daher wichtig, daß gerade Universitäten, Aus-, Weiterbildungs- und Beratungsinstitutionen sich in diesen Regionen verstärkt mit der Methodik auseinandersetzen.

Literatur

Gansemeier, J. (1995): Szenariomanagement: Planen und Führen mit Szenarien München; Wien, Hanser.

Reibnitz, U. (1991): Szenariotechnik - Instrumente für die unternehmerische und persönliche Erfolgsplanung Wiesbaden, Gabler.

Daniel, H. (1991): Zukunftsplanung mit Szenariotechnik Wien, Schriftenreihe des Wirtschaftsförderungsinstitutes, Nr. 206

Andrej Tomšič
Marjan Pivka

Sind die Qualitätskriterien des Informationssystems auch im Fall der Bewältigung von Unternehmenskrisen verwendbar?

Mag. Andrej Tomšič
Informatika Maribor, Slowenien

Doz. Dr. Marjan Pivka
Universität Maribor, Slowenien

SIND DIE QUALITÄTSKRITERIEN DES INFORMATIONSSYSTEMS AUCH IM FALL DER BEWÄLTIGUNG VON UNTERNEHMENSKRISEN VERWENDBAR?

Zusammenfassung: Der Beitrag beschäftigt sich mit der Frage, ob ein nach bestimmten Qualitätskriterien organisiertes Informationssystem auch in eventuellen verschiedenen Krisenphasen zum Zweck der Sanierung verwendbar ist, bzw. inwiefern es möglich ist, die Bewältigung von Krisen durch Qualitätssteigerung des Informationssystems in noch 'normalen' Verhältnissen zu verbessern.

Stichwörter: dynamisches Modell des Informationssystems, Informationssystem, Krisenmanagement, Qualität, Qualitätskriterien, Unternehmenskrise

ARE THE INFORMATION SYSTEM QUALITY CRITERIA APPLICABLE ALSO TO THE ENTERPRISES IN CRISIS?

Summary: The quality of software, software development or software acquisition is a well-known problem discussed in many software development models and standards (CMM Model, ISO Standards, SCPICE, ...). The criteria for the quality of information system are investigated and implemented by dynamic Total Quality Management Model. The possibility and usage of this model for the enterprise in crisis is discussed.

Keywords: crisis management, dynamic model of information system, enterprise crisis, information system, quality, quality criteria

1. Bestimmung des Problems

Ein entsprechendes Informationssystem stellt heutzutage einen der lebenswichtigsten strategischen Faktoren jedes Unternehmens dar. So werden in der wirtschaftlichen Praxis enorme Investitionen in die Informationstechnologie bzw. Qualität des Informationssystems vorgenommen. Erfahrungsgemäß befindet sich aber das Informationswesen eines Unternehmens, das sich in der Krise befindet, häufig in einem nicht zufriedenstellenden Zustand. Obwohl das Informationssystem nach allen Regeln ausgebaut, oder die EDV Organisationseinheit bzw. die gesamte Geschäftsprozessqualität sogar mit den ISO 9001 Zertifikat erwiesen wurde, sind für die Bewältigung von Unternehmenskrisen bzw. den Sanierungsprozess die eigentlich wichtigen Informationen nicht vorhanden, nicht mehr aktuell oder sogar falsch. Die Grundursachen liegen meistens in:

- unentsprechender Definition des Informationssystems bzw. der Qualität des Informationssystems;
- unentsprechenden Qualitätskriterien, die meistens für das Informationssystem in normalen Umständen gelten, dennoch aber für die Krisensituationen nicht immer verwendbar sind.

Das Ziel dieses Beitrags ist festzustellen, inwiefern es möglich wäre, ein Informationssystem wieder aufzurichten, das auch in eventuellen verschiedenen Krisenphasen zum Zweck der Sanierung größtenteils verwendbar ist. Die Realisierung dieses Ziels wurde in der Abfolge der nächsten Stufen ausgeführt:

1. Definierung der Qualität des Informationssystems (als methodologische Grundlage bzw. Ausgangspunkt);
2. Feststellung der spezifischen Eigenheiten des Informationssystems im Unternehmen, das in einer Krise ist;
3. Darstellung des flexiblen, dynamischen Modells des Qualitätsmanagements im Informationssystem (es wurde über 2 Anpassungsweisen diskutiert: Hosin Kanri und Kaizen);
4. Verbesserung des Modells aus der Stufe 3 mit den Charakteristiken, die die Krisenverhältnisse fordern.

2. Qualität des Informationssystems in Krisenverhältnissen

2.1. Kurze Beschreibung der Charakteristiken des Informationssystems im Unternehmen, das in einer Krise ist

In der Literatur werden in vielfältiger Weise und unter Berücksichtigung unterschiedlicher Kriterien Krisenursachen, Krisenarten und Entwicklungsstufen der Krise aufgezeigt. Vom Standpunkt des Rechnungswesens aus lassen sich nachstehende Krisenphasen unterscheiden (Repovž 1994, Seite 223):

1. latente Krise,
2. manifeste Krise,
3. Stufe der Insolvenz, die zur Beendigung des Bestehens des Unternehmens führt.

Mit Rücksicht auf die Sanierungsfähigkeit haben wir uns im Beitrag meistens auf die Phasen 1 und 2 konzentriert.

Die erste Sanierungsphase (Böckenförde 1991, Seiten 53-56) eines Unternehmens, das in einer Krise ist, ist die Wahrnehmung einer existenzbedrohenden Entwicklung und die Initiierung des Prozesses zur Bewältigung der Krise. Leider werden in der Praxis oftmals nur die objektiv geltenden Krisensymptome wie: negative Entwicklung von Ertragslage, Umsätzen, Deckungsbeiträgen, Lohnkosten, Auftragseingängen, Lagerbeständen ... in Betracht genommen. Bezugnehmend auf den finanzwirtschaftlichen Bereich liefert die Betriebspraxis neben den Krisensymptomen noch eine Vielzahl anderer Symptome, die zugleich auch verschiedene Interpretationsmöglichkeiten zulassen. Das bedeutet, das es sehr schwer ist, qualitative, verwendbare Informationen über die Krisenursachen zu erhalten. Neben dem Problem der Informationsbeschaffung und -analyse im Sinne einer Informationssystematisierung und -auswertung gibt es noch das Problem der Aussagefähigkeit und des pragmatischen bzw. subjektiven Informationswertes. Oft werden erkannte Krisensymptome naiv verneint, verändert oder in ihrer Bedeutung heruntergespielt. Deswegen wurden sog. Frühwarnsysteme (Horvath 1990, Seiten 419-421) entwickelt, die die latenten Gefährdungen und Risiken durch sog. Frühwarninformationen signalisieren. Da die Frühwarnsysteme der ersten Generation noch auf der Analyse der Ursachen von Über- und Unterschreitungen in den Jahresplänen basierten, sind die Frühwarnsysteme der dritten Generation als strategische Informationsquelle qualitativ für die Unternehmensführung geeignet.

In der Phase der Grobanalyse (Böckenförde 1991, Seiten 56 - 67) wird die Analyse der Krisensituation, bzw. das erste grobe Bild der Auswirkungen der Unternehmenskrise sowie die Voraussicht, wie sich die Krise ohne Maßnahmen weiterentwickeln wird, verlangt. Erfahrungsgemäß ist das bestehende konventionelle Informationssystem für die Beschaffung notwendiger Informationen zwecks Beurteilung der Sanierungsfähigkeit und -würdigkeit nicht entsprechend. So sind zahlreiche unentsprechend strukturierte, organisierte, verarbeitete und präsentierte Daten nicht mehr aktuell oder schlichtweg falsch. Deswegen ist es notwendig, vielschichtige, oftmals auf unkonventionelle Weise und auch außerhalb des betrieblichen Rechnungswesens gewonnene Informationen, oder sogar auf Schätzzahlen basierende Daten, zu beschaffen. Da diese Phase zeitlich begrenzt ist, werden häufig zusätzliche Ressourcen herangezogen. Die Aufgabe des Sanierungsmanagements besteht weiterhin in der Koordination und im aktiven Mitwirken im Informationsprozess. Letztendlich werden die Kerninformationen vom Management selbst analysiert bzw. beurteilt.

Das Ziel der nächsten Phase, die den Einsatz von Sofortmaßnahmen (Böckenförde 1991, Seiten 67-76) darstellt, ist, den weiteren Niedergang des Unternehmens zu stoppen. Sofortmaßnahmen sind auf allen Ebenen und Bereichen des Unternehmens notwendig. Das gilt auch für das Informationssystem. Da die finanziellen Sofortmaßnahmen die zentrale Funktion im Sinne der Sicherstellung der jederzeitigen Zahlungsfähigkeit und Verhinderung der Überschuldung haben, muss ein Notprogramm eingeleitet werden. Erfahrungsgemäß unterstützt das bestehende Informationssystem die entsprechenden Informationen nicht, deswegen muss es reorganisiert werden, oder, wie in vielen Fällen, wird ein parallelles Informationssystem organisiert.

In der Phase der Detailanalyse und weiteren Entwicklung des Sanierungskonzeptes (Böckenförde 1991, Seiten 76-84) werden dieselben Instrumente und Verfahren, die in der strategischen Unternehmensplanung bekannt sind, gebraucht. Sinn und Zweck des Informationssystems ist die Anbietung einer verlässlichen Informationsbasis für die weitere Entwicklung der Bewältigung der Unternehmenskrise. Da die verfügbaren Ressourcen sehr beschränkt sind, und das Management unter starkem Zeitdruck steht, ist neben der verlangten Qualität des Informationssystems ebenfalls der Zeit- und Kostenaspekt zu beachten.

In der nächsten Phase wird das Sanierungskonzept implementiert (Böckenförde 1991, Seiten 84-95). Vom Informationssystem wird verlangt, klare Auskünfte über den Sanierungsprozess zu geben. Das bestehende, auf betriebs- und finanzwirtschaftlichen Kennzahlen und Berichten basierende Informationssystem ist nicht entsprechend, da die Abweichungen von geplanten Ergebnissen sowie die

Geschäftsgelegenheiten bzw. Gefahren nicht rechtzeitig bzw. viel zu spät erkannt werden. Deswegen sollte man das Informationssystem demgemäß reorganisieren bzw. erweitern, was auch für das Sanierungscontrolling gilt.

2.2 Bestimmung der Qualität des Informationssystems

Nach dem Standard ISO 8402 wird die Qualität als die Gesamtheit von Merkmalen des Informationssystems bezüglich ihrer Eignung, festgelegte und vorausgesetzte Erfordernisse zu erfüllen, bestimmt.

Wird das Informationssystem als ein Subsystem bzw. eine isolierte Organisationseinheit des Unternehmens betrachtet (Kajzer et al. 1989), kann man die Qualität des Informationssystems mit den Kriterien wie Rechtzeitigkeit, erforderlicher Informationsumfang, Zuverlässigkeit ... usw. bewerten. In diesem Falle werden das Führungssystem als Informationsbenutzer sowie das Informationssystem als Informationsversorger an der Effizienz der gebrauchten Informationstechnologie sowie der dazugehörenden Angestellten interessiert. So wird die meist effiziente Informationslösung oft zum geringen Preis gehandelt. Dieser Logik nach besteht eine ernsthafte Gefahr, dass das Informationssystem zur Dienstleistung degradiert wird (Venkatraman et al. 1996).

Das Informationssystem sollte als Teilsystem des Unternehmens (Kajzer et al.1989) betrachtet werden. Aus dieser Sicht ist das Informationssystem nicht mehr wegen der sinnvollen Arbeitsteilung in der EDV Organisationseinheit begrenzt, sondern es ist theoretisch in jeder Arbeitseinheit im Unternehmen integriert, da jedermann gleichzeitig Benutzer sowie Informations- bzw. Datenquelle darstellt. Die Qualität des Informationssystems kann damit nicht mehr ein von dem gesamten Geschäftssystem isolierter Begriff werden. Sie muss nicht nur vom Standpunkt der Effizienz, sondern vor allem auch von dem der Effektivität bzw. der pragmatischen Ebene betrachtet werden (richtige Produkte oder Dienstleistungen auf richtige Art ausführen) - i.e. aus der Sicht der Erfolgskriterien des gesamten Unternehmens. Die Einführung des Qualitätsmanagementsystems in die EDV Einheit ohne Rücksicht auf die Qualität des gesamten Geschäftsprozesses ist so betrachtet sinnlos. Es besteht die Gefahr, dass ein qualitativ mangelhafter Geschäftsprozess auf qualitative Weise ausgeführt wird (Alter 1996, Part1; Gartner Group, 1996; Gartner Group, 1997; Martin 1995; Pivka et al. 1995) .

2.3 Das dynamische Modell des Informations systems

In der Abbildung 1 ist das dynamische, flexible Modell des Informationssystems dargestellt (Soper et al1997). Das Modell ist auf der Basis mehrerer hierarchisch gekoppelter Regelungskreise entworfen, wobei das Informationssystem bzw. seine Qualität als ein integraler Teil des gesamten Unternehmens und als einer der wichtigsten Erfolgsfaktoren zur Bewältigung des optimalen Marktanteiles des Unternehmens bestimmt ist. Das garantiert, dass das Informationssystem eine ohne isolierte Subsysteme konsistente Ganzheit darstellt. Die Anpassung an innere oder äußere Geschäftsbedingungen ist entweder schrittweise (Kaizen) oder sprunghaft (Hoshin Kanri) möglich, wobei es sich immer um eine Reorganisierung des Geschäftsprozesses handelt.

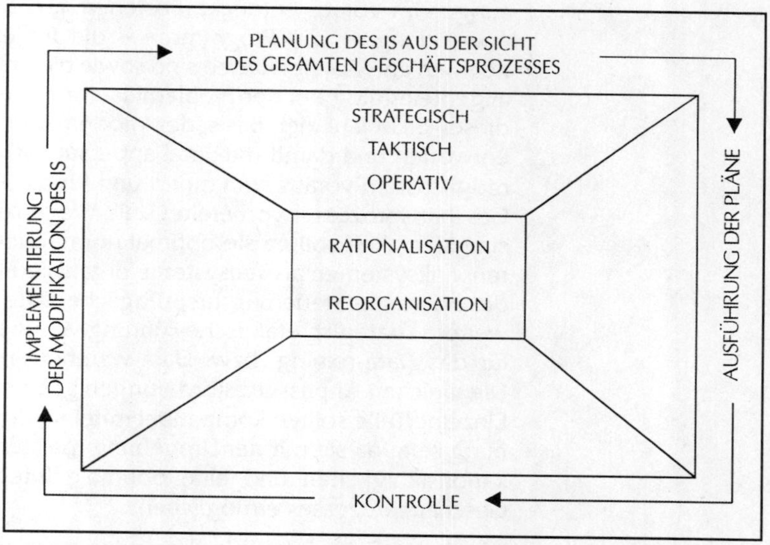

Abb. 1

Diese Bestimmung ermöglicht, dass das Informationssystem nicht mehr nur die Organisationseinheit für Informationsdienstleistungen darstellt. Jede Veränderung des Geschäftsprozesses verursacht Veränderungen im Informationsprozess bzw. eine gewisse Anpassung der Informationsressourcen und vice-versa. Deswegen muss auch die Qualität des Informationssystems im Kontext des gesamten Geschäftsprozesses betrachtet werden (Tomšič et al 1996; Tomšič et al 1997).

2.4. Forderungen an die Elemente des Informationssystems in Krisenverhältnissen

Im Bezug auf die vorangegangenen Definitionen des Informationssystems und des Informationsbedarfs in Krisenverhältnissen, kann man die nächsten Forderungen an die Elemente des Informationssystems bestimmen: da in Krisenverhältnissen das EDV-System maximal anpassungsfähig sein muss, sollte es als eine Föderation mehrerer maximal flexibler, kreuzweise gekoppelter, integrierter Subsysteme organisiert werden, wie z.B. operative Informationssubsysteme, EIS, DIS, MIS,... Auf diese Weise wird eine partiale Anpassung anstelle der Änderung der Gesamtheit ermöglicht. Im dem Fall, dass bestimmte Teile des EDV-Systems vom Outsourcer ausgeführt werden, muss eine dauernde Beziehung zwischen dem Unternehmen und dem Outsourcer, der an der Basis der Änderungen des Geschäftsprozesses bzw. der Entwicklung der Informationstechnologie permanent alle Anpassungen ausführt, bzw. eventuelle Anpassungen im voraus entdeckt, bestehen. Das System der Programmanwendung – die Programme – die für ein bestimmtes Unternehmen entwickelt worden sind sowie die Standardprogramme, die allgemeingültig bei der Problemlösung einsetzbar sind, sollten aus dieser Sicht auf der Basis der modernsten Entwicklungssoftware entworfen und damit maximal anpassungsfähig sein. Daten sollten möglichst im voraus strukturiert und für die einzelnen Bereiche des Geschäftsprozesses vorbereitet sein. Wegen der geforderten Anpassungsfähigkeit sollten sie optimal normalisiert und an flexiblen Datenbanksystemen als Teilsysteme organisiert werden. So werden für die operative Steuerung ursprüngliche Daten benötigt, die für die weitere strategisch-taktische Führung verarbeitet und als Grundlage für das Data-mining, bzw. Data-warehousing verwendet werden. Die gleichen Anpassungsforderungen gelten auch für die Hardware. Einzelne Teile sollten kompatibel miteinander sowie mit der Umgebung sein, da sie mit der Umgebung meistens optimale Kommunikationsfähigkeiten und eine optimale Integration des gesamten Geschäftsprozesses ermöglichen.

Werden aufgrund der Krise Veränderungen des Geschäftsprozesses gefordert, verlangt die Reorganisierung des Arbeitsprozesses für den Entscheidungsprozess neue Informationen, die subjektiv bedingt sind. Das hängt viel von subjektiver Fachkenntnis, dem richtig formulierten Informationsbedarf, dem Wissen über die optimale Verwendung der bestehenden sowie der nötigen Informationstechnologie ab: also muss das betreffende Subjekt einen gewissen Teil des Informationsprozesses bzw. des Informationssystems selbst reorganisieren. Die Qualität wird vom Informationsbenutzer bestimmt. Als Zusammenfassung kann man bestätigen, dass alle Komponenten des Informationssystems für die gewünschte Bewältigung des Krisenprozesses optimal (re)organisiert werden müssen.

3. Zusammenfassung

Es ist möglich, ein Informationssystem in eventuellen verschiedenen Krisenphasen zum Zweck der Sanierung schon in 'normalen' Verhältnissen aufzubauen. Die Hauptbedingung der Organisierung (abgesehen davon, ob es sich um eine Eigenentwicklung, ein Outsourcing oder eine Kombination handelt) des entsprechenden Informationssystems ist, dass es einen integralen Teil der Organisierung des gesamten Unternehmens darstellt. In dem Beitrag wurde als Modell der Integration der Organisierung des Geschäfts- und Informationssystems das dynamische, flexible Modell des Informationssystems dargestellt. Die Verwirklichung eines derartigen Informationssystems ermöglicht die Anpassung (schrittweise oder sprunghaft) an alle Anforderungen des Unternehmens (und vice-versa!) als auch an jene zur Bewältigung des Krisenprozesses. Wir sind uns bewußt, dass das präsentierte Modell nur ein ideales bzw. theoretisches Bild der Entwicklungsintegration des Informationssystems im Unternehmen darstellt. Dennoch sollte es als ein Grundriss zur Verbesserung der Entwicklung des Informationssystems im Unternehmen dienen.

Literatur

Alter S.: Information Systems. The Benjamin/Cummings Publishing Company Inc., 1996

Böckenförde B.: Unternehmenssanierung, Schäffer Verlag, Stuttgart, 1991

Gartner Group Conferece: Restructuring IT Management: Aligning Business IT Strategies, 18-19 März 1996, Prague

Gartner Group Conferece: IT Management in the 21st Century. Seminar: 12-13 Mai 1997, Amsterdam

Horvath P.: Controlling. Verlag Franz Vahlen, München, 1990

Martin J.: Seminar, 5-6 Dezember 1995, Ljubljana

Kajzer Š., Marn F.: Information System Conception from the Viewpoint of Business System Organisation. In: Kaltnekar Z., Gričar J.: Organization and Information Systems, Bled, 13-15- September 1989, Seiten 282 - 290

Pivka M., Tomšič A.: Vidiki zagotavljanja kakovosti PIS. In: Zbornik posvetovanja Dnevi slovenske informatike, Portorož Avditorij, 12.-14.April, 1995

Repovž L., Krisenmanagement. In: Belak J., Kajzer Š.: Unternehmen im Übergangsprozeß zur Marktwirtschaft, Wien, 1994

Soper R. J., Karacali B., Honeycutt T. L.: Total Software Quality Management Model. In: Tasso, Adey, Pighin: Software Quality Engineering, Computational Mechanics Publications, Southhampton 1997, Seiten 113-122

Tomšič A., Pivka M.: Bedeutet die Einführung des ISO 9001 zugleich Reengineering des Geschäftsprozesses?. In: MEDNARODNI ZNANSTVENI SIMPOZIJ MANAGEMENT IN RAZVOJ - MER 96, Portorož, Mai 1996

Tomšič A., Podlesnik B.:The Impact of Business Information System on Software Product's and Vice Versa, In: Pivka M.: International Conference on Software Quality, ICQS, Maribor, November, 17 - 19 1997

Venkatraman N., Zaheer A.: Strateška raba informacijske tehnologije. In: E.G.C. Collins, M.A. Devanna: Temelji MBA, Gospodarski vestnik (zbirka Manager), Ljubljana 1996, Seiten 263 - 291

Janez Točniškar

Informationen über Standardkosten - Ein Aspekt der Verhinderung und Beseitigung der Krise durch die Sanierung der Informationskommunikation im Unternehmen

Prof. Dr. Janez Ločniškar
Universität Ljubljana, Slowenien

INFORMATIONEN ÜBER STANDARDKOSTEN - EIN ASPEKT DER VERHINDERUNG UND BESEITIGUNG DER KRISE DURCH SANIERUNG DER INFORMATIONSKOMMUNIKATION IM UNTERNEHMEN

Zusammenfassung: Das Aufkommen von Krisensituationen in einem Unternehmen spiegelt sich auch in der geringer werdenden konstruktiven Kommunikation zwischen den einzelnen Organisationseinheiten im Unternehmen wider. In einem solchen Kontext ist sowohl die Sanierung der Kommunikation wie auch des Daten- und Informationsflusses sowohl im vertikalen als auch im horizontalen Sinne zwischen allen Unternehmensbereichen notwendig. Daher ist die Bestimmung der Konvergenzkriterien des Informationssystems unabdingbar. Hier soll jedenfalls die Kostenstandardisierung als geplantes und vorgeschriebenes Maß der Kostenbelastung der Produkteinheit als Kostenträger eingeordnet werden. Die Kostenstandardisierung beeinflußt die Sanierung der Kommunikation hinsichtlich des Inhalts, der Kommunikationsnetze und -wege, schafft aber allmählich die Störungen in der Kommunikation zwischen den Organisationseinheiten des Unternehmens ab.

Stichwörter: Informationsfluß, Kommunikationskrise, Kommunikationsnetz, Konvergenz des Informationssystems, Kostenstandardisierung, Vorkalkulation

INFORMATION ABOUT STANDARD COSTS - THE ASPECT OF PREVENTION AND ELIMINATION OF CRISIS THROUGH REORGANIZATION OF INFORMATIONAL COMMUNICATION IN THE COMPANY

Summary: The appearance of the crisis situation in the company reflects also in the reduction of the constructive communication between individual organization units of the company. In such a context both the reorganization of informational communication and the data and information flow between all parts of the company is necessary. Consequently the definition of convergence criteria of information system is indispensable. Here the standardization of costs as the planned and prescribed measure of cost budgeting of the product unit as the cost carrier should be taken into consideration. The standardization of costs has an influence on the re-organization of the communication in respect of its contents and communication network and paths, however, it gradually eliminates the disturbances between the organization units of the company.

Keywords: communication crisis, communication network, convergence of information system, information flow, product costing, standard costs

1. Gegenstand und Art der Erörterung

1.1 Gegenstand der Erörterung

Die Krisensituation im Wirtschaftsprozess des Unternehmens entsteht aus integraler Sicht bei Verminderung der Rentabilität der eingebrachten bzw. verbrauchten Mittel und Ausrichtung dieser auf die negativen Koeffizienten, welche sie als ihr relatives Quantitätsmaß ausweisen. Betrachtet man nur die Kategorie des zurückgehaltenen als unverteilten Profits, verliert das Unternehmen als Wirtschaftssystem nach und nach die Fähigkeit der eigenen Reproduktion, wodurch sich auch dringend der Raum für Möglichkeiten seiner weiteren Einbeziehung in die ihn umgebende Wirtschaftsumgebung verringert.

Die Krise im Unternehmen als Ursache und Folge der Destabilisierung seiner Wirtschaftstätigkeit zeigt sich im interaktiven Sinne auf jeden Fall auch hinsichtlich der Verminderung der konstruktiven Kommunikation zwischen den einzelnen Organisationseinheiten des Unternehmens. Die Sanierung der Krise in der Geschäftstätigkeit des Unternehmens muss deshalb auch durch die Sanierung der Kommunikation zwischen jenen Unternehmensbereichen, die im Organisationsschema als Träger der einzelnen Geschäfts- und Informationsfunktionen des Unternehmens vorgesehen und bestimmt sind, durchgeführt werden. Die Krisensituation im Unternehmen stellt die Notwendigkeit des entsprechenden Kriteriums der Konvergenz des Informationssystems besonders in den Vordergrund, wobei auch die Kommunikation unbedingt ihren Anteil dazu beitragen muss.

1.2. Art der Erörterung

Die Sanierung der Kommunikation bzw. des Kommunikationsnetzes im Unternehmen wie auch seine Wirksamkeit, muss in der Phase ihrer Planung, Vorbereitung, Ausführung und selbstverständlich auch Kontrolle erstrangige Gesichtspunkte und Kriterien einschließen, die für den Wirtschaftsprozess des Unternehmens von betont integraler Bedeutung sind. Die Integralität stellt in diesem Sinne für den Wirtschaftsprozess des Unternehmens zweifellos den Kostenstandpunkt seiner Betätigung dar. Unter Berücksichtigung der integralen Bedeutung der Kostenkategorien im Wirtschaftsprozess muss die Vorbereitung und Ausführung der Sanierung der Kommunikation im Unternehmen von folgenden Ausgangspunkten beachtet werden:

a) die Kostenkategorie betrifft aufgrund ihrer Doppelkomponentierung als Produkt zwischen der gebrauchten Menge des Produktionsfaktors und seines Preises die Gesamtheit des Unternehmens als Geschäftssystem und zeigt das Unternehmen als Union der wirtschaftlichen und technischen Komponente, die in seinem Geschäftsprozess tätig sind;

b) die Kategorie der Standardkosten als geplantes und vorgeschriebenes Maß der Kostenbelastung der Produkteinheit bedingt und fordert direkt oder indirekt die Einbeziehung und Beteiligung aller Organisationsbereiche des Unternehmens als Träger der Geschäftsfunktion;

c) die Standardisierung der Kosten ist der Prozess der Umfangsbegrenzung der Investierung einzelner Produktionsfaktoren in die Einheit oder Dienstleistung als Kostenträger; in diesem Prozess der Bestimmung der Einlagen sind die Funktionen im Sinne der Kommunikation eingeschlossen wie Konstruktion, Arbeitsvorbereitung, Beschaffung, Kaderfunktion u.s.w.;

d) Planung, Vorbereitung, Organisation, Realisierung und Kontrolle des Systems der Standardkosten fordert somit unbedingt ein hohes Grad an Kommunikativität zwischen allen Teilen der Organisationsstruktur im Unternehmen; die Notwendigkeit solcher Kommunikativität zeigt sich unter anderem auch bei der Ausarbeitung der Vorkalkulation aufgrund der Standardkosten.

2. Die Krisensituation im Unternehmen als Kommunikationskrise zwischen seinen Organisationsbereichen

Die Marktereignisse mit den Prozessen Nachfrage und Angebot schließen auch Unternehmen als grundlegende Tätigkeitseinheit der Marktversorgung und der Befriedigung seiner verschiedensten Bedürfnisse ein. Gleichzeitig, wenn das Unternehmen in seiner Marktumgebung tätig ist, ist es auch dem wirtschaftlichen, technischen und sozialen Umfeld ausgesetzt. Die Gesamtheit aller Einflüsse, die von jedem einzelnen Umfeld ausgehen, fordern vom Unternehmen als Wirtschaftssystem dringend Harmonie der Tätigkeit aller seiner Organisationselemente, die sich durch alle seine Geschäftsfunktionen ausdrücken. In diesem Kontext zeigt sich die Organisierung des Geschäftsprozesses auch als Prozess der integrativen Strukturierung der einzelnen Faktoren des Unternehmens in der Gesamtheit seiner Geschäftstätigkeit.

Jedoch diktiert die Tätigkeit im Sinne der Geschäftstätigkeit dem Unternehmen als Geschäftssystem auf, mit seiner Einbeziehung in die Marktumgebung auch all jene Kriterien anzuerkennen und zu berücksichtigen, die seine Fähigkeit zur eigenen Reproduktion aller seiner Geschäftsmittel betreffen. Das bedeutet im integralen wirtschaftlichen und geschäftlichen Sinne, dass es dem Unternehmen gelingt, zumindest die minimale notwendige Rentabilität auf eingebrachte und verbrauchte Geschäftsmittel zu erreichen. Nur in diesem Fall nämlich rechtfertigt das Unternehmen seine Beteiligung an bestimmten Marktsegmenten als rationeller Teilnehmer geschäftlicher und wirtschaftlicher Verhältnisse. Wenn aber das Unternehmen die Anforderungen, die das Kriterium der Rentabilität stellt, aus irgendeinem Grund nicht erfüllen kann, kann es für einen längeren Zeitraum nicht mehr auf die Möglichkeit seiner Geschäftstätigkeit auf einem Marktsegment rechnen.

Für das Unternehmen als Wirtschaftssystem ist die Unerreichbarkeit der Anforderungen, die das Kriterium der Rentabilität stellt, sozusagen ein deutliches Zeichen der Erscheinung oder der Gegenwärtigkeit der Elemente einer Krisensituation. Von diesem Standpunkt aus muss dringend festgestellt werden, dass dies Anzeichen der Integralität einer solchen Krisensituation sind, denn die Intensität des Anwachsens der Aufwendungen als Kosten in den verkauften Produkten überholt das Wachstum der Erträge als Wertausdruck der Realisierung. Nach dem Ausgleich des Ertragsumfangs mit den Aufwendungen setzt sich im inhaltlichen Sinne die Bewegung in Richtung Entstehung wirtschaftlicher negativer Differenzen zwischen diesen beiden Kategorien fort. Folglich aber führt die vorgezeichnete Marginalie des Geschäftsergebnisses auch zu den negativen Koeffizienten als relatives Maß des Geschäftsergebnisses. Die Fähigkeit der eigenen Reproduktion des Unternehmens nimmt ab und das Geschäftssystem verliert immer deutlicher die Möglichkeit für die weitere Einbeziehung in das geschäftliche Umfeld, das es umgibt.

Die Krise im Unternehmen als Störung in seinem Geschäftsprozess und gleichzeitig auch schon die explizite Drohung seiner weiteren Existenz durch die Destabilisierung seiner Geschäftstätigkeit zeigt sich auf jeden Fall auch hinsichtlich des Kommunizierens zwischen den einzelnen Organisationsbereichen des Unternehmens wie z.B. den Sektoren, Abteilungen, Arbeitsplätzen u.s.w.. Die Anwesenheit der Krise im Unternehmen verursacht unter anderem eine außergewöhnliche widersprüchliche Situation in der Qualität des Kommunizierens zwischen den Teilbereichen des Unternehmens. Für die Sanierung der Krise müßte diese Qualität intensiv angehoben werden, im Gegensatz aber reduziert ihre Anwesenheit sie unaufhörlich und standhaft.

Zu den wichtigeren Bedingungen und Anforderungen muss auch die Sanierung des Kommunizierens zwischen allen Organisationsbereichen des Unternehmens eingeordnet werden, und zwar sowohl im vertikalen (übergeordnete und untergeordnete Arbeitskreise) als auch im horizontalen Sinne (einzelne Sektoren und ihre Abteilungen). Während der Krise ist im Unternehmen gerade die geringer werdende Kommunikation zwischen den einzelnen Sektoren, d.h. der Organisationsbereiche auf gleichem Niveau, besonders offensichtlich. Die Verminderung und Abnahme der Kommunikationsqualität ist diesbezüglich auf allen Dimensionen ihres Verlaufs sichtbar, die im gegebenen inhaltlichen Kontext mit folgendem Rahmenschema dargestellt werden:

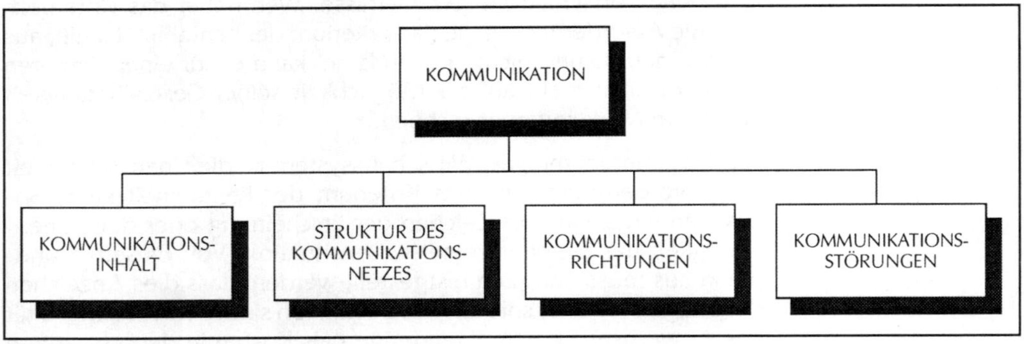

Abb. 1

Unaufhaltbar erscheint jedoch bei der Kommunikation die Erosion ihres wirtschaftlich entsprechend entworfenen Inhalts, weiter nimmt die Organisationsdeterminiertheit ihres Netzes und die Bestimmtheit ihrer Richtungen ab, während Störungen mit potenzieller Intensität auftauchen. Die Sanierung der Unternehmenskrise muss somit vom Ausgangspunkt auch durch die Sanierung der Kommunikation an sich verlaufen, die all ihre vorher dargestellten, grundlegenden Dimensionen betreffen. Die Systemanalyse muss die Sanierung der Kommunikation in die Projektion des integralen Informationssystems einschließen, da die Kommunikationskanäle oder -netze ihre wichtigen Bestandteile sind, die andere Komponenten des Informationsprozesses des Unternehmens ergänzen. Somit steht die Systemanalyse vor den Anforderungen und Aufgaben, alle weiteren Konvergenzkriterien des Kommunizierens zwischen den Organisationsbereichen des Unternehmens zu bestimmen. Als einer der wirtschaftlich und geschäftlich aktuellsten Kriterien der Konvergenz sollte auch hinsichtlich der Schaffung bzw. Sanierung der Kommunikation im Unternehmen die Vorbereitung von Daten und Informationen für den Bedarf der Kostenstandardisierung berücksichigt werden. Diese stellt in ihrer Endphase das geplante Maß der Kostenbelastung der Produkteinheit dar. In einen solchen Kontext ist im Rahmen der Vorbereitung der Kostenstandards jeder Organisationsbereich des Unternehmens eingeschlossen, der auf solche Art und Weise auch im Prozess der Umfangsbegrenzung des Verbrauchs der Produktions- oder Geschäftsfaktoren, die sich als Kosten der Produkteinheit in der Eigenheit des Kostenträgers zeigen, mitarbeitet.

3. Vorkalkulation aufgrund der Kostenstandardisierung vom Standpunkt der Sanierung des Kommunizierens

Die Kostenstandardisierung ist in diesem Sinne im Unternehmen auf die Bestimmung der Produktions- und Geschäftskosten je Produkteinheit ausgerichtet und somit sowohl aus inhaltlicher als auch informativer Sicht identisch wie die Kostenkalkulation abgestimmt. Auch die Kostenkalkulation ist jedoch vom methodologischen und inhaltlichen Standpunkt der Errechnungsprozess des Kostenanteils je Produkt- oder Dienstleistungseinheit als Kostenträger. Somit muss bei der Standardisierung der Kosten festgestellt werden, dass der Kostenstandard neben dem vorgeschriebenen Maß der Kostenbelastung der Produkteinheit gleichzeitig auch der Voranschlag des gestatteten Kostenmaßes ist, welcher als Quantifikation Ausdruck der Vorkalkulation des Produktes als Kostenträger ist. Allerdings ist die Vorkalkulation nicht immer Ausdruck des Kostenstandards, da sie mehrmals nur die Approximation der Kosten der Produkteinheit vermittelt. Ungeachtet dieser Möglichkeit muss aber die Vorkalkulation auf den Ausdruck des Kostenstandards als Maß der Belastung der Kostenträgereinheit ausgerichtet sein. Die Ausarbeitung der Vorkalkulation als Kostenstandard der Produkteinheit bedingt somit die entsprechende Qualität des Kommunizierens im Sinne des Daten- und Informationsaustausches innerhalb der gesamten Organisationsstruktur des Unternehmens.

Die Ausarbeitung der Vorkalkulation aufgrund der Kostenstandards fordert also die allseitige Komplettierung des informativen Kommunizierungsinhaltes zwischen allen betroffenen Organisationsabteilungen als Sender und Empfänger, die sie verbinden oder die die Kommunikationskanäle verbinden müßten. Der Kommunikationsinhalt schließt als eine seiner Komponenten somit das konstruktive - technische Datengefüge in die Eigenschaft der Attribute ein, wie Stückzahl, Chiffre der Elemente, Zahl der Gefüge und Untergefüge, Charakteristik und Masse der Materialeinlage, Prozent des technischen Abfalls, Chiffre der technologischen Operationen, Kostenstelle, technologische Zeit der Vorbereitung und Bearbeitung u.s.w. Die Abteilung für Beschaffung steuert inhaltlich der betreffenden Kommunikation Informationen über aktuelle Preise für einzelne Arten von Materialeinlagen, einschließlich der abhängigen Kosten u.s.w., bei. Allein die Kostenrechnungsführung liefert unter anderem aus der Rechnungsführung der Kostenstellen für den Bedarf der Vorkalkulation unterschiedliche Koeffizienten für die Abrechnung der Zusätze indirekter Produktionskosten, weiters die Kosten der materiellen Geschäftstätigkeit, Verwaltungs- und Verkaufskosten und andere Kostenposten. So kann die Kostenrechnungsführung, wenn die Abteilung der Vorkalkulation sich in ihrem funktionellen Rahmen befindet, zum Beispiel dem Verkauf Mitteilungen über mögliche bzw. notwendige Standardkostenbelastungen der Produkteinheit zukommen lassen, wie z.B. die Selbstkosten des Produktes oder eine andere Kostenbelastung.

Bezüglich des Einordnungsniveaus der Abteilungen in der Organisationsstruktur des Unternehmens, die in die Vorbereitung und Bearbeitung der zuvor dargestellten Daten und Informationen eingeschlossen sind, gilt die Feststellung, dass all diese funktionellen Einheiten auf gleicher Ebene der Unternehmensorganisation tätig sind. Das bedeutet gleichzeitig, dass ihre Verbindung und Mitarbeit auf horizontaler Ebene stattfindet. Mit der Entstehung der Krisenverhältnisse und natürlich besonders ihrer lang andauernden Anwesenheit ist die konstruktive Kommunikation zwischen all diesen Abteilungen auf der gleichen Ebene der Unternehmensorganisation ernsthaft gefährdet und verliert schrittweise an Wirksamkeit. Für ein sinnentsprechendes oder zumindest noch zufriedenstellendes Handeln des Unternehmens ist das entsprechende und ungestörte Kommunizieren zwischen den Abteilungen auf gleichem Organisationsniveau unabdingbar, da ohne die horizontale Verbindung aller Organisationsabteilungen, die bei der Entstehung und der endgültigen Finalisierung des Produktes beteiligt sind, keine entsprechende geschäftliche Effizienz erwartet werden kann. Der gesamte Prozess der Produktentstehung von seinem Konzept, über die Herstellung des Prototypen bis zum für den Markt bestimmten Endprodukt, verläuft im Sinne der Reihenfolge der einzelnen Produktionsphasen im Zusammenhang mir der Arbeitsteilung, Spezialisierung u.s.w. in horizontaler Ebene des Organisationsschemas des Unternehmens.

Die Kommunikationsintensivierung zwischen den Organisationsabteilungen auf horizontaler Ebene der Organisationsstruktur des Unternehmens beeinflußt die Sanierung der Krisenerscheinungen im Geschäftsprozess auch durch die Kommunikationsnetze im engeren Sinne als Bestandteil des informativen Unternehmenssystems. In Krisenverhältnissen ist für das Unternehmen charakteristisch, dass sich die Rolle des unformalen Kommunizierens schnell stärkt und erweitert, die bei der formalen Kommunikation immer anwesend ist, die aber nicht auf die konstruktive Abschaffung und Sanierung der grundlegendsten Ursachen des Krisenzustandes im Unternehmen gerichtet ist. Für das Unternehmen, das in die Krisensituation kommt oder sich schon tief in ihr befindet, ist es sehr wichtig, dass auch aus Sicht der Kommunikation zwischen all seinen Teilen eine bestimmte Orientierung auf die informativen Knotenpunkte gegenwärtig ist, bestimmt durch die Notwendigkeit der Orientierung auf den bestimmten geschäftlichen Effekt. Die Einheitlichkeit in eine solche

Richtung gewährleistet neben anderen Faktoren auch das formal strukturierte Kommunikationsnetz, das natürlich die Gesamtheit der Bedürfnisse nach Informationen aus inhaltlicher Sicht ausdrücken muss. Die Kostenstandardisierung einschließlich Ausführung der Vorkalkulation wirkt aus solcher inhaltlicher und informativer Sicht unbedingt auch auf die Eigenschaften und den Entwurf des Kommunikationsnetzes. Dabei muss auf die Tatsache hingewiesen werden, dass die Vorkalkulation aufgrund der Standardkosten das Formieren und Strukturieren des Kommunikationsnetzes im Sinne ihrer Verbindungen bedingt, die gegen die Struktur strebt, zu analogen Verbindungen in Form eines "Sterns". Die Ausarbeitung von Kalkulationen, die organisatorisch z.B. im Rahmen der Kostenrechnungsführung eingeschlossen ist, übernimmt auf solche Art und Weise in dieser Kommunikationsstruktur die zentrale fachliche und informative Rolle. Die Kostenstandardisierung kann so in Verbindung mit der Ausführung der Vorkalkulation zum informativen Knotenpunkt im Sinne des folgenden graphischen Schemas werden:

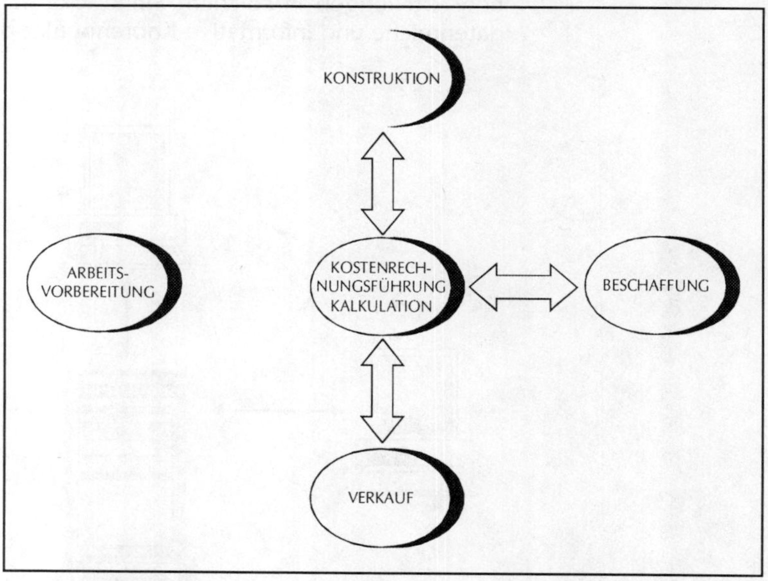

Abb. 2

Die Gestaltung solcher Kommunikationsstruktur im Sinne des "Sterns" ist im vorliegenden informativen Knotenpunkt zur Gänze horizontal gedacht, da die Hierarchie nur vom fachlichen Standpunkt aus gegenwärtig ist. Somit übernimmt die Kostenstandardisierung und ihre Operationalisierung in Richtung Ausführung der Vorkalkulation gleichzeitig die Rolle einer ihrer wichtigeren Konvergenzkriterien, auch bezüglich der Organisation und Tätigkeit des Kommunikationsnetzes auf horizontalem Niveau der Unternehmensorganisierung. Natürlich bestehen hinsichtlich der integralen Kommunikationsverbindungen auch Kommunikationen zwischen all den anderen Abteilungen, wie Verbindungen zwischen der Konstruktion und Arbeitsvorbereitung, zwischen dem Verkauf und der Konstruktion u.s.w.

Die dargestellte Verbindung der Einzelabteilungen auf gleichem Organisationsniveau im funktionellen und informativen Sinne ist vom Standpunkt der Systemanalyse auch ein Beispiel des distributiven Modells der Datenverarbeitung. Die vorgestellten Sektoren, ihre Abteilungen und ihre Informationsverbindungen im Kommunikationsnetz in Form der "Sterne" deuten auch schon auf den grundlegendsten Rahmen der Einschließung und Organisation der elektronischen Unterstützung und der Prozessierung der bestimmten Daten und Informationen hin. Das grundlegende Organisationsschema der Modellentwicklung der elektronischen Datenverarbeitung aufgrund des dargestellten Kommunikationsrahmens ist somit auf folgende Weise vorgestellt, bei der die einzelnen Organisationsabteilungen in solchem Sinne lokal funtionelle und natürlich datenreiche und informative Knotenpunkte sind:

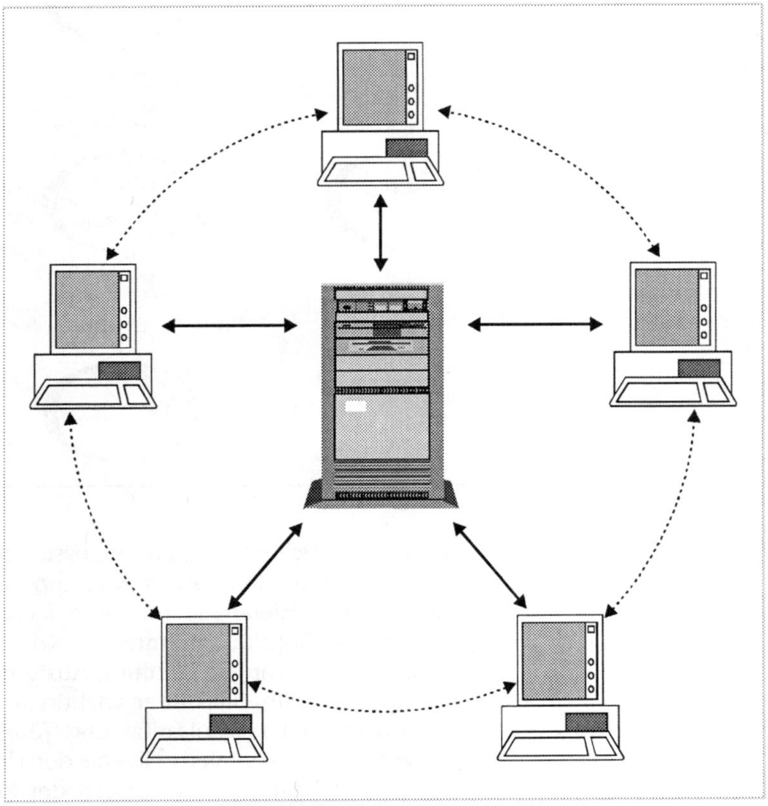

Abb. 3

Die Einbeziehung der fachlichen Tätigkeit der Systemanalyse muss zweifelsfrei vom Standpunkt des informativen Kommunizierens zwischen den einzelnen Organisationsbereichen des Unternehmens aus der Rolle dieser Tätigkeit im weitesten Rahmen des Informationssystems ausgeführt werden. In diesem Kontext muss sozusagen festgestellt werden, dass die Entwicklung des ganzheitlichen Kommunizierens bzw. des Kommunikationsnetzes ohne entsprechende Einbeziehung der Systemanalyse vollkommen unmöglich ist. Von dieser Tätigkeit erwartet man nämlich einen adäquaten und produktiven Vorschlag zur Einsichtnahme aller grundlegenden, zuvor erwähnten Dimensionen des Kommunikationsprozesses. Im Hinblick auf die vorgestellte engste interaktive Verbindung zwischen allen betreffenden Kommunikationsdimensionen ist die Präsentierung der Einbeziehung der Tätigkeit der Systemanalyse auch für diesen Bereich auf solche Weise darzustellen, die von der generellen Einbeziehung dieser fachlichen Tätigkeit ausgeht. Unter Berücksichtigung der Anforderungen des Kommunikationsbereiches wird die Systemanalyse mit folgendem graphischen Schema dargestellt:

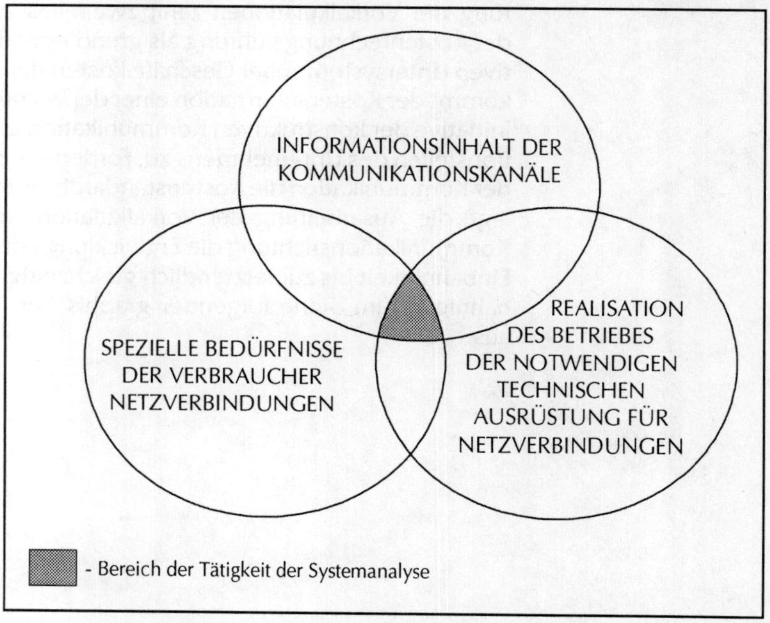

Abb. 4

Im vorgestellten Kontext wirkt die Entwicklung der inhaltlichen und informativen Verbindung der Abteilungen auf gleichem Organisationsniveau sowohl aus direkter und indirekter Sicht auch auf die Ausgerichtetheit des Kommunizierens wie zwischen der folgenden Dimension des Kommunikationsprozesses. In Krisensituationen ist allein der Initialprozess fachlichen Kommunizierens zwischen Unternehmensteilen häufig ungewiss und unklar. Im vorangegangenen

Sinn der Definition der Krisensituation, die sich im Unternehmen durch den Rückgang der Rentabilität auf Einlagen bzw. verbrauchte Geschäftsmittel und stufenweises Übergehen ins Negative ausweist, muss die Initiative solcher Kommunikation bezüglich jener Kategorie bedingt sein, die solche Bewegungen des Rentabilitätskoeffizienten verursachen. Das sind auf jeden Fall Kategorien, die aus inhaltlicher und informativer Sicht die Kostenrechnungsführung behandelt. So ist es auch aus wirtschaftlicher Sicht erforderlich, dass der Anstoß für die fachliche Kommunikation in der Abteilung beginnt, die fachlich fähig ist bzw. sein sollte, relevante Informationen über einzelne Kostenkategorien vorzubereiten oder den Vorschlag für ihre Vorbereitung zu vermitteln. Ausgehend von den auftretenden fachlichen Forderungen, die an das Kostenrechnungswesen gestellt werden, müssen entsprechend fachspezifische Kader garantiert werden. Das ist zweifellos einer der wichtigsten Faktoren, dass das Kostenrechnungswesen im Kommunikationsprozess die verbindende Hauptrolle übernehmen sollte.

Die Kostenstandardisierung und ihre Einschließung in die Vorbereitung der Vorkalkulationen zählt zweifellos zur fachlichen Aktivität der Kostenrechnungsführung als grundlegender Träger des informativen Untersystems über Geschäftskosten des Unternehmens. Damit kommt der Kosteninformation einer der wichtigsten Faktoren bei der Initiative der konstruktiven Kommunikation zwischen den Organisationsteilen des Unternehmens zu. Forderungen, die auch im Hinblick der Kommunikation die Kostenstandardisierung und auf ihrer Grundlage die Ausarbeitung der Vorkalkulation stellt, löst aus Sicht der Kommunikationsrichtung die Entwicklung von der vorher erwähnten Einbahnigkeit bis zur letztendlich gleichzeitig abwechselnden Zweibahnigkeit im Sinne folgender graphischer Darstellung unbedingt aus:

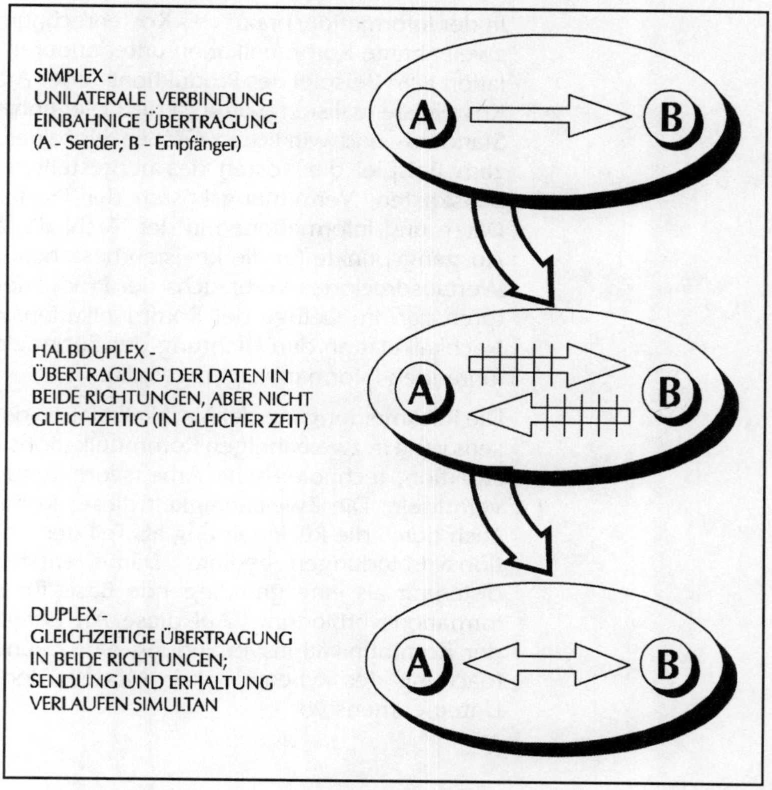

Abb. 5

Die dargestellte Entwicklung der Kommunikationsorientierung zwischen den Organisationsabteilungen des Unternehmens auf gleichem Niveau als Folge der Motivation aufgrund der Standarddefinitionen für einzelne Kostenkategorien und ihre Einbeziehung in die Ausarbeitung der Vorkalkulation ist auch für die Einbeziehung der Daten und Informationen über wirkliche Größen der einzelnen Kostenkategorien in bestimmtem Abrechnungszeitraum bedingt und gleichzeitig wichtig. Die interaktive gleichzeitige Zweibahnigkeit in der Kommunikation zwischen den Abteilungen als Teilnehmer im Kommunikationsnetz hängt somit auch mit dem gleichzeitigen Vergleich einzelner Kostenstandards mit den erreichten Größen als Ergebnis des Wirtschaftsprozesses zusammen. Diese Zweibahnigkeit in Kommunikationsrelationen beeinflußt konstruktiv die Bestimmung einzelner Standardtypen, wie basische, ideale und laufend erreichbare Standards. Die entstandenen Abweichungen zwischen den Standards und wirklichen Größen verlangen nämlich eine genaue analytische Untersuchung und natürlich auch die Einbeziehung in die laufende Kostenrevision. Auf jeden Fall muss betont werden, dass es für die Kontrolle der Kostenbewegungen notwendig ist, dass die Standards einzelner Kostenkategorien auch real bestimmt sind.

In der Informationspraxis des Kostenrechnungswesens wird so eine zweibahnige Kommunikation unter anderem durch die Nachkalkulation zum Beispiel des Produktions- oder Arbeitsauftrages als seine Kostenliste realisiert. Somit ist die Gelegenheit für den Vergleich der Standard- und wirklichen Größen einzelner Kostenkategorien wie zum Beispiel die Kosten des hergestellten Materials, direkte Arbeitskosten, Vermittlungskosten der Produktion u.s.w. gegeben. Daten und Informationen in der Nachkalkulation stellen einen der Ausgangspunkte für die Revision bestehender Kostenstandards als Wertausdruck des Verbrauchs der Produktions- bzw. Geschäftsfaktoren dar. Im Gefüge der Kommunikationsverbindungen stellt die Nachkalkulation den Ursprung der Rückmeldung als Teil des rückführenden Informationsgefüges dar.

Die Rückmeldung aus der Nachkalkulation des Kostenrechnungswesens kann in zweibahnigen Kommunikationsverbindungen z.B. Konstruktion, technologische Arbeitsvorbereitung, Beschaffung u.s.w. vermitteln. Die Zweibahnigkeit dieser Kommunikation wird somit auch durch die Rückmeldung als Teil der zurückführenden Informationsverbindungen bedingt. Damit entsteht die Kostenstandardisierung als eine grundlegende Basis für die zurückführende Informationsverbindung. Auf diese Art bereitet die Zweibahnigkeit der Kommunikationsverbindung eine Grundlage für die Geltendmachung des kybernetischen Modells der Geschäftstätigkeit des Unternehmens vor.

Literatur

Fischer P. M., W. G. Frank (1995): Cost Accounting, South-Western Publishing Co.; Cincinnati, Ohio;

Ločniškar, J. (1996): Stroškovno računovodstvo kot informacijski podsistem - osnovna izhodišča; Ekonomska fakulteta, Ljubljana;

Männel W., (1986): Kostenrechnung 1; Grundlagen, Aufbau und Anwendung; 4. Aufl., Wiesbaden;

Schweitzer M., H. U. Küpper (1986): Systeme der Kostenrechnung; 4. Aufl., Landsberg am Lech;

Sprague, R., B. NcNurlin (1993): Information Systems Management in Practice; 3rd ed., Prentice Hall Englewood Cliffs, New Jersey;

Stallings W., R. Van Slyke (1994): Business Data Communications; 2nd. ed., Macmillan; New York.

Hans-Peter Kicherer

Die Kosten- und Leistungsrechnung als Instrument zur Erkennung und Bewältigung von Unternehmenskrisen

Prof. Dr. Hans-Peter Kicherer
Berufsakademie Heidenheim, Deutschland

DIE KOSTEN- UND LEISTUNGSRECHNUNG ALS INSTRUMENT ZUR ERKEN - NUNG UND BEWÄLTIGUNG VON UNTERNEHMENSKRISEN

Zusammenfassung: Der Beitrag soll zum einen zeigen, welche Voraussetzungen erfüllt sein müssen, damit die Kostenrechnung überhaupt brauchbare Informationen zur Lösung der im Thema genannten Aufgaben liefern kann. Zum anderen soll dargestellt werden, wie eine auf diese Aufgaben ausgerichtete kurzfristige, kalkulatorische Erfolgsrechnung zu strukturieren ist.

Stichwörter: Deckungsbeitrag, Deckungsbeitragsrechnung, Kostenerfas - sung, kurzfristige Erfolgsrechnung auf Kostenbasis, Produkt- und Manage - mentkosten

COST ACCOUNTING AS AN INSTRUMENT TO IDENTIFY AND TO MASTER COMPANY CRISES

Summary: This paper is to deal especially with two points: Firstly, there are the requirements which must be met by the system of cost accounting in order to provide useful information for the solution of the problems turned up in the topic. Secondly, there will be demonstrated how a cost-based profit and loss accounting system has to be constructed.

Keywords: contribution margin, cost-based short-range profit and loss accounting, cost-recording, direct costing, product and management costs

1 Abgrenzung und Problemstellung

Es liegt auf der Hand, daß alle Teilsysteme der Kosten- und Leistungsrechnung, also sowohl die Kostenarten- als auch die Kostenstellen- und die Kostenträgerrechnung fähig sein müssen, Beiträge zur Erkennung und Bewältigung von Unternehmenskrisen zu liefern. Dabei kommt der Kostenträgerzeitrechnung, in Form einer kurzfristigen, kalkulatorischen Erfolgsrechnung besondere Bedeutung zu, weil sich dort alle Informationen aus den vorgelagerten Teilsystemen niederschlagen und weil es speziell die Aufgabe dieser Rechnung ist, das kalkulatorische Betriebsergebnis für unterjährige Perioden zu bestimmen. Außerdem sollen diejenigen Beiträge ermittelt werden, welche z.B. einzelne Produkte oder Produktgruppen zum Gesamtergebnis liefern. Dabei dürfen, im Gegensatz zum buchhalterischen Betriebsergebnis, handels- und steuerrechtliche Vorschriften sowie bilanzpolitische Gesichtspunkte keine Rolle spielen. Das Idealziel, ein betriebswirtschaftlich objektiv richtiges Betriebsergebnis zu bestimmen, ist allerdings unerreichbar, weil in der Rech-nung weithin mit Schätzungen gearbeitet werden muß. Ganz deutlich wird das bei der Ermittlung der kalkulatorischen Abschrei-bungen. Unter diesen Umständen ist es wichtig, daß bei der Bestimmung des kalkulatorischen Betriebsergebnisses größere methodi- sche Fehler vermieden werden. Leider ist das mit der vorherrschenden Lehre von der Kosten- und Leistungsrechnung nur bedingt möglich, weil diese Lehre erhebliche methodische Mängel aufweist. Die wichtigsten dieser Fehler werden unten kurz diskutiert, um auf dieser Basis wenigstens im Ansatz zeigen zu können, wie eine Kostenträgerzeitrechnung aufgebaut sein muß, um brauchbare Informationen zur Erkennnung und Bewältigung von Unternehmenskrisen liefern zu können.

2 Ungereimtheiten in der vorherrschenden Lehre von der Kosten- und Leistungsrechnung (Beispiele)

2.1 Zum Kostenbegriff und dessen Preiskomponente

Im Sinne des hier für zweckmäßig gehaltenen wertmäßigen Kostenbegriffs, werden diejenigen bewerteten Verzehre von Sachgütern und Diensten (incl. öffentlicher Abgaben) als Kosten bezeichnet, die zur Erstellung und zum Vertrieb der betrieblichen Leistungen notwendig sind. Als betriebliche Leistungen gelten dabei die dem Betriebszweck des Unternehmens entsprechenden Problemlösungen.

Nicht sachgerecht ist es (Kicherer 1998, S. 3 ff.), wenn in der Literatur (vgl. z.B. Kilger 1987, S. 23) die Meinung vorherrscht, daß es für die Bewertung der betriebsbedingten Güterverzehre keine einheitliche Basis geben könne, weil die Bewertung vom Rechnungszweck abhängig sei. Wie bereits F. Schmidt (1928, S. 187 f.) feststellte, müßte die Bewertung für Zwecke der Kostenrechnung eigentlich zum Tagesbeschaffungswert, also zu dem Wert erfolgen, den das verbrauchte Gut an dem Tag hat, an dem der Preis für die abzusetzende Leistung vereinbart wurde; denn nur zu diesem Zeitpunkt beziehen sich Verkaufspreis und Kostenwert auf ein völlig identisches Preisniveau. Praktisch ist diese theoretisch richtige Lösung nicht umsetzbar. Als praktikable Notlösung ist der Kostenwert deshalb am durchschnittlichen Preisniveau des Jahres zu orientieren, in welches die jeweilige Abrechnungsperiode fällt bzw. ihr entspricht. In diesem Sinne ist es zu verstehen, wenn künftig von (kalkulatorischen) aktuellen Wiederbeschaffungswerten gesprochen wird. Wer in der Kostenrechnung mit Größen arbeitet, die sich auf nennenswert unterschiedliche Geldwerte beziehen, der addiert ungleichnamige Mengen und muß damit zu falschen Ergebnissen kommen; und zwar unabhängig vom Rechnungszweck.

2.2 Die Bestimmung der kalkulatorischen Abschreibungen

Die kalkulatorischen Abschreibungen sollen jene Wertverzehre erfassen, welche durch die ordnungsgemäße Nutzung von Betriebsmitteln entstehen. Typisches Beispiel dafür sind die kalkulatorischen Abschreibungen auf Maschinen. Aus Gründen der Substanzerhaltung wird in der Literatur ganz überwiegend gefordert, daß die kalkulatorischen Abschreibungen so zu bestimmen seien, "daß der Absatzmarkt in den Preisen mindestens jene Beträge zurückvergütet, die dazu ausreichen, das Betriebsmittel nach Ablauf der Nutzungsdauer wiederzubeschaffen" (Haberstock I, 1997, S. 88). Grundlage dieser Forderung ist wohl eine Arbeit von Adam (Entscheidungsorientierte Kostenbewertung), die aber zumindest insoweit gar nicht relevant ist (Kilger 1987, S. 116). Praktisch ist die Bestimmung der kalkulatorischen Abschreibungen auf Basis zukünftiger Beschaffungspreise offensichtlich unmöglich. Außerdem ist sie mit dem Ziel einer methodisch einwandfreien, auf kurze Perioden ausgerichteten Kostenrechnung unvereinbar, weil dadurch "ein weit in der Zukunft liegendes Preisniveau die Kosten in Zeiträumen beeinflussen" würde, "in denen die erzielbaren Erlöse diesem Preisniveau noch nicht entsprechen" (Kilger 1987, S. 116). Dagegen ist die Bewertung auf Basis aktueller Wiederbeschaffungswerte durchaus praktikabel. Allerdings führt auch sie nicht zu einem theoretisch-methodisch völlig einwandfreien Ergebnis; kommt diesem Ziel aber doch recht nahe. Systemimmanente Fehler, also etwa Scheingewinne (bzw. -verluste), wie sie beim Ansatz künftiger Werte (bei Geldwertschwankungen) auftreten müssen, werden vermieden. Eine qualifizierte Substanzerhaltung und die sachgerechte Ermittlung eines kalkulatorischen Betriebsergebnisses sind also Ziele, die mit ein- und derselben Rechnung leider nicht zu erreichen sind.

Unverständlich ist es, wenn in der Literatur (vgl. z.B. Haberstock I, 1997, S. 80 ff.) der Eindruck erweckt wird, als könne in der Kostenrechnung (wie in der Buchhaltung) mit degressiven Abschreibungen gearbeitet werden. In der Buchhaltung ist diese Vorgehensweise schon aus steuerlichen Gründen sinnvoll. Mit den Zielen der kalkulatorischen Erfolgsrechnung ist sie dagegen unvereinbar, weil damit (c.p.) Perioden mit identischem Potentialverbrauch mit immer geringeren kalkulatorischen Abschreibungen belastet werden würden.

2.3 Zu den kalkulatorischen Zinsen

Für Zwecke der Kostenrechnung inakzeptabel ist es auch, wenn in der Literatur (s. z.B. Haberstock I, 1997, S. 96) die Meinung vertreten wird, die kalkulatorischen Zinsen könnten auf Basis eines, wie auch immer definierten, zum Ende einer Abrechnungsperiode erwarteten kalkulatorischen Restwertes bestimmt werden. Das ist falsch, weil Zinsen eine zeitraumbezogene Größe darstellen. Sie lassen sich bei schwankendem Kapitaleinsatz also nicht anhand eines stichtagsbezogenen Wertes ermitteln. Es muß vielmehr mit Durchschnittswerten gearbeitet werden (Kicherer, 1998, S. 111 f.).

2.4 Die Kosten für Roh-, Hilfs- und Betriebsstoffe

Aus den dargelegten Gründen muß auch im Materialbereich grundsätzlich eine Bewertung zu aktuellen Wiederbeschaffungswerten verlangt werden. Dabei können mit Hilfe einer Skontraktion erzielte Werte als hinreichende Näherungslösung gelten. Der Einsatz von Verbrauchsfolgeverfahren ist dagegen systemwidrig.

2.5 Das Problem der beschäftigungs unabhängigen (-fixen) und der beschäftigungs-abhängigen (-variablen) Kosten

Diese Begriffspaare werden in Theorie und Praxis teils verschieden, teils widersprüchlich gebraucht und stellen deshalb ein erhebliches Problem für eine zweckgerechte Kostenrechnung dar, das hier aber nur unvollständig behandelt werden kann.

Die Schwierigkeiten beginnen damit, daß beschäftigungsvariable Kosten häufig mit kurzfristig beeinflußbaren, und beschäftigungsunabhängige Kosten mit nur auf längere Sicht beeinflußbaren Kosten gleichgesetzt bzw. verwechselt werden. Die beiden Begriffspaare sind aber nur teilweise deckungsgleich. Auch prinzipiell beschäftigungsabhängige Kosten (z.B. Fertigungsgehälter) sind z.T. eben nicht immer sofort beeinflußbar. Andererseits müssen die als beschäftigungsunabhängig geltenden Kosten keineswegs immer nur längerfristig beeinflußbar (fix) sein. Um hier mehr Klarheit zu schaffen, sind mit Heinen (1985, S. 516/17) zwei große Kostengruppen zu unterscheiden: Nämlich Kosten, welche in einer direkten, technisch-funktionalen Beziehung zur Leistungserstellung stehen (Gruppe D) und Kosten, bei denen diese Beziehung nur indirekter Natur ist (Gruppe I). Letztere müssen aber in Kauf genommen werden, um die Leistungserstellung überhaupt zu ermöglichen. Sie sind aber keineswegs immer nur auf längere Sicht beeinflußbar. Kosten für Werbung, für Büromaterial und Telefon lassen sich z.B. meist relativ kurzfristig beeinflussen. Kosten für Mieten und Versicherungen sind dagegen in Abhängigkeit vom Vertragsinhalt i.d.R. nur auf längere Sicht beeinflußbar. Das ändert aber nichts daran, daß auch diese Kosten letztlich nicht beschäftigungsunabhängig sind, sondern, wenn auch nur indirekt, von der Beschäftigung bestimmt werden. Allerdings nicht nur von der aktuellen Beschäftigung, sondern auch und gerade davon, wie die zukünftige Beschäftigungslage in der Vergangenheit eingeschätzt wurde bzw. in der Gegenwart eingeschätzt wird. Außerdem werden bestimmte Kosten durch externe Faktoren (z.B. Witterung und Jahreszeiten) beeinflußt. Diese Kosten lassen sich zwar als beschäftigungsunabhängig, aber keinesfalls als fix bezeichnen. Für die Kosten der Gruppe D gilt, daß sie zwar in direkter Beziehung zur Ausbringung stehen; das heißt aber nicht unbedingt, daß (c.p.) die Gesamtkosten immer dann sinken, wenn die Beschäftigung zurückgeht. Bei konstanter Intensität und konstanten Preisen wird das z.B. für den Verbrauch an Rohmaterial gelten, nicht aber für alle Löhne (s.o).

3 Ansätze zu einer mehrdimensionalen Kostenbetrachtung

Zur Lösung der dargelegten Probleme, bedarf es einer zumindest-dreidimensionalen Betrachtung, um so die einzelnen Kostenarten in einer für Zwecke der Kostenrechnung hinreichenden Weise beschreiben zu können. Dabei sind in Anlehnung an Deyhle (I, 1992, S. 33 ff.) zu unterscheiden:

a) die Dimension "Zurechenbarkeit",
b) die Dimension "Tempo der Beeinflußbarkeit"
c) die Dimension "Ursache der Kostenentstehung".

Die Dimension Zurechenbarkeit führt zu der hier nicht zu diskutierenden Unterscheidung von Einzelkosten und Gemeinkosten. Mit der Dimension Tempo der Beeinflußbarkeit wird dem Umstand Rechnung getragen, daß Entscheidungen zur Kostenbeeinflussung bis zur Wirksamkeit häufig eine gewisse Vorlaufzeit benötigen. Mit der Dimension Ursache der Kostenentstehung wird auf die oben eingeführte Gliederung der Kosten in die Gruppen D und I zurückgegriffen. Die Kosten der Gruppe D werden hier künftig als Produktkosten bezeichnet, weil sie technisch notwendig sind, um die am Markt zu verkaufenden Produkte herstellen zu können. Sie stehen in einer unmittelbaren (vielfach proportionalen) Beziehung zur aktuellen Beschäftigung. Es handelt sich also um beschäftigungsvariable Kosten. Das heißt aber nicht, daß sie immer kurzfristig beeinflußbar sind. Die zweite Kostengruppe soll als Managementkosten bezeichnet werden. Diese Kosten stehen (nur) in einer indirekten Beziehung zur Beschäftigung des Unternehmens; sie sind mit unterschiedlichen Vorlaufzeiten beeinflußbar aber keinesfalls fix.

4 Beispiel mit Erläuterungen

Sind die in die Rechnungen einfließenden Zahlen methodisch und rechnerisch richtig ermittelt worden, so kann eine kalkulatorische Erfolgsrechnung, die als stufenweise Deckungsbeitragsrechnung aufgebaut und an der klassischen Grenzkostenrechnung orientiert ist, erheblich dazu beitragen, daß Unternehmenskrisen frühzeitig erkannt und bewältigt werden können. Das soll anhand eines Beispiels gezeigt werden. Um dieses Beispiel in den hier gebotenen engen Grenzen halten zu können, wird es auf die Grundstruktur einer auf Produktgruppen bezogenen Betrachtung beschränkt, wobei von monatlicher Abrechnung ausgegangen wird.

Zur Ermittlung des Basisdeckungsbeitrages werden im Beispiel (im Gegensatz zur herkömmlichen Grenzkostenrechnung) den jeweiligen Nettoerlösen nur die Produktkosten gegenübergestellt. In der h.L. von der Grenzkostenrechnung (vgl. z.B. Kilger 1987, S. 529 u. Haberstock II, 1997, S. 254 u. 374) wird hier dagegen mit angeblich beschäftigungsvariablen bzw. beschäftigungsproportionalen Wertverzehren gearbeitet, die auch Kosten aus den Bereichen Material

Kalkulatorische Erfolgsrechnung für den Monat:[1]												
Produktgruppe	A			B			C			Gesamt[2]		
	Ist	Soll	Abw.	Ist	Soll	Abw.	Ist	Soll	Abw.	Ist	Soll	Abw.
Nettoerlöse	22500	22400	+100	21720	21520	+200	11200	11500	-300	138820	140560	- 1740
Produktkosten	13421	12769	-625	13137	13501	+364	7000	7268	+268	72325	73653	+ 1328
DB I[3]	9079	9631	-552	8583	8019	+564	4200	4232	-32	66495	66907	- 412
Spez. Man.-Kosten I	2327	2919	+592	9200	8964	-236	2375	2426	+51	31374	30502	- 872
DB II	6752	6712	+040	-617	-945	+328	1825	1806	+19	35121	36405	- 1284
	Ist	Soll	Abw.				Ist	Soll	Abw.			
	(A plus B)						(nur C)			Gesamt		
Kumulierter DB II	6135	5767	+368				1825	1806	+19	35121	36405	- 1284
Spez. Man.-Kosten II	3475	3994	+519				0	0	0	13187	13915	+ 728
DB III	2660	1773	+887				1825	1806	+19	21934	22490	- 556
Allgemeine Managementkosten										11612	11498	- 114
Periodenergebnis										10322	10992	- 670

1) Ist > Soll bei Erlös (Umsatz) und DB positiv (+) bei Kosten negativ (–).
2) Es wird davon ausgegangen, daß mehr als drei Produkte im Programm sind.
3) DB steht für Deckungsbeitrag. Statt von DB I wird im Text auch von Basisdeckungsbeitrag gesprochen.

sowie Verwaltung und Vertrieb enthalten. Bei diesen Kostenbestandteilen handelt es sich um Managementkosten, die nur in einer indirekten Beziehung zur Beschäftigung stehen. Grenzkosten sind insoweit also nicht feststellbar. Wichtig ist ferner, daß die Managementkosten nicht en bloc verrechnet werden, wie das z.B. Haberstock (Bd. II, 1997, S. 30) für die sogenannten Fixkosten vorschlägt. Es soll gezeigt werden, daß diese globale Rechnung leicht zu falschen Vorstellungen über die Profitabilität verschiedener Produktgruppen und damit zu erheblichen Fehlentscheidungen führen kann (Schwarz 1986, S.74 f.). Um das vermeiden zu können, muß zwischen speziellen und allgemeinen Managementkosten unterschieden werden. Spezielle Managementkosten sind Kosten, die sich bestimmten Produktgruppen (einzeln oder gemeinsam) eindeutig zuordnen lassen. Beispiele dafür sind die Kosten entsprechend gegliederter Verkaufsabteilungen sowie die Managementkosten von Produktionsstätten, die auf ganz bestimmte Produktgruppen spezialisiert sind. Als "Rest" bleiben die allgemeinen Managementkosten. Das können etwa die Kosten einer zentralen Geschäftsleitung oder einer auf das Gesamtunternehmen ausgerichteten Werbung sein (z.B. "Ford, die tun was!").

Im Beispiel ist versucht worden, die Bedeutung der differenzierten Zuordnung der Managementkosten besonders an den Ergebnissen der Produktgruppe B herauszuarbeiten. Sie bringt einen DB I (Ist) von

8 583 DM. Das entspricht einem DBU-Faktor I (DBU = Deckungsbeitrag über Umsatz = Deckungsbeitrag : Umsatz) von 0,395. Bei der Produktgruppe A beträgt der DB I (Ist) dagegen 9 079 DM; es ergibt sich ein DBU-Faktor I von 0,404. Die Unterschiede sind insoweit also relativ gering. Ganz anders liegen die Dinge beim DB II (Ist). Hier ergibt sich für Produktgruppe B mit - 617 DM ein negativer Wert. Dementsprechend nimmt auch der DBU-Faktor II mit - 0,028 einen negativen Wert an. Bei der Gruppe A liegt der DB II (Ist) dagegen bei 6 752 DM, was einem DBU-Faktor von 0,300 entspricht. Wird angenommen, daß der für die Produktgruppe B ausgewiesene DB I keine Eintagsfliege ist, so könnten allein auf dieser Basis, d.h. ohne Kenntnis des DB II, Erweiterungsinvestitionen dann beschlossen, wenn nach Meinung des Vertriebs für die Produktgruppe B mit erheblichen Umsatzsteigerungen gerechnet werden kann. Aus dieser Entscheidung müßte aber zwangsläufig eine "neue Schicht" spezieller Managementkosten resultieren. Reichen die mit Hilfe der Erweiterungsinvestition zusätzlich erzielbaren Deckungsbeiträge selbst bei voller Kapazitätsauslastung nicht aus, um die zusätzlichen speziellen Managementkosten zu decken, so ergibt sich wiederum ein negativer DB II. Statt zu einer Verbesserung kommt es also zu einer Verschlechterung des Betriebsergebnisses. Mit Hilfe einer differenzierten Verrechnung der Managementkosten läßt sich dieser Fehler vermeiden. Zugleich zeigt die Rechnung, daß in der angenommenen Situation zunächst einmal versucht werden muß, durch entsprechende Maßnahmen (z.B. Verringerung der speziellen Managementkosten) zu einem positiven DB II zu kommen. Gelingt das, eventuell sogar mit Hilfe einer Erweiterungsinvestition, so wird das zu einer Verbesserung des Betriebsergebnisses beitragen. Gelingt es nicht, so ist zu prüfen, ob sich das Ergebnis nicht dadurch verbessern läßt, daß man die Produktion der entsprechenden Produktgruppe aufgibt. Eine Entscheidung, bei der aber unbedingt auch absatzwirtschaftliche Gesichtpunkte und die Möglichkeit des Fremdbezugs in Betracht gezogen werden müssen.

Schließlich bedarf die kalkulatorische Erfolgsrechnung, im Vergleich zum oben dargestellten Beispiel, noch einer stärkeren sachlichen und zeitlichen Differenzierung, um als Instrument zur Krisenbewältigung eingesetzt werden zu können.

Sachliche Differenzierung bedeutet, daß es möglich sein muß, die Rechnung bis auf das einzelne Produkt herunterzubrechen, und diese produktbezogene Rechnung durch entsprechende kundenbezogene bzw. nach Absatzgebieten gegliederte Rechnungen zu ergänzen. Außerdem muß darzustellen sein, aus welchen Kostenarten sich die im Beispiel angeführten Kostenblöcke zusammensetzen. Hinsichtlich der Bestimmung der Sollgrößen, ist die Kostenrechnung bei den Erlösen auf die Unterstützung des Vertriebs angewiesen. Praktische Erfahrungen mit einem von der TIA-Unternehmensberatungs-

GmbH, München entwickelten EDV-Programm zeigen, wie wichtig es ist, daß dabei auf Mengenbasis und nicht auf Umsatzbasis geplant wird. Außerdem wird es schon aus Gründen der Vergleichbarkeit zweckmäßig sein, die absoluten Zahlen zumindest teilweise durch relative Werte (z.B. DBU-Faktoren) zu ergänzen.

Zur zeitlichen Differenzierung sei bemerkt, daß die Sollwerte zum einen so differenzierbar und zum andern stufenweise so kumulierbar sein sollten, daß, auch bei monatlicher Abrechnung, Soll-Ist-Vergleiche nicht nur monatsbezogen, sondern auch für größere Teilperioden (z.B. Quartale) möglich sind. Außerdem sollten die Sollgrößen rollierend z.B. auf 12 Monate fortgeschrieben werden.

5 Schluß

Unter der Voraussetzung, daß methodisch einwandfrei gearbeitet wird, lassen sich mit Hilfe einer kalkulatorischen Kostenträgerzeitrechnung die Entwicklung von Deckungsbeiträgen und Kosten kontinuierlich beobachten. Zusammen mit Informationen aus dem Vertrieb (Absatz, Preise, Umsätze) ist es damit möglich, sich anbahnende Unternehmenskrisen so frühzeitig zu erkennen, daß es in den meisten Fällen möglich sein müßte, die Krise dadurch zu bewältigen, daß in allen Bereichen (Preise, Marketing, Angebotspalette, Kosten) entsprechende Maßnahmen getroffen werden.

Literatur

Adam, D. (1970): Entscheidungsorientierte Kostenbewertung, Wiesbaden.

Deyhle, A. (1992): Contoller-Praxis I, 9. Aufl., Gauting.

Haberstock, L. (1997): Kostenrechnung, Bd. I, 9. Aufl., Hamburg 1997 und Bd. II, 7. Aufl., Hamburg.

Heinen, H. (1985): Betriebswirtschaftliche Kostenlehre, 6. Aufl., München.

Kicherer, H. P. (1998): Kosten- und Leistungsrechnung, München (im Druck).

Kilger, W. (1987): Einführung in die Kostenrechnung, 3. Aufl., Wiesbaden.

Schmidt, F. (1928): Die organische Tageswertbilanz, 3. Aufl. (Nachdruck), Wiesbaden o.J.

Schwarz, H. (1986): Die Kostenrechnung als Instrument der Unternehmensführung, 3. Aufl., Herne/Berlin.

Dirk Matten

Management ökologischer Unternehmensrisiken - Eine Konzeption zur proaktiven Krisenprävention

Dr. Dirk Matten
University of Wales Swansea, Großbritannien

MANAGEMENT ÖKOLOGISCHER UNTERNEHMENSRISIKEN - EINE KONZEPTION ZUR PROAKTIVEN KRISENPRÄVENTION

Zusammenfassung: Unternehmen stehen etwa seit Beginn der achtziger Jahre in der Auseinandersetzung mit den ökologischen Folgen ihres Handelns vor einem neuen Phänomen. Im gesellschaftlichen Bewußtsein dominieren ökologische Bedrohungspotentiale, welche durch unternehmerisches Handeln verursacht werden. Diese ökologischen Risiken stellen eine zentrale unternehmerische Herausforderung dar. Erstens muß sich das Unternehmen mit den ungewissen Konsequenzen seines Handelns für die ökologische Umwelt auseinandersetzen. Dabei geht es um die Frage, welche möglichen Schäden das Unternehmen verursacht und wie diese Schäden vermieden werden können. Zweitens muß sich das Unternehmen der ihm gesellschaftlich zugewiesenen Verantwortung für diese Schäden stellen, durch welche aus allgemeinen ökologischen Risiken ökologische Unternehmensrisiken werden. Und drittens muß das Unternehmen die ungewisse ökonomisch relevante Reaktion der betroffenen gesellschaftlichen Akteure auf entstandene Umweltschäden handhaben und proaktive Lösungsstrategien entwickeln. Nur bei Berücksichtigung aller drei Elemente kann vermieden werden, daß sich ökologische Unternehmensrisiken in ökologisch induzierte Unternehmenskrisen verwandeln.

Stichwörter: ökologische Unternehmensrisiken, Risikokommunikation, Stakeholderintegration, Umweltmanagement

ENVIRONMENTAL RISK MANAGEMENT AS A CONCEPT OF PROACTIVE CRISIS PREVENTION

Summary: Since the beginning of the 1970s. the environmental impact of commercial and especially industrial activities has become increasingly a subject of public concern. The discussion has in the main focused on physical nuisances such as air and water pollution, soil contamination, use of landscape etc. At the end of the 1980s, the focus changed away from the actual contamination caused in specific cases towards becoming more broadly directed at the risks created by commercial activities. Increasingly, it is not the actual but the potential harm which has become the major concern of the public. Consequently, a significant shift towards risk management can be noticed, especially in German literature about environmental management, on which this article is based. As a first step, the paper focuses on the structure of environmental risk. This entails a detailed analysis of the stakeholders of the firm in an environmental risk perspective. As a second step, some conclusions for appropriate management strategies are drawn from the structure of environmental risk. The relevance of management strategies answering to the structure of environmental risk is shown by some short cases.

Keywords: corporate environmental risk, environmental management, risk communication, stakeholder collaboration

1 Unternehmerisches Handeln als Quelle ökologischer Risiken

1.1 Definition des ökologischen Unternehmensrisikos

In der Literatur wird eine Fülle von Definitionen des Begriffs "Risiko" diskutiert, von denen sich die überwiegende Zahl in den Kategorien von Eintrittswahrscheinlichkeiten und Schadenshöhen sowie deren multiplikativer Verknüpfung bewegt (einen Überblick über das zeitgenössische Risikoverständnis findet sich bei Renn 1997). Dieser Ansatz erscheint jedoch bei ökologischen Risiken (zum Begriff siehe im Überblick Wagner 1992) wenig operational (Binswanger 1990). Zum einen erweist sich die Festlegung von Eintrittswahrscheinlichkeiten bei bestimmten ökologischen Risiken als kaum - und dann in vielen Fällen auch nur mit einiger Willkür - möglich. Ähnliches gilt für die Festlegung von Schadenshöhen in diesem Bereich, die ohnehin nur mittels enormer Subjektivität gekennzeichneter Schätzungen aufzustellen sind. Ferner ist die Struktur ökologischer Risiken in vielen Fällen - beispielhaft sei das Risiko eines "größten anzunehmenden Unfalls" (GAU) in einem Kernkraftwerk angeführt - dergestalt, daß die Eintrittswahrscheinlichkeit gegen Null und die Schadenshöhe gegen Unendlich läuft, so daß die Bildung des Produkts sowohl mathematisch unmöglich, als auch ökonomisch nicht aussagefähig ist. Zum anderen erscheint es aber auch in der vorliegenden Fragestellung unnötig, einen auf die Quantifizierung von Risiken abstellenden Begriff einzuführen. Denn im Rahmen des Managements ökologischer Risiken steht weniger die exakte Quantifizierung als vielmehr die Lokalisierung und Allokation von Risiken im Mittelpunkt der Überlegungen. Daher definieren wir Risiko als die negative Abweichung der geplanten Zielgröße von der realisierbar erscheinenden Zielgröße (Matten 1998, 141-166).

Übertragen auf den Kontext ökologischer Risiken läßt sich ein bestimmter tolerierter Standard an Umweltbelastung als geplante Größe interpretieren (Wagner/Matten 1992, 364-367; Wagner 1998, 149-158). Entsprechend liegt ökologisches Risiko dann vor, wenn sich die Möglichkeit einer Verletzung dieses Standards als wahrscheinlich erweist - sprich: eine negative Abweichung der realisierbar erscheinenden von der geplanten Zielgröße auftritt. Diese negative Abweichung von einem wie auch immer festgelegten Standard wollen wir im folgenden als Umweltschaden bezeichnen.

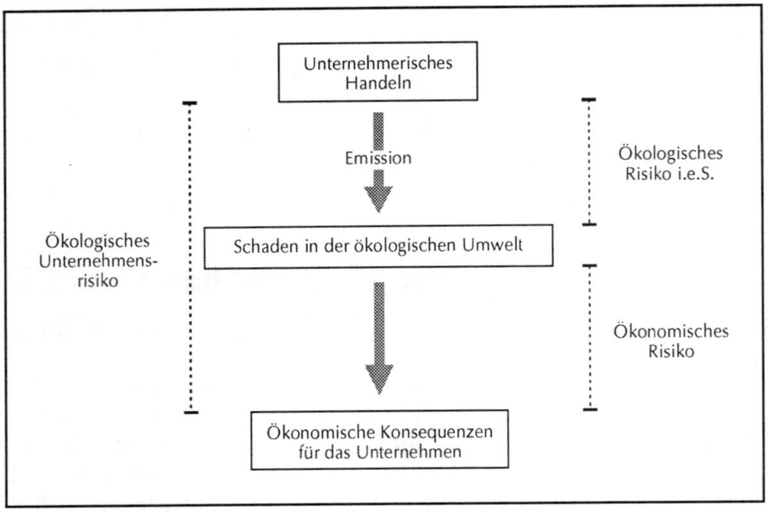

Abb. 1: Komponenten des ökologischen Unternehmensrisikos

Aus unternehmerischer Sicht sind jedoch in anderer Hinsicht weitere Differenzierungen notwendig, die sich aus der Struktur und der Wirkungsweise ökologischer Risiken ergeben (siehe hierzu Abb. 1). Denn ökonomisch sind solche Risiken nur relevant, wenn der durch unternehmerische Aktivität entstandene Umweltschaden zu ökonomischen Konsequenzen für das Unternehmen führt. Folglich setzt sich ökologisches Unternehmensrisiko aus zwei Komponenten zusammen (siehe im folgenden Matten 1996, ders 1997). Zunächst besteht es aus dem ökologischen Risiko im engeren Sinne, welches darin besteht, daß durch unternehmerisches Handeln ein Schaden in der ökologischen Umwelt des Unternehmens entsteht. Bedeutsam wird dieser Vorgang jedoch für das Unternehmen nur dann, wenn dieser Umweltschaden auch ökonomische Konsequenzen nach sich ziehen kann und damit ein ökonomisches Risiko für das Unternehmen begründet. Dies ist beileibe nicht für alle Umweltschäden selbstverständlich. Man denke z.B. an die vielen Umweltschäden, die nicht identifiziert bzw. mangels Beweisen den Unternehmen nicht angelastet werden. Oder - wie an der Altlastenproblematik deutlich geworden - der Umweltschaden wird erst zu einem Zeitpunkt entdeckt, wenn die Unternehmung nicht mehr zur Verantwortung gezogen werden kann.

Damit sind grundsätzlich nur zwei Situationen denkbar, in denen ökologisches Unternehmensrisiko definitionsgemäß vorliegen soll. Einerseits ensteht ökologisches Unternehmensrisiko, wenn sowohl der Eintritt eines Umweltschadens sowie entsprechende ökonomische Konsequenzen ungewiß sind. In diesem Fall liege dann ein ökologisches Risiko i.e.S. sowie daran anschließend ein ökonomisches Risiko vor. Andererseits entsteht ökologisches Unternehmensrisiko dann, wenn ein Umweltschaden bereits eingetreten ist, aber die ökonomischen Konsequenzen noch ungewiß sind. In diesem Fall liege allein ein ökonomisches Risiko vor.

Diese Unterscheidung erscheint in vorliegendem Kontext deshalb zwingend, weil in beiden Fällen völlig unterschiedliche Strategien und Instrumente des Mangements ökologischer Unternehmensrisiken angewendet werden müssen. Unter dem Aspekt des Managements ist allerdings noch eine weitere Differenzierung unbedingt erforderlich.

1.2 Ökologisches Unternehmensrisiko durch einen potentiellen Umweltschaden

Schaut man sich den im Vorhergehenden als zentral charakterisierten Begriff des Umweltschadens als Basis ökonomischer Sanktionen gegen das Unternehmen genauer an, so wird deutlich, daß auch hier mindestens zwei Fälle unterschieden werden müssen. Es ist einleuchtend, daß unter diesem Begriff in jedem Fall Vorgänge wie etwa ein Überschreiten der zulässigen Emissionsgrenzwerte im Abwasser einer chemischen Produktionsanlage oder ein Störfall in einem Kernkraftwerk subsumiert werden müssen. Jedes meßbare und damit objektivierbare Überschreiten von Grenzwerten führt zu einem Umweltschaden, der ökonomische Sanktionen für das Unternehmen auslösen kann. Aber auch der Fall, daß eine bestimmte, bislang als bedenkenlos eingestufte Substanz in den Einsatzgütern der Produktion oder in den Produkten selbst über Nacht zum "Schadstoff der Woche" gekürt wird, muß hierunter gezählt werden. Man denke auch an Fälle, wo lange akzeptiertes unternehmerisches Verhalten nicht länger toleriert wird, wie das häufig zitierte Beispiel der Firma Nestlé deutlich macht. Generell steckt hinter solchen Ereignissen das Problem, daß viele "Umweltschäden" in der modernen Industriegesellschaft erst durch bestimmte Informationen, neue Forschungsergebnisse oder die Berichterstattung in den Medien als solche definiert werden. Damit existieren Umweltschäden (potentielle wie faktische) und damit auch ökologisches Risiko i.e.S. zu einem großen Teil in der subjektiven Wahrnehmung der Individuen, unabhängig von bestimmten, objektivierbar definierten Grenzwerten (Wiedemann 1996, Balderjahn 1997). Dieser vor allem sozialpsychologisch zu erklärende Mechanismus führt dazu, daß nicht allein objektivierbare, sondern ganz entscheidend auch wahrgenommene Umweltschäden Basis für ökonomische Sanktionen gegen das Unternehmen sein können (Shrivastava 1995).

Dabei ist es aus unternehmerischer Sicht wegen der komplexen Wirkungsketten gerade von Schäden in der ökologischen Umwelt oftmals völlig unerheblich, über die Berechtigung dieser Wahrnehmung zu diskutieren. Mitunter erweist sich auch gerade die Wahrnehmung von Umweltschäden und -risiken als Projektion und damit auch als Ventil eines generell im Lebensgefühl der Betroffenen vorhandenen Erlebens der Bedrohung unserer natürlichen Lebensgrundlagen durch die technische Zivilisation, so daß die Ablehnung einer konkreten unternehmerischen Aktivität nur eingeschränkt einem rationalen Diskurs zugänglich ist (Beck 1996).

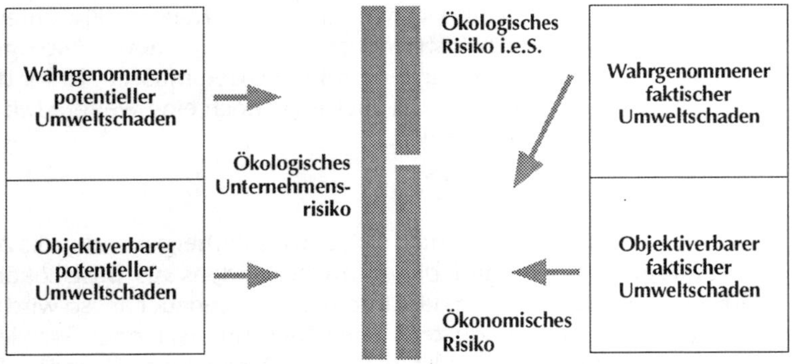

Abb. 2: Arten von Umweltschäden als Basis des ökologischen Unternehmensrisikos

Zunächst soll hier auf den Fall eingegangen werden, daß der Eintritt eines Umweltschadens noch ungewiß ist und damit ein ökologisches Unternehmensrisiko, bestehend aus dem ökologischen Risiko i.e.S. sowie dem ökonomischen Risiko, begründet wird. Die linke Spalte von Abb. 2 zeigt diese Fälle auf. Das obere Feld der Spalte beschreibt einen Umweltschaden, der intersubjektiv wahrnehmbar, meßbar und damit objektivierbar stattfinden kann (objektivierbarer potentieller Umweltschaden). In diesem Fall liegt für das Unternehmen erstens das Risiko vor, daß dieser Umweltschaden eintritt, und zweitens das Risiko, daß dieser Umweltschaden zu ökonomischen Konseqenzen für das Unternehmen führt. Das untere linke Feld beschreibt die Situation, daß ein bestimmter Umweltschaden vor allem in der Wahrnehmung der Betroffenen aus der Unternehmensumwelt als möglich angesehen wird. Dabei bezieht sich die Wahrnehmung sowohl auf die Frage, ob ein bestimmtes Ergebnis unternehmerischer Aktivität als Umweltschaden zu interpretieren ist, als auch auf die Frage, wie wahrscheinlich ein bestimmter Umweltschaden überhaupt ist. Während über die Wahrscheinlichkeit von Unfällen bei Gefahrguttransporten oder kleineren Betriebsstörungen in Chemieanlagen empirische Daten vorliegen, die objektivierbare Aussagen zulassen, ist man bei einer Vielzahl von möglichen Umweltschäden auf subjektive oder theoretisch-modellhaft ermittelte Wahrscheinlichkeitsaussagen angewiesen. Dies führt im Ergebnis dazu, daß je nach Standpunkt die potentiellen Umweltschäden einer Technologie wie der Kernernergie für die einen als unwahrscheinlich und damit vernachlässigbar gelten, während für die anderen allein die prinzipielle Möglichkeit (d.h. eine Wahrscheinlichkeit ungleich Null) des "Super-GAU" diesen zu einem wahrgenommenen potentiellen Umweltschaden werden lassen.

1.3 Ökologisches Unternehmensrisiko durch einen faktischen Umweltschaden

Vergleichsweise einfach ist der Fall, wo ein Umweltschaden bereits eingetreten ist (siehe dazu die rechte Spalte von Abb. 2). Handelt es sich um einen objektivierbar faktischen Umweltschaden, besteht das ökologische Unternehmensrisiko allein noch in der unsicheren ökonomischen Reaktion der Betroffenen. Dies bezieht sich dann weniger auf Fälle, in denen an bestimmte Umweltschäden gesetzlich festgelegte Konsequenzen wie Strafgebühren oder Abgaben bis hin zu Betriebsstillegungen geknüpft sind, weil diese in der Regel nach Art und Höhe festgelegt und damit nicht länger unsicher sind. Gedacht ist vielmehr vor allem an solche Fälle, wo mit nicht vorherkalkulierbaren Umstellungen des Konsumentenverhaltens, Änderungen der Gesetzgebung oder öffentlichen Boykottmaßnahmen gerechnet werden muß.

Auch hier muß wieder die Situation gesehen werden, in der ein bestimmter Umweltschaden nicht objektivierbar, sondern vor allem in der Wahrnehmung der betroffenen Öffentlichkeit existiert (wahrgenommer faktischer Umweltschaden). Hier bezieht sich die Wahrnehmung naturgemäß nicht auf die Wahrscheinlichkeit des Eintritts des Umweltschadens, denn dieser hat ja in der Wahrnehmung der Betroffenen bereits stattgefunden. Vielmehr liegt das Problem vor, daß bestimmte Ergebnisse unternehmerischer Aktivität als schädlich - oder schädlicher als nach objektivierbaren Kriterien ermittelt - wahrgenommen werden. Hier sind Beispiele von Unternehmen der Lebensmittelindustrie zu nennen, in deren Produkten ein bestimmter Schadstoff gefunden wurde und die sich deshalb seitens der Konsumenten einer generellen Ablehnung ausgesetzt sahen, obwohl der Schadstoff nur in einem sehr kleinen Teil der Produktion vorlag.

2 Aufgabenfelder des Managements ökologischer Unternehmensrisiken

Analog zur Definition ökologischer Unternehmensrisiken untergliedert sich das Management ökologischer Unternehmensrisiken (allgemein zu diesem Bereich siehe z.B. Shrivastava 1995; Steger/Antes 1991) in zwei grundlegende Teile (Abb. 3). Der eine Teil hat das Management des ökologischen Unternehmensrisikos i.e.S. zum Gegenstand und sei hier als emissionsorientiertes Risikomanagement bezeichnet. Dieser Teil des Managements ökologischer Unternehmensrisiken hat zum Ziel, daß durch unternehmerisches Handeln keine Schäden in der ökologischen Umwelt entstehen, oder in der Sprache des Modells aus Abschnitt 1, daß aus potentiellen Umweltschäden keine faktischen Umweltschäden werden. Analog zu der Definition ökologischer Unternehmensrisiken kann auch hier wieder unterschieden werden zwischen dem Management des objektivierbaren potentiellen Umweltschadens und dem des wahrgenommenen potentiellen Umweltschadens. Ersterer Bereich befaßt sich mit dem tatsächlich meßbar von Unternehmen verursachten potentiellen Umweltschaden und greift funktionell auf das unternehmerische Umweltmanagementsystem (Wagner 1997; Meffert/Kirchgeorg 1998) zurück. Letzterer Bereich hat als Objektbereich jene Umweltschäden, die aufgrund unternehmerischen Handelns in der Wahrnehmung der Stakeholder (zum Begriff siehe Freeman 1984) des Unternehmens existieren. Hier liegt schwerpunktmäßig eine Aufgabe für die unternehmerische Risikokommunikation vor (Haller 1991).

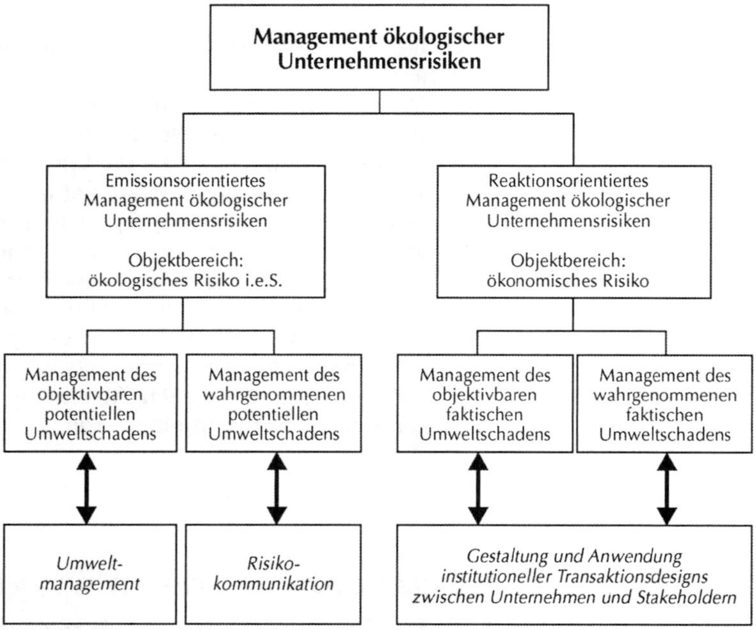

Abb. 3: Teilbereiche des Managements ökologischer Unternehmensrisiken

Demgegenüber steht der andere Teil des Managements ökologischer Unternehmensrisiken, welcher hier als reaktionsorientiertes Management ökologischer Unternehmensrisiken bezeichnet werden soll. Dieser Teil des Managements ökologischer Unternehmensrisiken befaßt sich auf Basis des faktischen Umweltschadens mit der potentiellen Reaktion der Stakeholder, m.a.W. mit dem ökonomischen Risiko. Auch hier soll wiederum analog zur Definition des ökologischen Unternehmensrisikos in das Management des objektivierbaren und des wahrgenommenen faktischen Umweltschadens differenziert werden. Dies erscheint sowohl aus Gründen der definitorischen Konsistenz als auch aus praktischen Erwägungen sinnvoll, da speziell der Bereich objektivierbarer faktischer Umweltschäden oftmals Reaktionen auf vornehmlich juristischer Ebene hervorruft und deshalb auf eine besondere Klasse institutioneller Designs zurückgreift (Matten 1998, S. 304-316). Generell kann allerdings für den weitaus größten Teil der faktischen Umweltschäden gesagt werden, daß sie für Unternehmen vor allem auf Basis der Wahrnehmung der Stakeholder relevant werden, so daß eine genaue Differenzierung beider Kategorien oftmals verschwimmt. Die Hauptfunktion des Managements ökologischer Unternehmensrisiken besteht hier in der Gestaltung institutioneller Arrangements, welche die potentielle öko- nomische Reaktion der Stakeholder im Rahmen einer Transaktion in eine sichere Größe verwandeln sollen.

3 Emissionsorientiertes Management ökologischer Unternehmensrisiken

Als ein Teil des allgemeinen Risikomanagements des Unternehmens kann für emissionsorientiertes Management ökologischer Unternehmensrisiken eine doppelte Zielsetzung unterstellt werden. Zum einen können ungeplante Emissionen und damit Umweltschäden auf ökonomisch ineffizientes Verhalten zurückgeführt werden, da bzw. sofern man unterstellen kann, daß die Pläne des Unternehmens auf ein bestimmtes, akzeptiertes Maß an Umweltbelastung zugeschnitten sind. Geht man weiter davon aus, daß die Pläne auf eine ökonomisch optimale Allokation der Ressourcen im Unternehmen abstellen, muß jede Planabweichung dann logisch als eine Verschwendung von Ressourcen und damit als Ursache zusätzlicher Kosten interpretiert werden. Zum anderen können diese Umweltschäden die Basis möglicher ökonomisch relevanter Sanktionen gegen das Unternehmen sein und damit indirekt auch Ursache zusätzlicher Kosten bzw. ausbleibender Erlöse (ökonomisches Risiko).

Aufbauend auf der Systematisierung ökologischer Unternehmensrisiken sind zwei Sphären zu differenzieren. Einerseits sind die Aktivitäten rein auf das Unternehmen selbst fokussiert. Das umfaßt alle jene Bereiche des Unternehmens, in denen z.B. risikobehaftete Produktionsverfahren zur Anwendung kommen, gefährliche Stoffe gelagert werden oder sensible Forschungsvorhaben ausgeführt werden, d.h. überall dort, wo sich die Quellen eines potentiellen Umweltschadens befinden. Management ökologischer Unternehmensrisiken ist hier mit dem allgemeinen Umweltmanagement gleichzusetzen und knüpft an der Gestaltung der tatsächlichen Stoffströme an (zu praktischen Beispielen siehe Matten 1995a). Dies beinhaltet zuvorderst eine Orientierung am gesamten Produktlebenszyklus. Hier richtet sich das Management ökologischer Unternehmensrisiken darauf aus, welche potentiellen Umweltschäden in der jeweiligen Produktlebensphase auftreten und wie diese gemanagt werden können, so daß sie nicht zu faktischen Umweltschäden werden. Zudem richtet sich das Management ökologischer Unternehmensrisiken auf jene ökologischen Risiken i.e.S. aus, die sich aus der Gesamtheit des Lebensweges eines Produktes ergeben. Sie stellen eine Längsschnittbetrachtung entlang des Stoffflusses über dessen einzelne Phasen hinweg dar (Matten 1995b).

Andererseits sind die Aktivitäten auf jenes Umfeld des Unternehmens fokussiert, wo die Umweltschäden wahrgenommen werden. Im trivialen Fall werden Risiken unterschätzt, was im vorliegenden Zusammenhang keiner weiteren Erörterung bedarf. Der hier relevante Fall, daß die Risiken größer als tatsächlich eingeschätzt werden, muß vor allem auf die asymmetrische Informationsverteilung zwischen dem Unternehmen und der betroffenen Öffentlichkeit zurückgeführt werden (ausführlich dazu Matten 1998, 281-301). Ausgangspunkt der Überlegungen ist dabei ein einfaches Modell, welches in Abb. 4 dargestellt ist. Im oberen Teil dieser Abb. findet sich der Risikokommunikationsprozess als solcher, welcher in drei wesentliche Abschnitte zerfällt. Zunächst findet durch den Kommunikator (im vorliegenden Kontext das Unternehmen) eine Mitteilungshandlung statt. Beispielsweise kann dies in der Mitteilung eines Unternehmens bestehen, gentechnisch behandeltes Gemüse für seine Produkte zu verwenden. Diese Mitteilungshandlung kann zudem gekoppelt sein mit einer weiteren, z.B. auf die "wissenschaftliche Unbedenklichkeit" solcher Produkte fokussierenden Zusatzinformationen. Alsdann schließt sich bei dem Rezipient der Information eine Verstehenshandlung an. Diese kann z.B. darin bestehen, daß der Kunde mit dem Konsum der Produkte Ungefährlichkeit assoziiert. Er konstruiert also nun seine subjektive Vorstellung von dem Risiko, das mit dem Konsum der Produkte des Unternehmens verbunden ist. Die Mitteilungshandlung des Unternehmens bildet dazu allenfalls einen wichtigen Ausgangspunkt. Diese Verstehenshandlung kann aber auch z.B. zu dem Ergebnis führen, daß der Kunde aufgrund weitergehender Informationen aus den Medien, aufgrund von Mißtrauen oder anderer situativer Faktoren generell den Konsum von gentechnisch behandelten Produkten ablehnt. Diese Verstehenshandlung, die in der subjektiven Konstruktion einer sozialen Realität besteht, bildet nun den Ausgangspunkt für eine Anschlußhandlung des Stakeholders. Sie wird - je nach Resultat der Verstehenshandlung - im Konsum oder im Konsumverzicht bestehen.

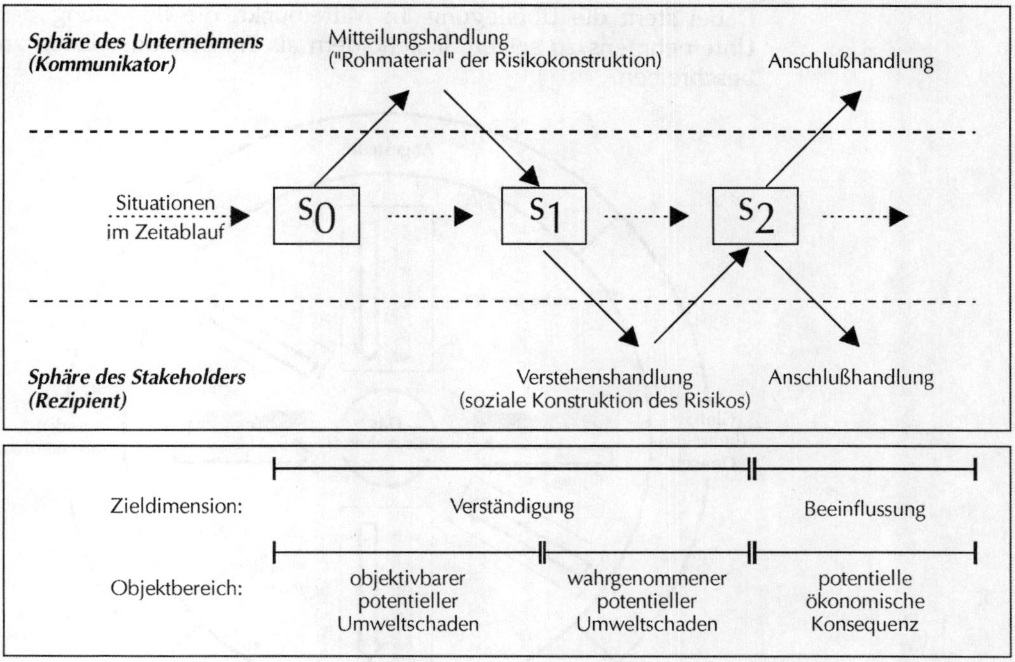

Abb. 4: Risikokommunikationsprozess des Unternehmens
Quelle: In Anlehnung an Zerfaß 1996, S. 151

Ruft man die Definition des ökologischen Risikos ins Gedächtnis, so bezieht sich die Verstehenshandlung zunächst auf die Kommunikation des potentiellen Umweltschadens, m.a.W. darauf, mit welchen Daten über das ökologische Risiko i.e.S. das Unternehmen seine Stakeholder versorgt (vgl. erneut Abb. 4, unterer Teil). Daran schließt sich nunmehr ein Wahrnehmungsprozess an. Der hier mit Anschlußhandlung bezeichnete Vorgang stellt die potentielle ökonomische Konsequenz des potentiellen Umweltschadens, mithin also das ökonomische Risiko des Kommunikators Unternehmen, dar (zu praktischen Instrumenten und Umsetzungsvorschlägen siehe Uth 1994).

4 Reaktionsorientiertes Management ökologischer Unternehmensrisiken

Der Gegenstand des reaktionsorientierten Managements ökologischer Unternehmensrisiken besteht darin, unsichere Reaktionen der Stakeholder auf Schäden in der ökologischen Umwelt durch unternehmerisches Handeln in sichere Reaktionen zu verwandeln.

Dabei steht die Überlegung im Mittelpunkt, die Beziehung des Unternehmens zu seinen Stakeholdern als Transaktionsrelation zu beschreiben.

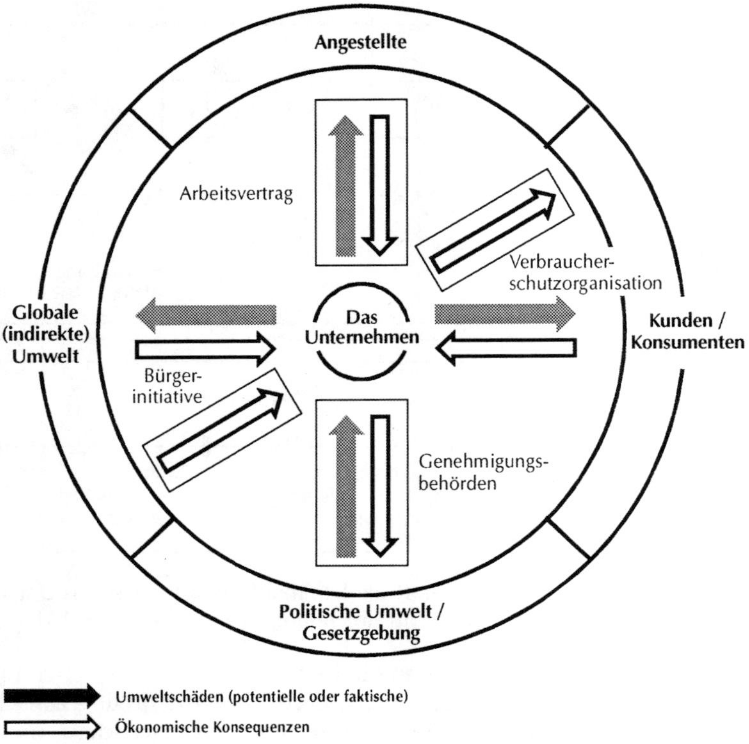

Stakeholder	Angestellte	Kunden / Konsumenten	Politische Umwelt / Gesetzgebung	Globale Umwelt (indirekte Umwelt)
Kriterium 1	Kulpabilitäts-umwelt	Kulpabilitäts- und Kausalitäts-umwelt	Kulpabilitäts-umwelt	Kausalitäts-umwelt
Kriterium 2	direkte Transaktions-partnerschaft, institutionalisiert	direkte Transaktions-partnerschaft, z.T. institutionalisiert	indirekte Transaktions-partnerschaft, institutionalisiert	indirekte Transaktions-partnerschaft, nicht institutionalisiert

Abb. 5: Das Unternehmen und seine Stakeholder im Kontext ökologischer Unternehmensrisiken

Wie in Abschnitt 1 in Verbindung mit Abb. 1 dargelegt, sind ökologische Risiken i.e.S. aus unternehmerischer Sicht erst dann relevant, wenn sie zu ökonomischen Konsequenzen für das Unternehmen führen. Wendet man sich der Struktur und den Wirkungsmechanismen dieser ökonomischen Konsequenzen zu, so stellt man zunächst fest, daß diese aus verschiedenen Richtungen auf das Unternehmen zukommen können.

Es ergibt sich eine Stakeholder-Struktur, die die Interaktionsumwelt des Unternehmens in vier Sektoren unterteilt. Abb. 5 zeigt im Überblick die vier verschiedenen relevanten Bereiche sowie die jeweils unterschiedlichen Abgrenzungskriterien (zur theoretischen Fundierung siehe Matten 1998, 166-214). Damit knüpft diese Systematisierung an der Definition des ökologischen Unternehmensrisikos an (siehe Abb. 1), indem einerseits Umweltschäden (potentielle und faktische) und andererseits ökonomische Konsequenzen das Zentrum des Modells darstellen. Diese ökonomischen Konsequenzen gelangen aus vier verschiedenen Richtungen auf das Unternehmen zu. Diese vier Sektoren unterscheiden sich einerseits in der Nachweisbarkeit des Verursachers von Umweltschäden (Kriterium 1) sowie in den grundlegenden Transaktionsstrukturen (Kriterium 2).

Abb. 5 pointiert zudem den institutionellen Aspekt in besonderer Weise, indem einige Institutionen, innerhalb derer die Transaktion "Umweltschaden-ökonomische Konsequenz" stattfinden kann, eingezeichnet sind. Graphisch sind diese Institutionen durch einen Kasten um die jeweiligen Pfeile visualisiert: So regelt z.B. ein Arbeitsvertrag den Austausch zwischen einem potentiellen oder faktischen Umweltschaden (z.B. bei Gerüstarbeiten der Arbeitnehmer in großer Höhe) und der dazugehörigen ökonomischen Kompensation (z.B. in Form einer Gefahrenzulage). Dabei wird deutlich, daß vor allem die Beziehungen des Unternehmens zur "globalen (indirekten) Umwelt" durch die Abwesenheit bilateralen Institutionen gekennzeichnet ist: Eine Verbraucherschutzorganisation oder eine Bürgerinitiative artikuliert grundsätzlich allein eine ökonomische Konsequenz seitens der Stakeholder auf unternehmerisch verursachte Umweltschäden. Als Institutionen sind diese Organisationen jedoch zunächst nicht auf einen Austausch in Form einer Transaktion angelegt.

Ausgehend vom Ursprung (0/12 Uhr) nehmen die ökologischen Risiken in dieser Darstellung im Uhrzeigersinn zu. Während im Verhältnis zu den Angestellten die Ungewißheit über potentielle ökonomische Konsequenzen institutionell sehr gering ist, tritt sie bei Konsumenten verstärkt dort auf, wo die marktlichen/ vertraglichen Institutionen den Konsumenten nicht mehr institutionell direkt mit dem Unternehmen verknüpfen und die potentielle ökonomische Konsequenz sich andere Wege sucht, z.B. über Verbraucherschutzorganisationen. Die politische Umwelt weist generell das Problem der indirekten Verbindung von betroffenen Bürgern und Unternehmen auf, die nur mittelbar über den Weg für sie handelnder politischer Institutionen hergestellt werden kann. Im Bereich der globalen Umwelt entfällt die Existenz solcher bilateralen, einen Austausch ermöglichenden Institutionen ganz, so dass hier das ökologische Risiko in dieser Transaktionsrelation als am höchsten einzustufen ist.

Gegenwärtig werden für diese Felder besonders hohe ökologische Risiko verschiedene Transaktionsdesigns vorgeschlagen. Diese institutionellen Arrangements lassen sich nach fallweisen und dauerhaft angelegten unterscheiden (Matten 1998, 317-352). Zu den fallweisen Arrangements zählen die Umweltverträglichkeitsprüfung und Mediationsverfahren der unterschiedlichsten Art (Renn/Webler/Wiedemann 1995). Zu dauerhaft angelegten zählen u.a. Integrations- und Kooperationsmodelle, Politikdialog, kulturelle Nor- men sowie in bestimmten Fällen auch Versicherungslösungen (Haller/Petin 1998).

Literatur

Balderjahn, I. (1997): Das Management ökologischer Risiken und Krisen - Eine verhaltenswissenschaftliche Betrachtung. In: Weber, J. (Hrsg.): Umweltmanagement - Aspekte einer umweltbezogenen Unternehmensführung. Stuttgart, S. 75-95.

Beck, U. (1996): Weltrisikogesellschaft, Weltöffentlichkeit und globale Subpolitik. Ökologische Fragen im Bezugsrahmen fabrizierter Unsicherheiten. In: Diekmann, A.; Jaeger, C.C. (Hrsg.): Umweltsoziologie. Opladen (Sonderheft 36 der Kölner Zeitschrift für Soziologie und Sozialpsychologie), S. 119-147.

Binswanger, H.C. (1990): Neue Dimensionen des Risikos. In: Zeitschrift für Umweltpolitik & Umweltrecht, S. 103-118.

Freeman, R.E. (1984): Strategic Management - A Stakeholder Approach. Boston.

Haller, M. (1991): Risikomanagement - zwischen Risikobeherrschung und Risiko-Dialog. In: Organisationsforum Wirtschaftskongress e.V. (Hrsg.): Umweltmanagement im Spannungsfeld zwischen Ökologie und Ökonomie. Wiesbaden, S. 167-189.

Haller, M.; Petin, J. (1994): Geschäft mit dem Risiko - Brüche und Umbrüche in der Industrieversicherung. In: Schwebler, R. (Hrsg.): Dieter Farny und die Versicherungswissenschaft. Karlsruhe, S. 153-177.

Janzen, H. (1995): Unternehmerische Risikopolitik und Umweltschutz. In: Junkernheinrich, M.; Klemmer, P.; Wagner, G.R. (Hrsg.): Handbuch zur Umweltökonomie. Berlin, S. 348-356.

Matten, D. (1995a): Strategy Follows Structure: Environmental Risk Management in Commercial Enterprises. In: Business Strategy and the Environment, 4. Jg., S. 107-116.

Matten, D. (1995b): Unternehmensplanung und Umwelt. In: Junkernheinrich, M./ Klemmer, P./ Wagner, G.R. (Hrsg.): Handbuch zur Umweltökonomie. Berlin, S. 338-344.

Matten, D. (1996): Environmental Risk Management in Commercial Enterprises. In: The Geneva Papers on Risk and Insurance, 21. Jg., S. 360-382.

Matten, D. (1997): Environmental Risk Management in Commercial Enterprises. In: Renn, O. (Hrsg.): Risk Analysis and Management in a Global Economy, Band 1.1: Risk Management in Europe: New Challenges for the Industrial World, Stuttgart, S. 175-206.

Matten, D. (1998): Management ökologischer Unternehmensrisiken - Zur Umsetzung von Sustainable Development in der reflexiven Moderne. Stuttgart.

Meffert, H./ Kirchgeorg, M. (1998): Marktorientiertes Umweltmanagement, 3. Aufl., Stuttgart.

Renn, O. (1997): Three Decades of Risk Research - An Overview. In: Renn, O. (Hrsg.): Risk Analysis and Management in a Global Economy, Band 1.1: Risk Management in Europe: New Challenges for the Industrial World, Stuttgart, S. 15-46.

Renn, O.; Webler, T.; Wiedemann, P. (1995) (Hrsg.): Fairness and Competence in Citizen Participation. Dordrecht et al.

Shrivastava, P. (1995): Ecocentric Management for a Crisis Society. In: Wolff, R.; Ytterhus, B.E. (Hrsg.): Environmental Management - here do we stand? Oslo, S. 15-38.

Steger, U.; Antes, R. (1991): Unternehmenstrategie und Risiko-Management. In: Steger, U. (Hrsg.): Umwelt-Auditing - Ein neues Instrument der Risikovorsorge. Frankfurt a.M., S. 13-44.

Uth, H.J. (1994) (Hrsg.): Krisenmanagement bei Störfällen. Berlin et al.

Wagner, G.R. (1992) (Hrsg.): Ökonomische Risiken und Umweltschutz. München.

Wagner, G.R. (1997): Betriebswirtschaftliche Umweltökonomie. Stuttgart.

Wagner, G.R.; Matten, D. (1992): Die Erstellung innovativer technischer Großsysteme im Spannungsfeld zwischen ökonomischen und ökologischen Risiken - diskutiert am Fall Transrapid. In: Die Betriebswirtschaft, S. 359-383.

Wiedemann, P.M. (1996): Wahrnehmungsmuster von technischen Risiken in der Gesellschaft. In: Furger, F. (Hrsg.): Technikethik, Jahrbuch für Christliche Sozialwissenschaften, Band 37, Münster, S. 11-28.

Zerfaß, A. (1996): Unternehmensführung und Öffentlichkeitsarbeit. Opladen.

IV. Teil:

Krisenmanagement in Klein- und Mittelbetrieben sowie in der Landwirtschaft

Promotion des Buches "Unternehmensentwicklung und Entwicklungsmanagement" auf dem Symposium MER '98.
Auf dem Bild: Die Autoren bei der Buchpräsentation.

Josef Mugler

Besonderheiten des Krisenmanagements in Klein- und Mittelbetrieben

Prof. Dr. Josef Mugler
Wirtschaftsuniversität Wien, Österreich

BESONDERHEITEN DES KRISENMANAGEMENTS IN KLEIN- UND MITTELBETRIEBEN

Zusammenfassung: Krisen entstehen in Klein- und Mittelbetrieben aus dem Zusammenwirken von Einzelursachen, die nach Umwelt, Unternehmerperson, Ressourcen und Management gegliedert werden. Das Krisenmanagement muß auf die konkrete Ursachenkonfiguration reagieren und dabei die Interdependenzen der Ursachen und der gegensteuernden Maßnahmen berücksichtigen.

Stichwörter: Klein- und Mittelbetriebe, Krisenmanagement, Krisentypen, Krisenursachen

PECULIARITIES OF THE MANAGEMENT OF CRISES IN SMALL AND MEDIUM ENTERPRISES

Summary: Crises in small and medium enterprises are caused by interactions of single factors which can be grouped by the environment, the personality of the entrepreneur, the resource base of the firm, and by the management methods adopted. The management of crises must react to the concrete configuration of factors taking into account the interdependencies of the factors as well as of counter-measures.

Keywords: causes of crises, management of crises, small and medium enterprises, types of crises

1 Krisentypen

Für die erfolgreiche Behandlung von Krisen ist deren richtige Erkenntnis und Bewertung wichtig: Für eine erste Orientierung kann daher eine Krisentypologie helfen. Man kann beispielsweise unterscheiden:

- nach der Intensität (je nach Krisendefinition): vorübergehende - existenzbedrohende - existenzvernichtende Krisen
- nach der Reichweite: strategisch umfassende - funktional begrenzte - operativ begrenzte Krisen
- nach den betroffenen Unternehmenszielen: z.B. Erfolgskrisen - Liquiditätskrisen
- nach Lebenszyklusphasen: z.B. Gründungs-, Nachgründungs-, Wachstums-, Schrumpfungs-, Innovations-, Internationalisierungskrisen
- nach der Dynamik: (langsam) schleichende - (rasch) galoppierende Krisen

Eine besonders wichtige Unterscheidung ist jene nach Krisenursachen. Denn die Identifikation von Ursachen ist in der Regel der wichtigste Ansatzpunkt für das Krisenmanagement.

2 Krisenursachen

Wie bei anderen Entwicklungsschritten auch, ist eine Krise nicht ein singuläres Ereignis im Leben eines Unternehmens, sondern eingebettet in eine Kausalkette, in der es mehrere Vorlaufereignisse oder -phasen gibt. Die Isolierung einzelner Krisenursachen ist ein wichtiger Ansatzpunkt für eine Krisendiagnose. In der Realität entwickelt sich eine Krise aber in der Regel aus dem Zusammmenwirken mehrerer Ursachen, so daß man eine genauere Analyse besser auf Ursachenkomplexe orientieren sollte. Wenn daher im folgenden einzelne Ursachenbereiche genauer analysiert werden, dann nur zur Vorbereitung einer im konkreten Einzelfall vorzunehmenden integrativen Betrachtung dieser Ursachenkomplexe. Dies entspricht dem sogenannten **Konfigurationsansatz** der strategischen Unternehmensführung, der darauf aufbaut, daß durch gegenseitige Beeinflussung (Interdependenzen, Interaktionen, Reziprozität) von Ursachenkomplexen die (positive oder negative) Entwicklung von Unternehmen geprägt wird.

In älteren Ansätzen werden typische Merkmale oder Bausteine eines Unternehmens als Konfigurationen betrachtet, die als abhängige Variable von bestimmten Ursachenkomplexen, wie insbesondere die Umwelt oder die Branchenstruktur, geprägt werden. Man kann aber auch - wie in jüngeren Konfigurationsansätzen - ein System von Faktoren sowohl als Ursachen- als auch als Ergebniskonfiguration definieren. Konfigurationen entwickeln sich nach dieser Konzeption im Zeitablauf durch interaktive Kräfte gewissermaßen selbst weiter. Die Abgrenzung des Unternehmens gegenüber seiner Umwelt wird bei dieser Konzeption überflüssig. Das, was üblicherweise als Umwelt außerhalb des Unternehmens liegend definiert wird, ist hier genauso Bestandteil einer Konfiguration wie die im Eigentum eines Unternehmens oder Unternehmers stehenden Ressourcen oder wie der Unternehmer mit seinen individuellen Persönlichkeitsfaktoren. Für die Erklärung der Entwicklung von Klein- und Mittelbetrieben dürfte sich diese neuere Konzeption von Konfigurationen aus

Umwelt des Unternehmens

Person des Unternehmers

Ressourcen

Managementmethoden

als besonders fruchtbar erweisen, wie sich schon an diversen Anwendungsfällen (z.B. Gartner 1985, 698; Snuif und Zwart 1994, 267; Bamberger 1994, 137) gezeigt hat. Abbildung 1 illustriert, wie sich Konfigurationen im Zeitablauf durch Interaktionen weiterentwickeln, wobei sich die Wirksamkeit (eigentlich: der Saldo aus Aktivität und Passivität) einzelner Komplexe verschieben kann. Die vier Gestaltungskomplexe einer konkreten Konfiguration können Unternehmensentwicklungen positiv oder negativ, in Richtung von Erfolg oder Mißerfolg prägen.

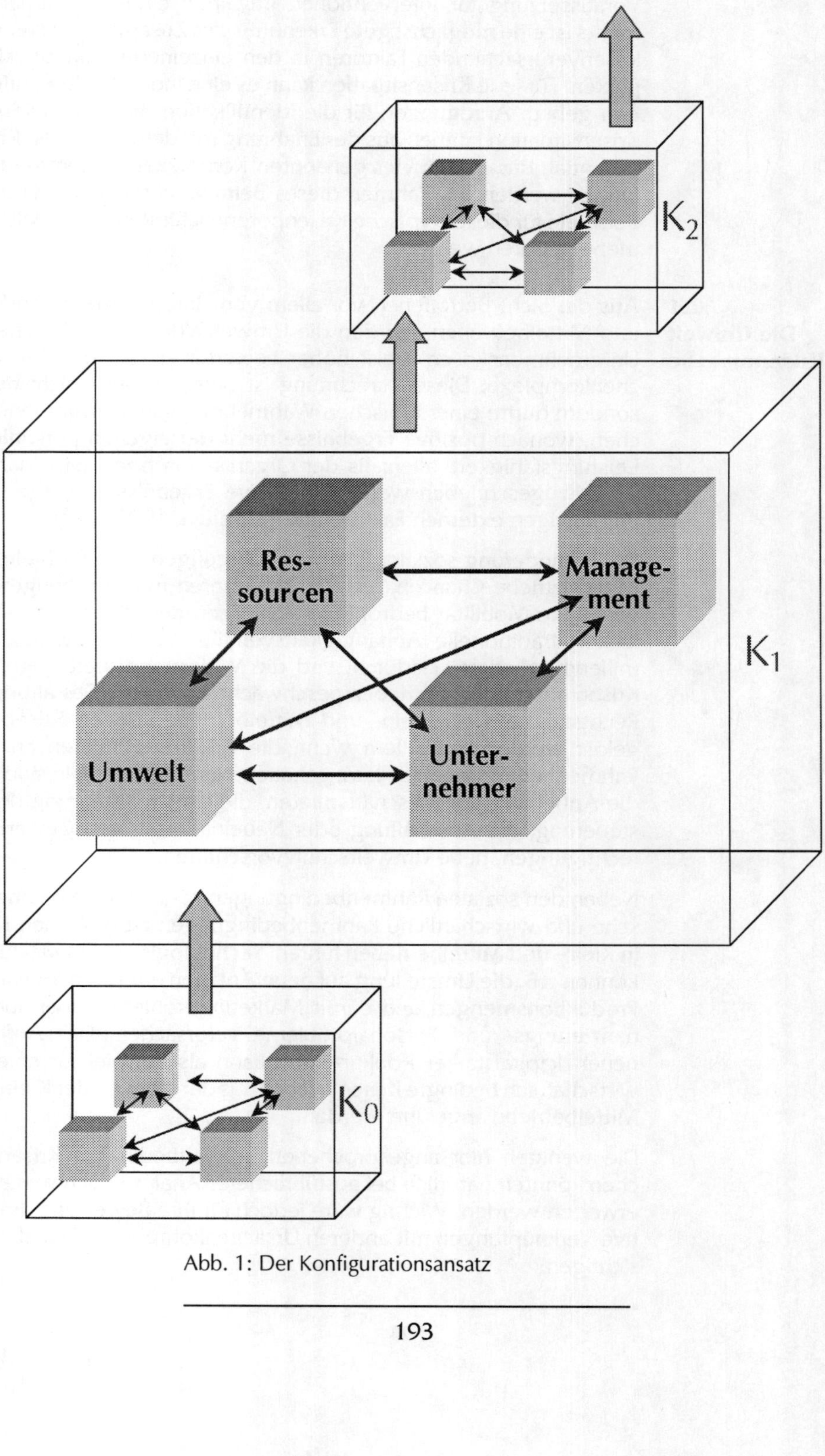

Abb. 1: Der Konfigurationsansatz

Voraussetzung für Interventionen im Sinne eines Krisenmanagements ist eine möglichst gute Erkenntnis des Zusammenwirkens von krisenverursachenden Faktoren in den einzelnen Gestaltungskomplexen. Für jede Krisensituation kann es eine individuelle Konfiguration geben. Anregungen für die Identifikation dieser individuellen Krisensituation können aus der Erfahrung mit dem typischen Krisenpotential, das in den vier genannten Komplexen schlummert, gefunden werden. Im Rahmen dieses Beitrags können allerdings nur Beispiele für dieses typische Krisenpotential für Klein- und Mittelbetriebe geboten werden.

2.1 Die Umwelt als Krisenursache

Aus der Sicht Betroffener, vor allem von Unternehmern von Klein- und Mittelbetrieben, werden die Umweltfaktoren als Ursachen für Unternehmenskrisen meist höher bewertet als die anderen Ursachenkomplexe. Diese Zurechnung ist objektiv meist nicht richtig, sondern dürfte einer typischen Wahrnehmungsverzerrung entsprechen, wonach positive Ergebnisse mehr der eigenen persönlichen Leistungsfähigkeit, allenfalls der Organisation oder dem Management, zugeschrieben werden, negative Ergebnisse dagegen eher ungünstigen externen Faktoren (Korunka u.a. 1993, 173).

Die Veränderung sozialer Rahmenbedingungen kann für Klein- und Mittelbetriebe Chancen, aber auch Gefahren mit sich bringen. Die verstärkte Mobilität bedroht Nahversorger, der Liberalismus-Trend lockert traditionelle Abhängigkeitsverhältnisse, z.B. zwischen Familienmitgliedern. Dadurch wird die Widerstandskraft gegenüber Krisen bei Familienbetrieben geschwächt. Durch die Gestaltung des Rechtsrahmens für Klein- und Mittelbetriebe können Krisen ausgelöst werden, vor allem wenn die Anpassungsfristen an neue Rahmenbedingungen zu kurz gehalten werden. Beispiele sind etwa die Anhebung von Geschäftsmieten, die Umstrukturierung der Besteuerung, die Abschaffung oder Neueinführung von Gewerbeberechtigungen, neue Umweltschutzvorschriften.

Neben den sozialen Rahmenbedingungen können auch technologische und wirtschaftliche Rahmenbedingungen zu typischen Krisen in Klein- und Mittelbetrieben führen. Technologische Entwicklungen können z.B. die Umstellung auf neue Anlagen erfordern, die höhere Produktionsmengen und damit Marketingprobleme, aber auch Finanzierungs- und Personalprobleme verursachen. Das Auftreten neuer, kapitalstarker Konkurrenten kann als Beispiel für eine rein wirtschaftlich bedingte Krisenursache aus der Umwelt der Klein- und Mittelbetriebe angeführt werden.

Die wenigen hier angesprochenen umweltbedingten Krisenursachen könnten natürlich bei ausführlicherer Analyse noch wesentlich erweitert werden. Wichtig wäre jedoch für ihre Bewertung, interaktive Verknüpfungen mit anderen Ursachenkomplexen mitzuberücksichtigen.

2.2 Die Person des Unternehmers als Krisenursache

Durch die Person des Unternehmers bedingte Krisenfaktoren können eigenschaftstheoretisch, motivationstheoretisch und lerntheoretisch erklärt werden. Damit hängt auch die individuelle Form der in der Regel in Krisensituationen notwendigen Streßbewältigung zusammen.

Es liegt auf der Hand, daß gewisse Persönlichkeitseigenschaften, die in bestimmten Phasen der Unternehmensentwicklung positive Wirkungen entfalten, für die Bewältigung von Herausforderungen in anderen Phasen störend sein können. Beispielsweise kann man sich dies für Eigenschaften wie Kreativität, Disziplin, Selbstsicherheit gut vorstellen. Allerdings wäre es ein fataler Rückschritt in die Eigenschaftstheorie der Führung, würde man Persönlichkeitseigenschaften als (Miß-)Erfolgsfaktoren isolieren, d.h. aus dem interaktiven Zusammenhang mit anderen Faktoren herauslösen wollen.

Desmotivation kann in verschiedenen Lebensphasen und durch verschiedene Ereignisse bedingt auftreten. Solche Phasen können z.B. durch die sogenannte Mid-life-crisis oder das Auftreten eines Burn-out-Syndroms charakterisiert sein. Im Gegensatz zum angestellten Manager kann der Unternehmer aber nur in relativ weit fortgeschrittenen Krisensituationen ausgewechselt werden. Als Pendant zur Desmotivation kann aber auch Übermotivation für eine Unternehmensentwicklung schädlich sein, wenn dadurch die Geduld für den richtigen Zeitpunkt von Handlungen, z.B. die Neueinführung eines Produkts verlorengeht.

Lernen im Sinne von Erwerb einschlägiger Erfahrung spielt für die Bewältigung von neu auftretenden Anforderungen eine zweideutige Rolle. Der Persönlichkeitstyp des Wachstumsmanagers oder -unternehmers unterscheidet sich vom Schrumpfungsmanager oder -unternehmer. Single-Loop-Learning, welches auf die Beseitigung von Fehlern abstellt, die in einem grundsätzlich funktionsfähigen System auftreten können, behindert Double-Loop-Learning, welches auf die Neugestaltung eines nicht mehr funktionsfähigen Systems als Ganzes orientiert ist.

Bei Managern wurden in Unternehmenskrisen Verhaltensänderungen in Richtung reduzierter Aufmerksamkeit, Verhärtung der Ansichten und kurzfristigen Zeithorizonts festgestellt (Clasen 1992, 109). Diese Erkenntnisse können wohl im wesentlichen auch auf den Unternehmer übertragen werden. Streß engt die Aufmerksamkeit sachlich und zeitlich ein (Levinthal und March 1993, 110): Kurzfristig wirksame Problemlösungen werden höher bewertet als solche, die mehr Zeit brauchen (temporal myopia), unmittelbar berührende, aber partielle Lösungen höher als ganzheitliche (spatial myopia) und bewährte Lösungen höher als solche, die schon einmal fehlgeschlagen sind (failure myopia).

2.3 Ressourcendefizite als Krisenursache

Die Ausstattung mit Ressourcen (Mitarbeiter, Kapital, Anlagen, Zugriff auf Dienste) kann, wenn sie dem Entwicklungsstand des Unternehmens nicht entspricht, krisenverursachend wirken. Beispielsweise können Mitarbeiter verschieden geeignet sein, mit neuen Anforderungen zurechtzukommen, und verschieden auf Bedrohung ihrer eigenen Position im Unternehmen reagieren. Mitarbeiter im administrativen Bereich verfügen in einer Organisation über mehr Macht und ausgeprägtere Fähigkeiten im Umgang mit Macht, so daß in Krisensituationen manchmal sogar ein Ausbau von administrativen Abteilungen anstelle eines erforderlichen Abbaus beobachtet werden kann (Gray und Ariss 1985, 715). Besonders in Klein- und Mittelbetrieben sind Machtpositionen einzelner Mitarbeiter oft auf außerökonomischen Beziehungen begründet, was deren Beseitigung durch rationales Krisenmanagement erschwert.

Zwecks Aufbau oder Erhaltung von Macht kommt es auch zur verstärkten Suche nach Koalitionen, die aber auch entsprechend dem Entwicklungsverlauf relativ rasch wechseln können, also grundsätzlich instabil sind. Gleichzeitig kommt es häufig zum Verlust von wichtigen Koalitionären (Haeseler 1994, 418). Schließlich können typische Entwicklungsmuster von Organisationen, z.B. von Familienunternehmen oder von rasch wachsenden Unternehmen, unterschieden werden. Ein typisches Konflikt- und damit auch Krisenpotential liegt in der Entwicklung (im Lebenszyklus) der Dreiecksbeziehung Unternehmer - Unternehmen - Familie. Beispielsweise kann das Unterstützungspotential aus einer Familie im Zeitablauf Schwankungen unterliegen. Langfristig spielt hier das Problem des Generationswechsels eine Rolle (Trefelik 1997). Mitglieder einer Folgegeneration können ganz andere Fähigkeiten, Motive und Interessen einbringen, oder es kann auch eine Aufsplitterung in verschiedene Linien von Nachkommen mit schwierigen Interessenkollisionen entstehen.

2.4 Managementbedingte Krisenursachen

Managementbedingte Krisenursachen entstehen durch Defizite oder Fehler bei den wichtigsten Managementaufgaben: dem Managementprozeß, den strategischen Alternativen, der Gestaltung der Unternehmensstruktur und der Beeinflussung der Unternehmenskultur.

Ein gravierendes Defizit bei der Erfüllung der Aufgaben in den einzelnen Phasen des Managementprozesses (Planung - Entscheidung - Umsetzung - Kontrolle) besteht im Nichteinsatz oder Versagen von Frühwarnsystemen (Napp 1990, 66; Krystek und Müller-Stewens 1993). Dazu gehört die Beobachtung von Umweltentwicklungen ebenso wie ein aussagekräftiges sowohl auf Ausgaben als auch auf Kosten orientiertes Rechnungswesen.

Auch eine falsche Strategienwahl kann auf einem Managementdefizit begründet sein, wenn beispielsweise nicht erkannt wird, daß die Unternehmensgröße für eine Marktdurchdringungsstrategie nicht ausreicht oder wenn sich eine strategische Erfolgsposition (Produkt-Markt-Kombination) der Reifephase nähert und keine Alternativen (Innovationen, Kooperationen) ergriffen werden.

Krisenursachen können auch in der Managementaufgabe der organisatorischen Gestaltung begründet sein, wenn z.B. die strategische und operative Handlungsebene nicht ihren Erfordernissen entsprechend mit Kompetenzen und Rechten ausgestattet wird. Die Verdrängung der ganzheitlichen, langfristigen und Rahmenziele setzenden strategischen Managementaufgabe durch permanente Vorränge für kurzfristige, ausführende Aufgaben beeinträchtigt über kurz oder lang das strategische Erfolgspotential eines Unternehmens. Ein organisatorisches Gestaltungsdefizit besteht in vielen Klein- und Mittelbetrieben darin, daß für den Ausfall einer Schlüsselperson (im schlimmsten Fall des Unternehmers selbst) keine Vorkehrung für eine Stellvertretung getroffen wurde. Vor allem bei wachsenden Klein- und Mittelbetrieben erfordert die organisatorische Anpassung an neue Dimensionen eine ständige Aufmerksamkeit des Managements sowie grundsätzliche Delegationsbereitschaft und Delegations-Knowhow des Unternehmers.

Vorbeugendes Krisenmanagement beinhaltet auch die Pflege einer Unternehmenskultur. Dabei geht es um die Beziehungen des Unternehmers zu den Mitarbeitern und der Mitarbeiter untereinander in der Weise, daß informelle Regeln entstehen, die nicht ausdrücklich als verbindlich deklariert sind. Durch ungeschriebene Gesetze können Defizite der expliziten Aufbau- und Ablauforganisation abgefedert werden. Vor allem in dynamischen Umwelten spielt bekanntlich die von der regelorientierten Behandlung des Einzelfalls stark abgehobene Unternehmenskultur als Erfolgsfaktor eine wichtige Rolle, weil sich eben durch explizite Regeln nicht alles antizipieren läßt, was passieren kann.

3 Maßnahmen zur Krisenbewältigung

Die Systematik der Maßnahmen zur Gegensteuerung bei Eintritt krisenhafter Entwicklungen kann nach den vorhergehenden Gliederungen der Krisenarten und -ursachen aufgebaut werden. Demnach kann man z.B. unterscheiden:

- Maßnahmen, die primär auf die Umwelt, die Person, die Ressourcen oder die Managementmethoden wirken
- Langfristige, mittelfristige und kurzfristige (=Sofort-)Maßnahmen
- Maßnahmen auf strategischer, funktionaler und operativer Ebene

- Autonomes Turnaround-Management, Sanierung mit externer Hilfe, ressourcenschonender Rückzug aus der unternehmerischen Tätigkeit

Die Erkennung einzelner Ursachen und deren Zusammenwirken in der Dynamik einer Krisenentwicklung (im Sinne des Konfigurationsansatzes) ist Voraussetzung für gegensteuernde Maßnahmen. Umfangreiche Checklisten zur Identifikation von Krisenursachen sind in der einschlägigen Literatur verfügbar (z.B. Clasen 1992) - ebenso wie Kataloge möglicher Maßnahmen (z.B. Krystek 1991). Besonders in Klein- und Mittelbetrieben besteht allerdings die Gefahr, daß die verantwortliche Person (meist der Unternehmer selbst) die natürlichen psychologischen Barrieren gegenüber einer realistischen Wahrnehmung und Beurteilung von Entwicklungen nicht rechtzeitig überwindet. Unternehmer sehen beispielsweise den Beratungsbedarf in ihren Betrieben ganz woanders als professionelle Berater (Mugler und Lampe 1987, 483).

Anderseits genießen externe "Interventionisten" (z.B. Berater, aber auch Investoren, Geschäftspartner) oft nicht das Vertrauen des Unternehmers, so daß Experten für das Krisenmanagement in Klein- und Mittelbetrieben entweder zu lange der Einblick in die wahre Lage des Unternehmens vorenthalten wird (was auch durch die fehlenden Publizitätspflichten unterstützt wird) oder ihr Rat zu lange nicht ernst genommen oder nicht konsequent gegen den Widerstand nahestehender Personen (z.B. Familienangehörige) durchgesetzt wird.

Die Einleitung eines konsequenten Krisenmanagements bedarf daher einer entsprechenden Einstellung des Unternehmers, die nur über Vertrauenspersonen erreichbar ist. Gleichzeitig verfügen diese Vertrauenspersonen, die dem mikrosozialen Umfeld (z.B. Familienangehörige, Freunde) angehören müssen, aber oft nicht gleichzeitig über das notwendige Knowhow des Krisenmanagements. Sie sind aber wichtig, wenn es darauf ankommt, für den professionellen Berater die Türe zu öffnen. Ist die Krise weit fortgeschritten, wird diese Türe mit "Gewalt" geöffnet: Denn eine Krisenbewältigung ist dann meist nur noch mit Hilfe von außen möglich und wird meist nur im Fall einer zumindest teilweisen Entmachtung des Unternehmers gewährt.

Erfolgreiches Krisenmanagement kommt grundsätzlich nicht mit einer Beseitigung von Symptomen aus, sondern muß zu den Ursachen vordringen. Diese Ursachen stehen in der Regel miteinander in einer Wechselbeziehung. Nicht die feindliche Umwelt allein kann die entscheidende Ursache sein, die beseitigt werden muß, sondern ihre Verbindung mit den Persönlichkeitsmerkmalen des Unternehmers, mit der Ausstattung an Ressourcen und mit den Managementmethoden. Ebenso bedarf es daher für das erfolgreiche Krisenmanagement einer Verbindung von Maßnahmen in diesen vier Bereichen zu einem Paket, zu einer neuen Konfiguration für eine positive Weiterentwicklung des Unternehmens.

Literatur

Bamberger, I. (1994) Developing competitive advantage in small and medium-size firms. In: Bamberger, I. (Hrsg.) Product/market strategies of small and medium-sized enterprises.Alderhot, S. 133-155.

Clasen, J.P (1992) Turnaround Management für mittelständische Unternehmen. Wiesbaden.

Feldbauer-Durstmüller, B., Stiegler, H. (Hrsg.) (1994) Krisenmanagement. Früherkennung - Sanierung - Insolvenzrecht. Linz.

Gareis, R. (Hrsg.) (1994) Erfolgsfaktor Krise. Konstruktionen, Methoden, Fallstudien zum Krisenmanagement. Wien.

Gartner, W.B. (1985) A conceptual framework for describing the phenomenon of new venture creation. Academy of Management Review 10: 696-706.

Gless, S.-E. (1996) Unternehmenssanierung. Grundlagen - Strategien - Maßnahmen. Wiesbaden.

Gray, B., Ariss, S.S. (1985) Politics and strategic change across organizational life cycles. In: Academy of Management Review 10: 707-723.

Greiner, L. (1972) Evolution and revolution as organizations grow. In: Harvard Business Review 50 (July/August): 37-46.

Gross, P.J. (1988) Sanierung durch Fortführungsgesellschaften. 2. Aufl., Köln.

Haeseler, H.R. (1994) Kuratives Krisenmanagement. Sanierung, Revitalisierung und tiefgreifender Wandel. In: Seicht, G. (Hrsg.) Jahrbuch für Rechnungswesen und Controlling '94. Wien, S. 413-429.

Hess, H., Fechner, D. (1991) Sanierungshandbuch. 2. Aufl., Neuwied.

Korunka, C., Frank, H., Becker, P. (1993) Persönlichkeitseigenschaften von Unternehmensgründern. Erfolgsfaktor oder vernachlässigbare Restgröße in der Theorie der Unternehmensgründung? In: Internationales Gewerbearchiv 41: 169-188.

Krystek, U. (1987) Unternehmenskrisen. Beschreibung, Vermeidung und Bewältigung überlebenskritischer Prozesse in Unternehmungen. Wiesbaden.

Krystek, U. (1991) Gefahren bei der Rettung von Unternehmungen: woran Sanierungen scheitern können. In: Zeitschrift für Organisation 1991: 331-337.

Krystek, U., Müller-Stewens, G. (1993) Frühaufklärung für Unternehmen. Identifikation und Handhabung zukünftiger Chancen und Bedrohungen. Stuttgart.

Levinthal, D.A., March, J.G. (1993) The myopia of learning. In: Strategic Management Journal 14: 95-112.

Mugler, J. (1991) Unternehmensberatung für Klein- und Mittelbetriebe. In: Hofmann, M. (Hrsg.) Theorie und Praxis der Unternehmensberatung. Heidelberg, S. 371-401.

Mugler, J. (1994) Ursachen für Kooperationskrisen und mögliche Auswege. In: Die gewerbliche Genossenschaft 122 (3): 22-29.

Mugler, J.: (1995) Betriebswirtschaftslehre der Klein- und Mittelbetriebe. 2. Aufl., Wien.

Mugler, J. (1996) Das Unternehmen im Lebenszyklus. Vorlesungsskriptum. Wien.

Mugler, J., Lampe, R. (1987) Betriebswirtschaftliche Beratung von Klein- und Mittelbetrieben - Diskrepanz zwischen Angebot und Nachfrage und Ansätze zu ihrer Verminderung -. In: Betriebswirtschaftliche Forschung und Praxis 39: 477-493.

Napp, H. (1990) Stillegungen. Notwendige Optionen in der Unternehmensplanung. Stuttgart.

Pümpin, C., Prange, J. (1991) Management der Unternehmensentwicklung. Phasengerechte Führung und der Umgang mit Krisen. Frankfurt a.M.

Snuif, H.R., Zwart, P.S. (1994) Modeling new venture development as a path of configurations. In: Obrecht, J.j., Bayad, M. (Hrsg.) Small business and its contribution to regional and international development. Proceedings of the 39th ICSB World Conference. Paris, S. 263-274.

Trefelik, R. (1997) Erfolgsfaktoren für den Generationswechsel in klein- und mittelbetrieblichen Familienunternehmen auf der Basis der Analyse zeitgeschichtlicher empirischer Daten. Dissertation Wirtschaftsuniversität Wien.

Turnheim, G. (1988) Sanierungsstrategien. Wien.

Hans Jobst Pleitner

Ursachen und Prophylaxe von Konkursen in KMU

Prof. Dr. Hans Jobst Pleitner
Universität St. Gallen, Schweiz

URSACHEN UND PROPHYLAXE VON KONKURSEN IN KMU

Zusammenfassung: Seit Beginn dieses Jahrzehnts mehren sich die Unternehmensübernahmen und -zusammenbrüche. Die Folgen der wirtschaftlichen Rezession haben viele KMU's miterfahren. Trotz noch immer verhaltener Konjunkturprognosen sind neuerdings positive Zeichen erkennbar. Diese liefern jedoch (noch) keine Rechtfertigung, die weitere Entwicklung im Vertrauen auf die heilenden Wirkungen der Marktkräfte sich selber zu überlassen. Im Gegenteil scheint es dringend angezeigt, die Ursachen der Unternehmenszusammenbrüche unter die Lupe zu nehmen: beide, die Ursachen und die Prophylaxe sind Gegenstand dieses Beitrags.

Stichwörter: Firmenzusammenschlüsse, Konkursprophylaxe, Konkursursachen, Konkursvermeidung, Krisenbewältigung, Unternehmenszusammenbruch

CAUSES AND PROPHYLAXIS OF BANKRUPTCIES IN SMEs

Summary: Since the beginning of this decade the takeovers and collapses of enterprises have been increasing. Many SMEs experienced the effects of economic recession. Despite cautious economic forecasting a positive trend has lately been noticeable. However, this is not a justification for leaving further development to itself and trusting in the healing effect of market forces. It is highly advisable to closely examine the causes of enterprise collapses. Both the causes and the prophylaxis are the subject of this paper

Keywords: bankruptcy prophylaxis, causes of bankruptcy, collapse of enter-prise, mastering of crises, merger of enterprises, prevention of bankruptcy

1 Problematik

Seit Beginn dieses Jahrzehnts mehren sich Meldungen von Unternehmensübernahmen und -zusammenbrüchen. Die Folgen der wirtschaftlichen Rezession haben viele mittelständische Unternehmer schmerzlich miterfahren. In der Schweiz war das Jahr 1997 mit über 4.500 Firmenzusammenbrüchen und einem daraus entstehenden Verlust von rund 4 Milliarden Schweizer Franken ein Rekordjahr im negativen Sinne. Trotz noch immer sehr verhaltener Konjunkturprognosen sind neuerdings positive Zeichen erkennbar. Eine wachsende Anzahl von Neugründungen, gelungenen Turnarounds und strategisch aktiv (statt defensiv) angelegten Firmenzusammenschlüssen zeichnen sich ab.

Solche Indikatoren liefern jedoch (noch) keine Rechtfertigung für den Betrachter, die weitere Entwicklung im Vertrauen auf die heilenden Wirkungen der Marktkräfte sich selber zu überlassen. Im Gegenteil scheint es dringend angezeigt, die Ursachen, insbesondere des in Anbetracht der Beschäftigungsfolgen schlimmsten Krisenphänomens, der Unternehmenszusammenbrüche, unter die Lupe zu nehmen. Aus den identifizierten Ursachen lassen sich am ehesten und im Zweifel mit der besten Erfolgsaussicht Empfehlungen für die Vermeidung von Konkursen ableiten. Beide, Ursachen und Prophylaxe, sind Gegenstand dieses Beitrages.

2 Konkursursachen

In den letzten Jahren sind eine Reihe von Erklärungen für den Unternehmenserfolg geliefert und – auf ihrer Basis – Empfehlungen für seine "Sicherung" formuliert worden. Viel schwieriger scheint es dagegen, zuverlässige Erklärungen für den Unternehmensmisserfolg zu finden. Ihre Erfassung ist offenbar durch zwei wesentliche Probleme erschwert:[1]

1 European Network for SME Research, 1997, S. 181.

1. Bei der Erforschung des Misserfolgs muss über die bloße Registrierung der Insolvenz hinausgegangen und die komplizierte Kräftekonstellation gefunden werden, die direkt oder indirekt zu den finanziellen Schwierigkeiten geführt hat.
2. Ist ein Unternehmen gescheitert, hört seine Existenz auf, und die früheren Manager haben nicht länger mit ihm zu tun. Das macht

es schon rein praktisch für den Forscher schwierig (und kostspielig), die letzten "normalen" Jahre des Unternehmens zu rekonstruieren.

Wir haben trotzdem den Versuch unternommen, empirische Informationen zu dieser Problematik zu gewinnen. Vor ihrer Präsentation sollen ein paar grundsätzliche Überlegungen angestellt werden.

2.1 Grundsätzliche Überlegungen

Die Endstation einer krisenhaften Unternehmensentwicklung ist im ungünstigen Fall die Zahlungsunfähigkeit (Insolvenz), im schlimmsten Fall der Konkurs.

Es fragt sich, welche Faktoren unter welchen Bedingungen das Eintreten einer vitalen Unternehmenskrise begünstigen, ohne dass sie zwingend den Zusammenbruch auslösen. Solche Phänomene sind etwa:

1. Erhöhter Entscheidungsdruck
   Mit der sich ausbreitenden Unternehmenskrise wächst nicht nur der durch die Interessengruppen ausgeübte Entscheidungsdruck, sondern zugleich auch die Anzahl der Interessengruppen, die ihn ausüben. Sie geben die Strategie des Abwartens auf.
2. Erhöhter Zeitdruck
   Die zum Treffen von Auswegentscheidungen verbleibende Zeit wird knapper.
3. Vermehrter Informationsbedarf
   Je größer, dringender und unerfüllter der Bedarf an Informationen zur Stabilisierung der Unternehmung wird, um so tiefer gerät sie in die Krise.
4. Begrenzte Ressourcen
   Überdurchschnittlich verknappte Ressourcen sind ein besonders bedrohlicher Krisen - "Treiber".
5. Vertrauensverlust der Unternehmensleitung
   Ein ernstes Krisenphänomen ist schließlich der allenthalben um sich greifende Verlust an Vertrauen in Kompetenz und Format der verantwortlichen Führungskräfte.

Mit diesen Hinweisen sind Bedrohungsfaktoren skizziert, die eine Krise signalisieren. Im folgenden geht es um die spezifischen Kategorien von Ursachen einer eingetretenen Krise in ihrer schwerwiegendsten Variante, dem Konkurs. Sie können externer und interner Natur sein und lassen sich folgendermaßen gruppieren:

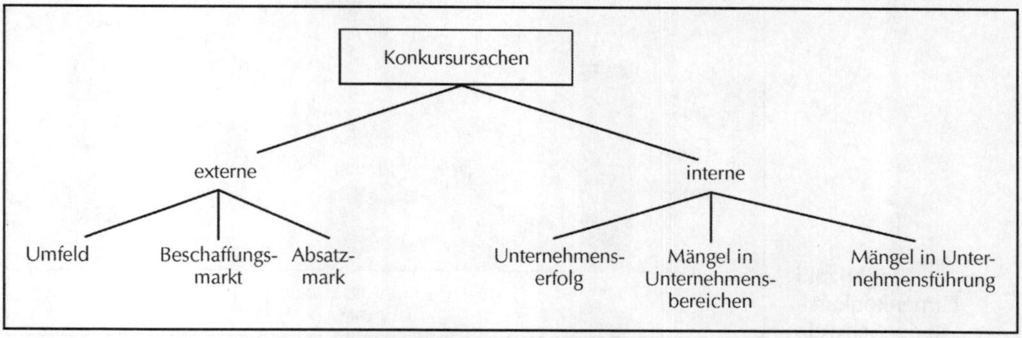

Abb. 1: Gruppen von Konkursursachen

Externe Konkursursachen können in einem allgemein ungünstigen Umfeld zu suchen sein, z. B. in einer mittelstandsfeindlichen Wirtschaftspolitik oder in extrem ungünstigen Standortbedingungen. Spezieller können die Ursachen auf dem Beschaffungs- oder dem Absatzmarkt liegen, etwa in Form neu entstandener Betätigungsbarrieren oder in der Globalisierung, mit einer Überschwemmung des Absatzmarktes mit Produkten von Billiganbietern.

Im Kontext der internen Konkursursachen, denen, wie wir sehen werden, die größere Bedeutung zukommt, kann es durchaus um vergangene Erfolge gehen, die Trägheit verursacht haben, namentlich aber um konkrete Mängel in einzelnen Funktionsbereichen der Unternehmung oder in der Unternehmensführung insgesamt.

Solche Hinweise auf der Ebene von Plausibilitätsüberlegungen und Praxisbeobachtungen bleiben freilich so unverbindlich wie vage. Im folgenden suchen wir die Gründe für Unternehmenszusammenbrüche mit Daten zu belegen.

2.2 Bankrotte im Spiegel von Daten

2.2.1 Zur Lage in der Schweiz

Mit über 4500 Firmenkonkursen wurde in der Schweiz 1997 im Vergleich über die letzten Jahre ein "Rekord" erzielt. Zugleich erreichte aber auch die Zahl der Neugründungen (bzw. Neueintragungen ins Handelsregister) mit fast 30'000 Firmen einen Höchststand. Außerdem hat die Anzahl der Konkurse sich nicht kontinuierlich zur besagten Rekordziffer aufwärtsentwickelt, sondern unterschiedliche Größenordnungen angenommen. Eine Zunahme wird erst seit 1995 sichtbar (wie übrigens früher schon einmal von 1988 bis 1993)[2]:

2 Creditreform, 13. 1. 1998, S. 2

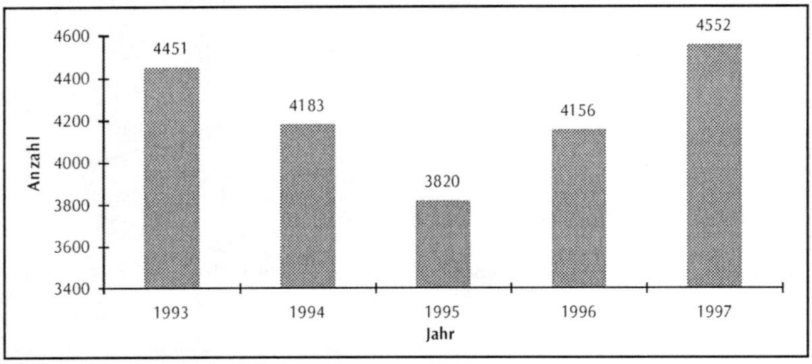

Abb. 2: Anzahl Firmenkonkurse in der Schweiz

Der neue Anstieg ist nach Meinung von Fachleuten[3] auf mehrere Faktoren zurückzuführen:

- Verschlechtertes Zahlungsverhalten der Kunden und Forderungsausfälle,
- Mangelhafte Eigenkapitalausstattung und aufgezehrte Reserven,
- Magere Umsatzrentabilität,
- Zu knappe Decke zur Bewältigung des Liquiditätsentzuges,
- Führungsschwächen und –fehler.

3 Vgl. W. Egeli, in: Creditreform, Mitteilung vom 13.01.1998, S. 2.

Bemerkenswerterweise ergibt sich keine Rekordzunahme der Fälle, wenn die Insolvenzen insgesamt betrachtet werden und nicht nur (wie oben) diejenigen, die zum Konkurs geführt haben:

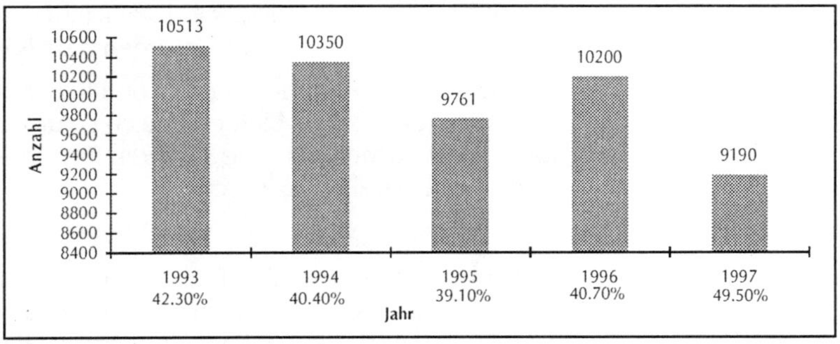

Abb. 3: Anzahl Firmeninsolvenzen in der Schweiz

Nach dieser Statistik (aus derselben Datenquelle wie Abbildung 2) ist die Zahl der Insolvenzen 1997 sogar zurückgeganger – auf den tiefsten Stand der betrachteten Zahlenreihe. Das bedeutet, dass der Anteil der Konkurse an den Insolvenzen (von rund 40% auf rund 50%) angestiegen ist. Über die Gründe dafür können nur Mutmaßungen angestellt werden. Wir neigen dazu, die Ursachen vor allem in einer drastisch verschärften Kreditpraxis namentlich der Großbanken gegenüber den KMU zu sehen, die nicht zuletzt darin besteht, insolvent werdende Kundenfirmen ohne Zögern in den Konkurs zu treiben. Die neue Politik der betreffenden Banken ist inzwischen Gegenstand einer kontroversen öffentlichen Diskussion geworden.

Angesichts der allenthalben wahrgenommenen Aktualität der Bankrottproblematik erscheint es lohnend, einen europäischen Quervergleich anzustellen.

2.2.2 Die Insolvenzsituation in Europa

Dieser Vergleich ist allerdings dadurch erschwert, dass sich die Erhebungsgegenstände und die Erhebungsphasen von Land zu Land teilweise deutlich unterscheiden. So protokollieren manche Länder nur den Beginn des Insolvenzprozesses, andere zählen die Anzahl der Insolvenzen, noch andere nur diejenige der Liquidationen[4].

4 vgl. European Network for SME Research, 1997, S. 176 ff.

Dazu kommt, dass die Definition von "Selbständigen" nicht einheitlich ist. Die Insolvenz eines Selbständigen kann deshalb bei den Privatpersonen oder bei den Unternehmungen erfasst werden. Beide Varianten kommen in den betrachteten Ländern vor. Trotz dieser Vorbehalte wird im folgenden versucht, die Insolvenzsituation in Europa abzubilden. Eingeschlossen sind alle EU-Länder (außer Portugal, wo es noch an verlässlichen Daten mangelt) sowie Norwegen und die Schweiz.

5 Creditreform, 1998, S. 3.

Tabelle 1: Anzahl Insolvenzen in Europa[5]

	1993	1994	1995	1996	1997
Belgien	6.154	6.354	7.157	7.400	7.800
Dänemark	3.509	3.687	2.621	1.900	1.870
Deutschland	20.298	24.928	28.785	31.471	34.100
Finnland	6.769	5.504	5.234	4.900	460
Frankreich	60.481	56.573	59.503	64.900	66.000
Griechenland	874	825	1.395	1.380	1.300
Großbritannien	58.982	49.969	43.484	42.900	40.200
Irland	814	724	693	670	580
Italien	14.094	16.506	16.016	15.600	16.000
Luxemburg	257	302	320	390	470
Niederlande	6.428	6.644	5.847	5.600	5.440
Norwegen	5.218	4.086	3.899	3.800	3.700
Österreich	5.082	4.850	4.994	5.600	5.100
Schweden	18.731	15.666	12.585	12.200	11.000
Schweiz	10.513	10.350	9.761	10.200	990
Spanien	2.064	1.666	1.345	1.100	900
Gesamt	**220.268**	**208.692**	**203.639**	**210.011**	**207.810**

Es fällt auf, dass in Belgien, Deutschland, Frankreich und Luxemburg die Insolvenzfälle über die letzten Jahre kontinuierlich zugenommen haben, dass in Griechenland, Italien und Österreich die Zahl zu stagnieren scheint und dass sich in über 50% der Länder die Zahl der Insolvenzen zurückgebildet hat. Dementsprechend ist auch über alle Länder hinweg – vorsichtig – ein Rückgang zu registrieren. Die Schweiz stellt diesbezüglich keinen Sonderfall dar.

Mehr Aussagekraft erhalten die Insolvenzdaten, wenn sie auf die Anzahl der bestehenden Unternehmungen bezogen werden:

6 Creditreform, 1998, S. 5.

Tabelle 2: Anteil Insolvenzen an bestehenden Unternehmen (1997) [6]

	Registrierte Unternehmen	Insolvenzen	Insolvenzen pro 10.000
Frankreich	1.956.000	66.000	337
Schweden	329.638	11.000	334
Luxemburg	15.000	470	313
Österreich	188.000	5.100	271
Finnland	160.854	4.160	259
Belgien	400.000	7.800	195
Schweiz	480.000	9.190	191
Großbritannien	2.549.000	40.200	158
Norwegen	257.932	3.700	143
Deutschland	3.200.000	34.100	107
Niederlande	650.000	5.440	84
Irland	81.000	580	72
Italien	3.243.000	16.000	49
Dänemark	410.471	1.870	46
Griechenland	1.038.000	1.300	13
Spanien	2.400.000	900	4
Gesamt	**17.358.895**	**207.810**	**120**

Zwei der Länder mit einem kontinuierlichen absoluten Anstieg der Insolvenzfälle (Frankreich und Luxemburg) stehen auch in dieser Tabelle in der Spitzengruppe und verzeichnen eine hohe Insolvenzquote, d.h. die Zunahmen bewegen sich auf einem ohnehin schon hohen Niveau. Das gilt viel weniger für die anderen beiden Länder mit einer Zunahme der Insolvenzfälle (Belgien und Deutschland). Sie bewegen sich bezüglich der Insolvenzquote im Mittelfeld. Dort figuriert auch die Schweiz.

Solche Bemerkungen zu einer mittleren Position dürfen allerdings nicht suggerieren, sie sei etwas Normales. Vielmehr erscheint die Insolvenzsituation in den meisten Ländern als beunruhigend. Das Beispiel der Schweiz möge diesen Hinweis illustrieren: Rund 10'000 Insolvenzfälle im Jahr bedeuten sehr viele potentielle Schließungen. Wenn ein Unternehmen im Durchschnitt 10 Mitarbeiter beschäftigt (dies stellt die aktuelle Zahl gemäß Unternehmensstatistik der Schweiz dar), verlieren maximal gegen 100'000 Erwerbstätige ihren Arbeitsplatz, sofern die untergehenden Firmen die durchschnittliche Unternehmensgröß1e aufweisen. Mit anderen Worten lässt sich im Falle Helvetiens ein ansehnlicher Anteil der Arbeitslosenzahl erklären.

Schon diese Überlegung, aber beileibe nicht nur sie, lässt es dringend erscheinen, den Ursachen für Unternehmenszusammenbrüche nachzuspüren und Abwehrmaßnahmen ins Auge zu fassen. Insbesondere die Ursachenforschung ist allerdings nicht leicht zu bewerkstelligen. Während sie lange nicht empirisch gestützt wurde, ergibt sich heute die Schwierigkeit, dass wir über Informationen sowohl von betroffenen Unternehmern wie von außenstehenden Datenlieferanten verfügen, die durchaus nicht identisch sind.

Bei der Betrachtung dieser empirischen Informationen halten wir uns im folgenden wieder an die gravierendsten Insolvenzfälle, die Konkurse.

2.2.3 Konkursursachen aus der Sicht der betroffenen Unternehmer

Gemäß Erhebungen unter Konkursiten in drei verschiedenen Ländern werden folgende Hauptursachen für das Scheitern geltend gemacht (aufgeführt in der Reihenfolge ihrer Bedeutung):

a) Großbritannien[7]:

- Unterkapitalisierung / mangelnde Eigenkapitalausstattung
- Unangemessenes Schuldenmanagement
- Mangelnde Produktnachfrage
- Finanzierung bzw. finanzielle Unterstützung angeschlossener Unternehmungen

b) USA[8]:

- Konkurrenz
- Überzogenes Wachstum
- Unangemessene Kenntnis von Preisstrategien
- Unwirksame Werbung

c) Schweiz[9]:

- Schulden- / Zinsbelastung
- Allgemeiner Rückgang der Nachfrage
- Konkurrenzdruck
- Längere Zahlungsfristen der Schuldner

Insgesamt lassen diese Hinweise vermuten, dass zwei Ursachenkomplexe für den Zusammenbruch von Unternehmungen ausschlaggebend sind, finanzielle Probleme und Nachfrage- bzw. Konkurrenzprobleme. Bei näherer Betrachtung werden einerseits europäische, andererseits angelsächsische Gemeinsamkeiten erkennbar:

Die Finanzierungsschwierigkeiten in dieser oder jener Ausprägung scheinen eher typisch für die Verhältnisse in Europa zu sein; in den USA werden sie unter den Hauptursachen gar nicht genannt. Was andererseits die beiden angelsächsischen Länder verbindet, scheint das Eingeständnis auch eigener Fehler durch die konkursiten Unternehmer zu sein; konkret werden eigene Managementfehler im Finanz- oder im Absatzmanagement eingeräumt. Solche Eingeständnisse liegen offenbar den Schweizer Befragten fern. Sie suchen die maßgebenden Konkursursachen ausschließlich in widrigen äußeren Umständen, was folglich bedeutet, dass sie darauf keinen Einfluss hatten. Hier haben wir es vermutlich mit einer speziellen Wahrnehmung zu tun, die sich von derjenigen der angelsächsischen Kollegen unterscheidet (sofern wir davon ausgehen dürfen, dass die externen Gegebenheiten in den drei betrachteten Ländern grosso modo vergleichbar sind). Diese spezielle Wahrnehmung (wenn denn

7 Hall, 1992, S. 243.

8 Gaskill, 1993, S. 25.

9 Dembinski, 1996, S. 44.

unsere Annahme gerechtfertigt ist) mag durch eine unterschiedliche Meinung von Konkursen in Mitteleuropa gegenüber der angelsächsischen Welt "gesteuert" sein. Während besonders in den USA ein Konkurs für den betreffenden Unternehmer durchaus keinen Makel in den Augen außenstehender Betrachter bedeutet, gehört ein Bankrott in der Schweiz bis heute zu den schlimmsten Ereignissen, die einem Unternehmer widerfahren können. Er ist damit für sein weiteres Berufsleben praktisch stigmatisiert und wird zum verachteten Außenseiter. So erscheint es nicht verwunderlich, dass ein derart Betroffener alles daran setzt, die Schuld am Zusammenbruch bei anderen Faktoren als bei sich selber zu suchen.

Damit das hier entworfene Bild nicht spekulativ gerät, werfen wir, wie angekündigt, im folgenden einen Blick auf Konkursursachen aus der Perspektive außenstehender Betrachter; es handelt sich dabei um Konkursämter, KMU-Institute, Banken und ähnliche Institutionen.

2.2.4 Konkursursachen aus der Sicht von Außenstehenden

Die vollständigste Übersicht zu unserem Anliegen liefert der 5. Jahresbericht (1997) der EU-Kommission. Erfasst sind zu diesem Thema alle Mitgliedsländer der Europäischen Union (außer Dänemark und Portugal) sowie Island, Norwegen und die Schweiz.

Nach den in den einzelnen Ländern zusammengetragenen Informationen stellen sich die Konkursursachen folgendermaßen dar:

Tabelle 3: Ursachen von Konkursen europäischer KMU [10]

	äußere Faktoren	finanzielle Probleme	schlechtes Management	Sonstige
Belgien	3	1 (f)	1 (i, j)	k. A.
Deutschland	1 (a, b)	3	1 (i, j)	4 (n)
Finnland	1 (a)	2	k. A.	k. A.
Frankreich	1	2	3	4
Griechenland	3 (b)	2 (f)	1	k. A.
Großbritannien	3	1	2 (h)	4 (n, l)
Irland	3	2 (e, g)	1	k. A.
Island	1 (a)	2 (d)	1 (i)	k. A.
Italien	2	1 (f)	1 (i)	k. A.
Luxemburg	k. A.	2 (d)	1 (i, j)	3 (l)
Niederlande	2	2 (f)	1 (j)	4 (m)
Norwegen	k. A.	k. A.	1 (k)	k. A.
Österreich	3	2	1	4 (m)
Schweden	1	k. A.	k. A.	k. A.
Schweiz	1	2	3	4 m
Spanien	k. A.	1 (d, f)	k. A.	2 (l)

Zu dieser prima vista bestechend ausführlichen und differenzierten Liste drängen sich einige Bemerkungen auf, die teilweise auch in den Begleitkommentaren zur Tabelle angesprochen sind.

Zunächst werden die identifizierten Ursachen in vier (statt wie in diesen Überlegungen in zwei) Gruppen kategorisiert. Bei den "sonstigen" Faktoren handelt es sich jedoch um Größen, die unserer Gruppe "interne Ursachen" zugeordnet werden können (es geht z. B. um Betrug, Konflikte zwischen Partnern[11]) und die zudem eine marginale Rolle spielen.[12] Die Kategorien "äußere Faktoren" und "schlechtes Management" entsprechen unserer Zweiteilung. Die "finanziellen Probleme" stellen hier dagegen in der Tat eine Sondergruppe dar, weil es sich teilweise um interne Schwierigkeiten handelt, teilweise aber auch solche mit einem externen Hintergrund (z. B. gestiegene Zinskosten, veränderte Kreditpolitik der Banken[13]). Das prinzipielle Doppelgesicht der Ursachen wird damit aber nicht in Frage gestellt.

Im weiteren sind in die obige Darstellung aus zahllosen Einzelergebnissen auch Informationen eingeflossen, die von gescheiterten Unternehmern selber stammen, also nicht Beobachtungen oder Auswertungen Dritter darstellen,[14] ohne dass präzisiert werden kann, welche das im Einzelnen sind.

Schließlich bleibt zur obigen Tabelle einschränkend zu bemerken, dass die durch die beteiligten Erhebungsinstitute in den einzelnen Ländern angewandten Erhebungsmethoden nicht untereinander abgestimmt wurden und dass sich auch die Unternehmenspopulationen und sogar die betrachteten Zeiträume voneinander unter scheiden.[15]

Wenn wir trotz dieser Einschränkungen eine materielle Auswertung der gut bestückten Liste versuchen, vermittelt sie zwei Einsichten:

Zum einen ist das Scheitern einer Unternehmung offenbar in aller Regel nicht auf eine einzige Ursache zurückzuführen, sondern auf mehrere Gründe. Diese Beobachtung scheint nicht erstaunlich: Wenn ein isolierter Faktor - so schwergewichtig er auch sei - gleich einen Konkurs auszulösen vermöchte, wären vermutlich noch weit mehr Unternehmen zum Scheitern verurteilt, als tatsächlich bankrott gehen. Schließlich machen einzelne Determinanten heutzutage so gut wie allen KMU Sorgen, z. B. schleppende Eingänge der Zahlungen von Kunden, erschwerte Kreditrichtlinien der Banken.

Zum anderen sprechen die in der Tabelle aufgelisteten Informationen deutlich dafür, dass die von uns als "intern" bezeichneten Konkursursachen stärker ins Gewicht fallen als Gründe, die außerhalb der Unternehmung liegen. So wird "schlechtes Management" in nicht weniger als 10 von 13 antwortenden Ländern als wichtigste Ursachenkategorie herausgestellt. Dazu stehen in vier der antwortenden Länder "finanzielle Probleme" im ersten Ursachenrang, also eine Ursachenkategorie, die wir oben als gemischt aus internen und externen Faktoren bezeichnet haben.

Auch dieses Ergebnis löst keine große Überraschung aus: Wenn als Erfolgsfaktor bei aller Aussagenvielfalt dazu immer wieder unternehmerische Kompetenz betont wird, scheint es durchaus plausibel, dass für ein Scheitern ebenfalls primär im unternehmerischen Bereich

10 European Network for SME Research, 1997, S. 184. Die Faktorengruppen sind nach Wichtigkeit gestaffelt (1=wichtigste). Die Gruppen wurden teilweise spezifiziert; die Buchstaben bedeuten folgende Einzelfaktoren:
a) Veränderungen der Märkte und Wirtschaftsstrukturen
b) unzulängliche Produkt- und Produktionskapazitäten
c) Veränderungen der Vorschriften
d) Steigerung der Zinsrate oder anderer fixer Kosten
e) Veränderungen der Wechselkurse
f) zunehmende Verzögerung beim Zahlungsausgleich
g) Verschiebungen der Kreditpolitik der Bank
h) mangelnde Geschäftspolitik
i) ungeeignete Buchführung
j) Fehler bei den Kosten- und Marktprognosen
k) unangebrachte Managementstruktur
l) geringe rechtliche oder finanzielle Konsequenzen für den Eigentümer
m) Unglück oder Betrug
n) Probleme mit oder zwischen Schlüsselpersonen im Unternehmen.

11 European Network for SME Research, 1997, S. 183.

12 Vgl. ebenda.

13 Ebenda.

14 European Network

anzusiedelnde Faktoren maßgeblich sind. Daher dürfen wir die oben aufgeführten Aussagen von Unternehmern zu den Konkursursachen die sie v.a. ausserhalb ihrer Firma identifizieren mit der gebührenden Portion Skepsis betrachten.

14 European Network for SME Research, 1997, S. 181.

15 Ebenda, S. 182

Wir haben deswegen keinen Anlass zur Schelte. Im Gegenteil kommen wir unter dem Aspekt der Prophylaxe zu einem Ergebnis, dem durchaus eine positive Seite abgewonnen werden kann: Wenn Konkurse vor allem unternehmensinterne Wurzeln haben, sollte die Vorbeugung eher gelingen, als wenn externe Konkursgründe dominierten. Im letzteren Fall wären prophylaktische Maßnahmen durch einzelne involvierte Institutionen kaum machbar, sondern müssten im Regelfall den beschwerlichen und unsicheren Umweg z.B. über die Politik nehmen.

In der beobachteten Konstellation dagegen bieten sich betriebswirtschaftliche Massnahmen zur Prophylaxe bzw. zur Krisenbewältigung mit mehr Aussicht auf Erfolg an. Dazu seien im folgenden einige Überlegungen skizziert.

3 Konkursprophylaxe

Feststellungen von Beteiligten an der zitierten EU-Studie deuten darauf hin, dass nicht alle KMU mit demselben Risiko des Scheiterns rechnen müssen. Besonders gefährdet scheinen junge Firmen: Jedes zweite der gescheiterten Unternehmen ist weniger als 10 Jahre alt (während insgesamt diese Altersgruppe nicht einmal 20% aller KMU ausmacht). Zudem sind Unternehmungen in Bereichen bzw. Regionen unter großem strukturellen Veränderungsdruck besonders stark vom Scheitern bedroht.[16] Trotzdem gelten unsere Überlegungen für KMU schlechthin und nicht nur für solche mit überdurchschnittlichem Misserfolgsrisiko.

16 European Network for SME Research, 1997, S. 182.

Zur Vermeidung eines Konkurses bedarf es des rechtzeitigen Erkennens bedrohlicher Entwicklungen im Interesse der Verhinderung des faktischen Ausbruchs einer existentiellen Krise. Ein Dispositiv zur frühzeitigen Konkursabwehr kann fünf Phasen umfassen:

3.1 Erkennung

Ernste Diskontinuitäten im Sinne von bedrohlichen Störungen haben in der Regel Vorboten, die auf ihr Eintreffen hinweisen. Vielfach sind es allerdings nur schwache Signale.[17] Aufgabe dieser Phase ist es, solche Vorboten frühzeitig zu erfassen, damit eine rechtzeitige Einstellung darauf möglich wird. Ideal, wenn auch für KMU ambitiös, ist ein Frühwarnsystem,[18] das die Erkennung der besagten Signale gewährleistet. Frühwarnsysteme stellen ein wirksames Mittel zur Insolvenzabwehr dar (und übrigens nicht nur dafür!). Sie ermöglichen ein frühzeitiges Eingreifen im Falle alarmierend scheinender Veränderungen, indem sie diese überhaupt erst einmal signalisieren.

17 Vgl. Ansoff, 1976, S. 129ff.

18 Ledergerber, 1987, S. 3ff. Ernst, 1997, S. 88-90. Neubert, 1991, S. 42-45.

Das "Frühwarnsystem" kann zugleich auch ein Instrument der Früherkennung von Chancen sein.

3.2 Handlungsalternativen

Wenn Handlungsbedarf erkennbar wird, empfiehlt sich die Erarbeitung von Handlungsalternativen mit dem Ziel, die "optimale", sprich "best practice" - Variante zur Krisenabwehr zu generieren. Selbst in mittelständischen Verhältnissen können dazu durchaus, wenn die vielgerühmte Intuition nicht weiterhilft, Kreativitätstechniken herangezogen werden.

3.3 Entscheid

Bei der Auswahl der Handlungsvariante ist darauf zu achten, dass möglichst viele materielle und nichtmaterielle Aspekte mitberücksichtigt werden. Der Einbezug der Betroffenen, d. h. vor allem der Einbezug der Mitarbeiter ist wichtig, allerdings in der Regel auch delikat, da Arbeitsplätze auf dem Spiel stehen können. Es geht aber darum, dass alle Betroffenen die Marschrichtung kennen und dass zumindest diejenigen mit Weiterbeschäftigungsaussichten sie auch aktiv mit einschlagen.

3.4 Implementierung

Bei der Realisierung muss permanent darauf geachtet werden, dass die beschlossenen Maßnahmen schnell und resolut in die Tat umgesetzt werden. Dazu braucht es freilich Bedingungen, die diese Umsetzung ermöglichen. Je näher ein drohender Konkurs rückt, umso stärker wird gewöhnlich das "Trichter"-Phänomen, wonach sich die verbleibenden Handlungsmöglichkeiten immer drastischer verringern. Der Unternehmer muss sich dann vermehrt mit der Beschwichtigung der Gläubiger, der Suche nach alternativen Lieferungen (neuer Opfer), nach Geld, Partnern, Investoren und mit Gerichtsverhandlungen zwecks Abwendung des Konkurses usw. beschäftigen.[19]

19 Friedman, 1997.

3.5 Kontrolle

Solange noch Spielraum besteht, sollte konsequent überprüft werden, ob sich das Abwehrdispositiv den Zweckintentionen entsprechend entwickelt. Ansonsten sind Korrekturmaßnahmen erforderlich, solange sie noch greifen.

Es ist festzuhalten: die hier skizzierten Überlegungen dienen der frühzeitigen Erkennung von Konkursrisiken mit dem Zweck, sich dagegen zu wehren. Die angeregten Schritte lassen sich auf einer Zeitachse vor einem drohenden Konkurs gruppieren. Ist der Konkurs einmal eingetreten, lässt er sich logischerweise im bisher gegebenen unternehmerischen Kontext nicht im Sinne einer Rettung bewältigen.

Beim Eintreten von nicht ultimativen Krisen dagegen gibt es durchaus abgestufte Maßnahmen zu ihrer Bewältigung.

4 Krisenbewältigung

Die Maßnahmen im Sinne eines aktiven Krisenmanagements lassen sich nach der Schwere der Krise und dem Umfang bzw. der Tragweite der rettenden Eingriffe kategorisieren. In einem groben Raster können Restrukturierung, Turnaround-Management und Sanierung unterschieden werden.

Hilft keines dieser Instrumente, stellt sich auch hier die Frage nach einem Aufgeben der Unternehmung.[20]

20 Clasen, 1992, S. 133 ff.

Krisenbewältigungsvariante	Krisenerkennungsgrad
Restrukturierung	Nicht bzw. höchstens intern erkannte Unternehmenskrise
Turnaround-Management	Intern generell, extern von Eingeweihten oder Einsichtigen erkannte Unternehmenskrise
Sanierung	Allgemein erkannte Unternehmenskrise
Aufgeben der Unternehmung	Unmittelbar drohender Zusammenbruch

Abb. 4: Möglichkeiten der Krisenbewältigung

4.1 Restrukturierung

Bei einer Restrukturierung besteht der vergleichsweise grösste Handlungs- und Zeitspielraum innerhalb des Krisenmanagements. Sie kann im Falle eines nur begrenzten Ungleichgewichts zwischen den Anforderungen der Umwelt und den Leistungen des Unternehmens ausreichen. Der Schweregrad der Krise ist noch nicht als dramatisch zu bezeichnen. Dennoch ist schon hier eine Gegensteuerung fällig, soll eine Verschärfung des Krisenverlaufs verhindert werden.

Die erforderlichen unternehmerischen Maßnahmen bleiben auf einzelne Bereiche der Unternehmung beschränkt. Sie sind krisenbewältigungsadäquat zu restrukturieren, ihre Ausgestaltung und Arbeitsweise den veränderten wirtschaftlichen Gegebenheiten anzupassen.

4.2 Turnaround-Management für KMU

Das Turnaround-Management stellt einen Versuch der Krisenbewältigung dar, der sich aufdrängt, wenn die Krise gravierend erscheint und jedenfalls nicht mehr verharmlost werden kann. Hier sind in der Regel schon drastische Maßnahmen zu ihrer Überwindung notwendig, da ansonsten die Unternehmung in naher Zukunft nicht mehr existenzfähig wäre.[21] Die Krisenbewältigung wird als eine Führungsaufgabe verstanden, die das gesamte Unternehmen umfasst, im wesentlichen ohne dass externe finanzielle Ressourcen mobilisiert werden müssen. Während in vielen Fällen die Unternehmer eine krisenhafte Entwicklung nicht sehen (oder nicht sehen wollen) greifen bei einer Krise, die nach einem eigentlichen Turnaround verlangt, zumeist die Unternehmer selber ein bzw. veranlassen den Turnaround.[22]

21 Kharbanda, 1987, S. 3.

22 Lorenz, 1998, S. 19.

4.3 Sanierung

Bei einer noch dramatischeren Krise treten zusätzlich zu allen Mängeln noch finanzielle Engpässe auf, die für die Unternehmung unmittelbar lebensbedrohend sind. Es geht also zusätzlich um die

Beseitigung der Liquiditätsengpässe, damit die fällig werdenden Verbindlichkeiten weiterhin beglichen werden können, mit anderen Worten um die Vermeidung der Insolvenz ("operative Sanierung").

Die "strategische Sanierung" geht noch weiter und umfasst die Gesamtheit aller Maßnahmen, durch die ein notleidendes Unternehmen wieder zu einem gesunden Unternehmen umgestaltet wird. Sie beinhaltet den Versuch einer Ausmerzung aller Schwachstellen und Defizite der Unternehmung, und sie sind in einem Sanierungsfall gewöhnlich sehr zahlreich.[23]

23 Siegwart, 1990, S. 126. Howaldt, 1994, S. 238.

4.4 Aufgabe der Unternehmung

Das Aufgeben eines Unternehmens stellt eigentlich keine Krisenbewältigung mehr dar, sondern bedeutet die resignative Einsicht, dass keine vernünftige Aussicht darauf besteht, das Unternehmen wieder lebensfähig zu machen. Die überlegte, geplante Selbstliquidation erscheint dann aus verschiedenen Gründen immer noch sinnvoller als eine Fremdliquidation mit Konkurs.

5 Ausblick

Die Ursachen für den Konkurs eines Unternehmens sind vielfältig. Dennoch ist allen Konkursen etwas gemeinsam: Das erste Glied der fatalen Kette ist in der Regel mit der Person des Unternehmers verbunden, und das letzte ist immer ein Mangel an finanziellen Mitteln, d. h. die Illiquidität. Wie der Unternehmer in KMU den wichtigsten Erfolgsfaktor darstellt, kann er auch der entscheidende Misserfolgsfaktor sein.

Den Krisen kann sowohl vor als auch nach ihrem Eintreten entgegengewirkt werden. Im "Idealfall" werden sie frühzeitig erkannt; die Bekämpfung ex-post ist sehr schwierig und kapitalintensiv, und die Erfolgswahrscheinlichkeit bleibt kleiner.

Auf die sich im Anschluss an eine erfolgreiche Krisenbewältigung ergebende Frage der Gestaltung der weiteren Entwicklung und damit der Überlebensfähigkeit von derart stabilisierten KMU sei mindestens hingewiesen: Dieser Phase kommt die gleich große Bedeutung zu, obwohl sie nicht mehr expliziter Teil des Krisenmanagements ist. Ansatzpunkte für die Sicherung des Unternehmenserfolges sind die konsequente Verfolgung der typischen KMU-Stärken und die Eliminierung der Unternehmensschwächen sowie der Einsatz einer bewussten und konsequenten Unternehmensführung, die das Adjektiv "strategisch" verdient.

Die Vielfalt der Krisenursachen erscheint so groß wie die Vielfalt der KMU. Zwischen dem unternehmerischen Erfolg und der existenzbedrohenden Krise kann sogar eine Wechselwirkung bestehen.

Die Bedrohungen der Unternehmensexistenz sind auch aus übergeordneten Gründen größer geworden. Die zeitgerechte Einstellung auf aktuelle, eventuell kritische Entwicklungen wird daher noch wichtiger. Anpassungsstrategien und deren rasche Umsetzung sind nicht nur für etablierte erfolgreiche Unternehmen entscheidend, sondern v.a. auch für gerade gegründete Unternehmen. Es gilt je länger je mehr,

- Wachstums-, Liquiditäts- und Fixkostenfallen auszuweichen,
- Erneuerungen mutig anzugehen,
- Mindestziele zu setzen und ihre Erreichung zu kontrollieren,
- die Wünsche der Kunden rechtzeitig zu erkennen und zu berücksichtigen und
- sich gegen Krisen rechtzeitig zu rüsten.

Betrachtet man Unternehmen, welche eine Krise überwunden haben, so kommt man bei aller Heterogenität der Krisenursachen zum Schluss, dass die entscheidende Größe, der Unternehmer selbst, den Schlüssel für den Erfolg seiner Firma, aber zumeist auch für das Scheitern darstellt. Er kann beides sein, Held oder Versager. Diese Kategorien reichen über das Ökonomische hinaus.

Literatur

Ansoff, H. (1976): Managing Surprise and Discontinuity – Strategic Response to Weak Signals, in: Zeitschrift für betriebswirtschaftliche Forschung, S. 129ff.

Clasen, J. P. (1992): Turnaround Management für mittelständische Unternehmen, Wiesbaden.

Dembinski, P. H. et al. (1976): Wie geraten Unternehmen in Konkurs? Eine Studie von OBSERVA, in: Die Volkswirtschaft, S. 38-44.

Ernst, R. (1977): Risikobewusste Unternehmungsführung in KMU, in: AGEFI Ratgeber für KMU, Lausanne, S. 88-90.

European Network for SME Research (1977): Das Europäische Beobachtungsnetz für KMU. Fünfter Jahresbericht, Zoetermeer.

Friedmann, G. (1997): Unterlagen zu KMU in Not, in: Finanzen, S. 4-5.

Gaskill, L. R. et al. (1993): A Factor Analytic Study of the Perceived Causes of Small Business Failure, in: Journal of Small Business Management, S. 18-31.

Hall, G. (1992): Reasons for Insolvency Amongst Small Firms - A Review and Fresh Evidence, in: Small Business Economics; S. 237-250.

Howaldt, St. D. (1994): Sanierungsaktionen bei Klein- und Mittelunternehmen, Diss. HSG, Hallstadt.

Kharbanda, O./ Stallworthy, E. A. (1987): Company Rescue: How to Manage a Company Turnaround, London.

Ledergerber, R. (1987): Einführung eines Frühwarnsystems in einem kleineren Unternehmen, IGW Impulse, Nr. 1, St. Gallen.

Lorenz, P. (1998): Turnaround-Management in kleinen und mittleren Unternehmen - Erfolge und Hindernisse bei der Krisenbewältigung, IGW Impulse Nr. 15, St.Gallen.

Neubert, H. (1991): Finanzielle Engpässe frühzeitig erkennen, in: io Management Zeitschrift, S. 42-45.

Schweizerischer Verband Creditreform SVC (1998): Pressemitteilung 13. Januar 1998, St.Gallen.

Schweizerischer Verband Creditreform: SVC (1998): Insolvenzen in Europa 1997/1998. Eine Untersuchung der Creditreform Wirtschafts- und Konjunkturforschung, Neuss.

Siegwart, H. et al. (1990): Restrukturierungen und Turnarounds. Meilensteine im Management, 2. Aufl., Stuttgart.

Norbert Kailer, Josef Scheff

Wissenstransfer in der Krise? Defizite und Gestaltungsansätze im Know-how-Transfer in KMU

Prof. Dr. Norbert Kailer
Ruhr-Universität Bochum,
Deutshland

Dr. Josef Scheff
Karl-Franzens-Universität Graz,
Österreich

WISSENSTRANSFER IN DER KRISE? DEFIZITE UND GESTALTUNGSAN - SÄTZE IM KNOW-HOW-TRANSFER IN KLEINE UND MITTLERE UNTERNEHMEN

Zusammenfassung: Ausgehend von einer Repräsentativerhebung bei KMU, Weiterbildungs-, Beratungs- und Forschungseinrichtungen im Raum Graz wird aufgezeigt, daß in allen Phasen des Kooperationsprozesses erhebliche Defizite bestehen, die als Krise des herkömmlichen Ansatzes des Know-how-Transfers eingeschätzt werden können. Fehlende Markttransparenz, Such- und Auswahlprobleme, fehlende Zielvereinbarungen, Transferunterstützung und Evaluierung führen zu einer erheblichen Unzufriedenheit der KMU. Entwicklungspotentiale werden demgegenüber in der Konzeption und Begleitung zwischen- bzw. überbetrieblicher Entwickungsprogramme, in der Prozeßbegleitung innerbetrieblicher Entwicklungsprojekte und vor allem in der Prozeßbegleitung von Kooperationen zwischen KMU gesehen. Dabei wird in Zukunft auch dem Einsatz neuer Lerntechnologien zur Förderung der Vernetzung der KMU erhöhte Bedeutung zukommen.

Stichwörter: externe Know-how-Träger, kleine und mittlere Unternehmen (KMU), Know-how-Transfer, Kooperationen, Krise, Personalentwicklung, Wissenstransfer

THE CRISIS OF KNOWLEDGE TRANSFER - DEFICITS AND INNOVATIVE FORMS OF COOPERATION BETWEEN SMES AND EXTERNAL PROVIDERS OF KNOW HOW

Summary: Based upon a representative study covering SMEs, providers of training and consulting and research institutions in the region of Graz, this paper discusses deficits in the cooperation process between SMEs and external providers of know how. A lack of market transparency, problems in the search phase, a lack of cooperation targets and evaluation critetia as well as deficits in the cooperation during the transfer phase lead to a considerable dissatisfaction of SMEs. This crisis of the traditional forms of know-how-transfer can be overcome by the development of new forms of cooperation, e. g. integrated training and consulting programmes, process consultation of in-house development projects and the support of and process consultation of cooperation between SMEs. In this context, new learning technologies can be used to foster cooperative learning and networking.

Keywords: crisis, cooperation, external know-how-providers, personnel development, small and medium enterprises (SMEs), transfer of knowledge

1 Ausgangssituation

Nach Peter Drucker (1985) bewegen wir uns gegenwärtig in einer Zeit der Transformation hin zur Wissensgesellschaft. Traditionelle Produktionsfaktoren werden immer weniger einen wertschöpfenden Beitrag leisten, Wissen dagegen wird als der zentrale Wertschöpfungsfaktor der Zukunft eingeschätzt. Die steigende Bedeutung des Faktors Wissen wird auch aus ökonomischer Sicht anhand der hohen Wachstumsraten "wissensintensiver Industrien" (z.B. Unternehmensberatung, Softwareunternehmen, Bildungsinstitutionen, außeruniversitäre Forschungsinstitutionen) eindrucksvoll belegt.

Sieht man bei kleinen und mittleren Unternehmen (KMU) von der Gruppe sehr innovativer Unternehmen mit hoher eigener Fachexpertise in einer speziellen Marktnische ab, sind KMU im allgemeinen aufgrund beschränkter personeller oder fachlicher Kapazitäten oft auf die Kooperation mit externen Fachexperten angewiesen. Dazu zählen auch die "traditionellen Know-how-Anbieter" wie Weiterbildungsinstitute, Consultingunternehmen, Berater- und Trainergruppen, außeruniversitäre Forschungsinstitute und Universitätsinstitute selbst.

Für eine angestrebte Steigerung der Innovations- und damit Ertragskraft von KMU durch Kooperation mit Externen ist aber die Qualität der Ausgestaltung der angebotenen Kooperationsmöglichkeiten – gerade im Kontext wirtschaftlich schwieriger Zeiten – von entscheidender Bedeutung (Kailer/Scheff 1994). Allerdings stellt trotzdem in der betrieblichen Praxis der Faktor Wissen eine schlecht gemanagte Ressource dar, was mit dem hohen Komplexitätsgrad dieser Thematik zusammenhängt. Massive Kritik wird an der reaktiven Gestaltung der betrieblichen Personalentwicklung, am für KMU inadäquaten Angebot externer Know-how-Träger (z.B. Stahl/Stölzl 1994, Pawlowsky/Bäumer 1996, Scheff 1997) und an der ungenügenden Berücksichtigung der gerade in KMU sehr unterschiedlichen Einstellung hinsichtlich der Zusammenarbeit mit Externen (Kailer 1986, Frank 1993, Mugler/Hanel 1996) geübt.

Vor diesem Hintergrund wurde im Großraum Graz 1997 eine Repräsentativerhebung bei KMU (bis 250 Mitarbeiter) sowie bei Weiterbildungs-, Beratungs- und Forschungsinstitutionen durchgeführt. Ausgehend von dieser großteils spiegelbildlich angelegten anbieter- und nachfragerseitigen Analyse der Know-how-Aktivitäten, z.B. hinsichtlich Auswahl- bzw. Akquisitionsstrategien, Marktüberblick, Angebots- bzw. Nachfrageschwerpunkten, Gestaltungsformen der Zusammenarbeit und hemmenden und fördernden Faktoren in den einzelnen Phasen des Kooperationsprozesses wurden zentrale Kooperationsdefizite sowie Hinweise zur Entwicklung innovativer Gestaltungsansätze von Kooperation abgeleitet. Im Folgenden sollen einige Erkenntnisse diskutiert werden.

2 Unterschiedliche Bedeutung externer Know-how-Anbieter für KMU

Der wichtigste Kooperationspartner im Know-how-Bereich für KMU sind nicht überraschend Steuerberater bzw. Wirtschaftstreuhänder (vgl. Lachnit/Müller 1993). Diese werden nicht nur von fast allen KMU genannt, sondern arbeiten mit diesen auch in fast allen Fällen laufend zusammen, was jedoch durch das Tätigkeitsfeld erklärbar ist. Von jeweils knapp über der Hälfte der KMU werden Lieferanten, die Wirtschaftskammer/Wirtschaftsförderungsinstitute, andere Unternehmen und Banken als Know-how-Partner genannt.

Im Weiterbildungsbereich wird – wie auch frühere Erhebungen belegen - am häufigsten mit WIFIs zusammengearbeitet, was mit deren quantitativer Dominanz am Weiterbildungsmarkt und der auf KMU ausgerichteten Angebotsstruktur zu erklären ist. Jedoch nimmt auch von den KMU bereits jedes fünfte Weiterbildungsberater und jedes achte private Trainer in Anspruch. Hier schlägt sich die steigende Bedeutung privater Trainer- und Beratergruppen – die bei Großbetrieben bereits die wichtigsten Kooperationspartner darstellen (Kailer 1995) – nieder.

Unternehmensberater wurden demgegenüber seltener konsultiert. Mit ihnen arbeitete jedes sechste Unternehmen in den letzten drei Jahren häufig zusammen.

Mit F&E-Institutionen kooperieren insgesamt gesehen nur sehr wenige KMU. An erster stehen dabei die außeruniversitären Forschungseinrichtungen sowie die Technische Universität.

Am häufigsten werden externe Know-how-Anbieter von Handels- und Industrieunternehmen in Anspruch genommen, kaum dagegen von Tourismusbetrieben. Generell zeigt sich, daß Unternehmen, die ihr Umfeld als sehr dynamisch einschätzen, verstärkt externes Know-how nachfragen.

3 Problemfelder der Zusammenarbeit

Generell läßt sich das – auch in anderen Studien aufgezeigte - defizitäre Wissensmanagement bei Anbietern und Nachfragern bereits daraus ablesen, daß einerseits eine große Anzahl von KMU von den derzeitigen Angeboten der Know-how-Träger überhaupt nicht erreicht wird, und daß andererseits auch von den bereits kooperierenden KMU ein erheblicher Anteil mit dem Kooperationsergebnis deutlich unzufrieden ist.

3.1 Hemmende und fördernde Faktoren der Zusammenarbeit

Als weitaus wichtigster hemmender Einflußfaktor bei Kooperationen mit externen Know-how-Trägern wird von KMU das vielschichtig interpretierbare "Zeitproblem" genannt: Darunter fallen sowohl die generelle Überlastung der KMU-Spitze mit dem Tagesgeschäft (was zugleich bedeutet, daß Zeit für konzeptuelle Überlegungen und Neuentwicklungen fehlt) als auch das Problem, daß von Nachfrageseite zu wenig Zeit für die Kooperation mit den externen Fachleuten eingeplant wird.

Am zweithäufigsten wird die unklare Kosten/Nutzen Relation genannt. Dies wird aus Kostensicht mit dem allgemein zu teuren Angebot und aus Nutzensicht mit der fehlenden Praxis- bzw. Problemrelevanz und den damit verbundenen Umsetzungsschwierigkeiten belegt. Darin spiegelt sich aber auch das weitverbreitete Defizit bei der gemeinsamen Vereinbarung von Zielsetzungen und Evaluierungskriterien wieder.

Die wichtigsten fördernden Faktoren aus KMU-Sicht stellen die hohe Fachkompetenz der Externen sowie die bisherigen guten Erfahrungen mit Externen dar.

Fördernde Faktoren	Weiterbildung N=269	Beratung N=259	F&E N=98
gute bisherige Erfahrung	42,2%	43,8%	32,5%
Management ist aufgeschlossen	32,1%	32,7%	36,9%
Zusammenarbeit prinzipiell zielführend	42,6%	43,3%	30,3%
positive Kosten/Nutzen-Relation	37,9%	37,2%	34,7%
hohe Fachkompetenz der Externen	44,0%	47,2%	36,5%
Hemmende Faktoren	**Weiterbildung N=307**	**Beratung N=311**	**F&E N=177**
zu wenig Zeit	61,5%	50,4%	35,7%
Zusammenarbeit prinzipiell nicht zielführend	19,0%	20,6%	46,6%
fehlende Praxisrelevanz	26,0%	32,1%	27,6%
Angebote gehen nicht auf spezielle Probleme ein	24,8%	30,8%	24,7%
Kosten/Nutzen-Relation unklar	38,3%	43,5%	35,5%
externe Angebote zu teuer	30,6%	35,3%	19,7%

Abb 1: Wichtigste hemmende/fördernde Faktoren aus KMU-Sicht

Der Vergleich von Anbietern und Nachfragern zeigt, daß die externen Know-how-Träger bei den fördernden Faktoren der Kooperation ihre positive Rolle (hohe Fachkompetenz, Praxisrelevanz der Angebote, Maßschneiderung der Angebote, generell gute Erfahrungen der KMU) eher überschätzen. Sie nennen zudem signifikant häufiger hemmende Faktoren, sehen hier aber als Verursacher vor allem die Nachfragerseite (zu wenig Zeit für Kooperation seitens der Unternehmen, mangelnde Umsetzungsbereitschaft).

3.2 Defizite in den einzelnen Phasen des Kooperationsprozesses

3.2.1 Intransparenz im Wissensmarkt erschwert die Orientierung

Marktintransparenz wird zwar nur von einem Teil der KMU als wichtiges Kooperationshemmnis gesehen. Lediglich ein Drittel der KMU beklagt eine schlechte Marktübersicht.

Diese wird sich jedoch in Zukunft durch die stetige Zunahme auf Anbieterseite ("Trainer- und Beraterboom") und durch von KMU wenig geschätzte Werbestrategien von Anbietern ("Desinformation durch Überflutung mit Seminarprospekten") verschärft werden. Darüber hinaus ist auch festzustellen, daß viele langfristig ausgebuchte Anbieter mit einem festen Kundenstock ("Dauerberater", "quasi-interne Trainer" eines größeren Unternehmens) generell auf Werbemaßnahmen verzichten und gerade für KMU am Markt mit ihrem oft innovativen Angebot gar nicht sichtbar werden. Damit werden KMU bei ihrer Suche mögliche Alternativen zum bekannten Angebot gar nicht bewußt.

Der subjektive Eindruck vieler KMU, einen durchaus guten Überblick über das Know-how-Angebot zu haben, steht jedoch im Gegensatz zu abgegebenen Schätzungen über die Anzahl der Bildungsinstitutionen im Großraum Graz: Mehr als die Hälfte der KMU schätzt die Anbieterzahl auf weniger als 20, während Recherchen ergaben, daß die Anbieterzahl weit über 80 liegt. Dies belegt wiederum, daß KMU vorwiegend mit einem oder wenigen externen Anbietern zusammenarbeiten. Man kann hier von Zufriedenheit auf einem geringen Anspruchsniveau sprechen.

3.2.2 Auseinanderklaffen von Angebot und Nachfrage

Die fehlende Bedarfsabstimmung zwischen Anbietern und Nachfragern zeigt sich in den sehr unterschiedlichen Schwerpunktsetzungen der beiden Seiten.

Das anbieterseitig deutlich feststellbare Defizit an Marktforschung birgt die Gefahr eines Auseinanderentwickelns von Angebot und Nachfrage. Eine Orientierung an den Angeboten anderer Anbieter oder an aktuellen Literaturtrends führt zu "Trittbrettfahrereffekten" der Anbieter, z.B. hinsichtlich des Angebotes von Modethe- men, denen eine anders strukturierte Nachfrage gegenübersteht. Derzeit ist anbieterseitig in vielen Bereichen eine Überbewertung von Themen erkennbar (z.B. Persönlichkeits- und Managementtraining, Organisationsentwicklung, Unternehmenswandel, Unternehmensleitbild - und -strategieentwicklung, Telekommunikation), denen derzeit keine entsprechende Nachfrage seitens der KMU gegenübersteht. Auch bei den zukünftigen thematischen Schwerpunkten setzen sich diese signifikanten Unterschiede hinsichtlich Angebots- und Nachfrageschwerpunkten fort.

Dieses inhaltliche Auseinanderentwickeln von Angebot und Nachfrage stellt sich gerade aus KMU-Sicht als besonders nachteilig heraus, weil von den Anbietern in der Regel kaum inhaltliche Differenzierungen nach der Größe der Klientenunternehmen vorgenommen werden.

Ein Erklärungsansatz für die Abweichungen von den von KMU geäußerten Bedürfnissen liegt möglicherweise in einem verstärkten Nachfrageverhalten in den genannten Themengebieten von Großunternehmen sowie der öffentlichen Verwaltung, die in die Befragung der Nachfragerseite nicht einbezogen wurden.

3.2.3 Probleme in der Anbahnungsphase (Suche, Auswahl, Kontrakt)

Kooperationsprobleme sind meist bereits in Fehlern bei der Suche nach und Auswahl von externen Know-how-Trägern begründet: KMU verlassen sich dabei auf Empfehlungen anderer Unternehmen bzw. auf Vermittlungsinstanzen, ohne ausreichend zu reflektieren, inwieweit sich die Ausgangssituation und Rahmenbedingungen unterscheiden.

Bildungsanbieter und Unternehmensberater streben im Zuge ihrer Kundenakquisition einen möglichst frühzeitigen persönlichen Kontakt an. Dies ist für KMU mit eingeschränkter Erfahrung mit externen Know-how-Anbietern angesichts oft ausgefeilter Akquisitionsstrategien (Zimmermann 1997) und unklarer eigener Zielvorstellungen u.U. problematisch, da hier nicht gesichert ist, daß die empfohlenen Angebote und Problemlösungen auch auf einen tatsächlichen betrieblichen Bedarf basieren.

Der Vergleich mit den KMU zeigt, daß die bevorzugten Vorgehensweisen nicht miteinander korrespondieren. Ein möglicher Ansatz zur effizienteren Gestaltung des Akquisitionsprozesses wäre die Einbeziehung der für KMUs so wichtigen Vermittler (Steuerberater, WIFI, Banken).

Bei den Vorgehensweisen der F&E-Anbieter bei der Kontaktaufnahme zu Unternehmen lassen sich zwei zentrale Strategien unterscheiden: Einerseits eine aktive Akquisitionsstrategie, die im wesentlichen auf persönlichen Kontakten der Institutsangehörigen aufbaut, und eine eher passive, bei der man auf eine Initiative seitens interessierter Unternehmen wartet und auf die Wirkung von Fachpublikationen setzt. Dies spiegelt auch die Verhaltensmuster der Nachfrager wider: KMU finden sich zum Teil ohne weitere Hilfe am F&E-Markt zurecht, zum Teil brauchen sie eine aktive Ansprache von Anbieterseite.

Als wichtigste Auswahlkriterien aus KMU-Sicht gelten ein gutes Preis/Leistungsverhältnis, Branchen-/Fachwissen und eine gute bisherige Kooperationserfahrung mit den Anbietern. Mit steigender Kooperationserfahrung wird zudem mehr Wert auf ein bedarfs- und umsetzungsorientiertes Angebot gelegt. Für KMU stellt somit bedarfsorientierte Gestaltung des Bildungsangebotes zu angemessenen Preisen ein wichtiges Auswahlkriterium dar. Externe Anbieter nennen dagegen Kriterien wie Referenzen und Empfehlungen, örtliche Nähe zum Unternehmen, finanzielle Förderungen und niedrige Honorare signifikant häufiger als KMU: Dies kann als Hinweis auf eine bestehende Hemmschwelle von Know-how-Anbietern hinsichtlich einer möglichen Kooperation mit KMU aufgefaßt werden. Dies wird auch dadurch belegt, daß nur ein kleiner Teil der Anbieter angibt, seine Dienstleistungen auch KMU-spezifisch zu gestalten und hinsichtlich der Zielgruppe zu differenzieren.

Die verfolgten Akquisitionsstrategien der externen Know-how-Träger decken sich nur zum Teil mit den Suchstrategien der KMUs. KMUs bedienen sich vorzugsweise der Einschaltung von "vertrauten" Vermittlern bzw. greifen auf ihr persönliches Netzwerk zurück. Anbieterseitig wird dieser Suchstrategie der KMUs nur in Ansätzen entsprochen. Die externen Know-how-Träger schätzen die Bedeutung der zugrundeliegenden Auswahlkriterien der KMUs nur zum Teil richtig ein.

Als entscheidend stellt sich in der Anbahnungsphase eine genaue Zielklärung dar. In diesem Zusammenhang muß es neben der Klärung der Erwartungen auch zu einer Rollenklärung kommen. Offensichtlich bestehen sehr oft unterschiedliche Sichtweisen über die von den Beteiligten einzunehmenden Rollen.

3.2.4 Fehlende Qualitätssignale und Markttransparenz

In der Praxis verbreitete anbieterseitige Qualitätssignale, wie Zulassungsprüfungen im Beratungsbereich, ISO-Zertifizierung bei Bildungsanbietern oder Fachpublikationen bei F&E-Institutionen, werden sowohl von Nachfragern als auch von den Anbietern selbst als für KMU sehr nachrangige Auswahlkriterien eingeschätzt und erhöhen damit die Markttransparenz kaum.

Anbieterseitig werden folgende Qualitätskriterien als wichtig angesehen:

- bei Bildungsleistungen Praxisnähe des Angebotes und die Durchführung von Bildungsbedarfserhebungen
- bei Beratern die Berufserfahrung sowie die Begleitung der Umsetzung im KMU
- im Forschungsbereich die Anzahl von Fachvorträgen und Forschungskooperationen sowie die generelle Anwendungsmöglichkeit der Ergebnisse in der Wirtschaft

Nachfragerseitig konnten mittels einer Faktorenanalyse aus einer ergänzenden Befragung bei 315 KMU nachstehende Qualitätsanforderungen herausgearbeitet werden:

- Gestaltung des Kooperationsprozesses (Vorbereitung der Mitarbeiter, eine gemeinsame Bedarfserhebung sowie Evaluierung der Maßnahmen, Maßschneiderung auf die betriebliche Problemsituation)

- Finanzierung der Kooperation (Hilfestellung bei Finanzierungs/Förderungsfragen und kostenlose Erstberatung)
- Innovationsgrad der Leistung (Einsatz neuer Lernformen, Aktualität der angebotenen Themen)
- Flexibilität des Anbieters (flexible Zeitanpassung sowie rasches Reagieren auf den Qualifizierungsbedarf der Unternehmen)

Diese nachfragerseitig bestimmten Qualitätsfaktoren zeigen gleichzeitig die mögliche Entwicklungsrichtung einer Qualitätsdiskussion auf.

3.2.5 Kooperationsdefizite bei Zielvereinbarung, Transfer und Evaluierung

Eine systematische Evaluierung der Kooperationsprojekte wird nur von einem Teil der Anbieter betrieben. Zwar gibt nur ein geringer Prozentsatz der Anbieter an, überhaupt keine Evaluierung durchzuführen, aber bei den eingesetzten Maßnahmen handelt es sich in den meisten Fällen um die üblichen Abschlußbesprechungen mit dem Auftraggeber oder um routinemäßigen Fragebogeneinsatz am Ende von Seminarveranstaltungen. Knapp mehr als die Hälfte führt auch Nachfragen im Unternehmen durch. Von einer systematischen Evaluierung kann somit nicht gesprochen werden. Dies zeigt sich auch darin, daß ein verhältnismäßig großer Anteil (knapp ein Drittel) der Berater nicht einmal einen Beratungsbericht erstellt.

Generell werden im Zuge von Kooperationsvereinbarungen kaum Evaluierungsvereinbarungen abgeschlossen, obwohl gerade die unklare Kosten-Nutzen-Relation von Nachfragern häufig als Kooperationshemmnis angeführt wird.

Gerade in diesem Zusammenhang wirkt sich besonders nachteilig aus, daß von Nachfragerseite zu wenig Zeit in eine erste Problemanalyse und Zielformulierung investiert wird. Angestrebte Kooperationsziele werden häufig nicht oder nur sehr vage formuliert. Kriterien zur Evaluierung am Projektende werden kaum, Zwischenerfolgskontrollen praktisch nie vereinbart.

Insbesondere bei überbetrieblich abgehaltenen Weiterbildungsveranstaltungen zeigt sich immer wieder die bekannte Umsetzungsproblematik, die in hohen Transferverlusten resultiert. Aber auch bei Beratungsleistungen zeigt sich, daß externe Berater in vielen Fällen von den KMU in die Umsetzungsphase nicht einbezogen werden. Hier spielen psychologische Motive, die Problematik des unterschätzten Zeitbedarfes, aber auch Kostenüberlegungen eine wichtige Rolle. Ein ähnliches Ergebnis zeigte sich auch bei einer Evaluierung von KMU-Beratungen in Deutschland (Kailer/Falter 1998). Vage Zielvorstellungen, Umsetzungsprobleme und fehlende Evaluierung führen dazu, daß bei KMU eine Unklarheit hinsichtlich erzielter Erfolge besteht. Dies dürfte letztlich auch zu der eher skeptischen Einschätzung des Kosten-Nutzen-Verhältnisses bei der Kooperation mit Externen führen.

3.2.6 Anbieter- und nachfragerseitige Defizite führen zu einer Krise des traditionellen Know-how-Transfers

Nachfragerseitig werden nach wie vor kurzfristig ausgerichtete Maßnahmen zur Bewältigung des Wandels eingesetzt. Strategische Aspekte gehen im Tagesgeschäft unter – Zeit für ein Management des Wissens steht nicht zur Verfügung. Diese Problematik wird durch die Kompetenzdefizite im Umgang mit Externen (z.B. hinsichtlich Suchvorgang, Auswahlprozeß, Zielabstimmung, Evaluierungsvereinbarungen) verschärft.

Anbieterseitig läßt sich vor allem eine mangelnde Kundenorientierung konstatieren (Stahl/Stölzl 1994). So zeigt sich eine Überbewertung gewisser Themenbereiche, die nicht nur aus einer nachfrage-/kundenorientierten Vorgehensweise der Bedarfserhebung abgeleitet wurden. Auch hinsichtlich methodisch-didaktischer Aspekte überwiegen nach wie vor traditionelle Formen der Wissensvermittlung (Reuther/Weiß/Winkels 1996). Innovative Formen des Wissenstransfers können nur vereinzelt identifiziert werden und scheitern oft am mangelnden Transfer- bzw. Multiplikatoreffekt. Den von vor allem von kooperationserfahrenen KMU geäußerten Bedarf - z.B. hinsichtlich zwischenbetrieblicher Formen des Wissenstransfers - wird bislang kaum entsprochen. In dieser Form aufgezogene Kooperationsprojekte - die sowohl aus Effizienz- als auch Effektivitätsüberlegungen anderen Gestaltungsformen oft überlegen sind - scheitern z.T. an schlechten Marketingüberlegungen bzw. an mangelndem Ziel- bzw. Aufgabenbezug.

Know-how-Träger werden ihre Marktchancen jedoch nur dann nutzen können, wenn sie die erforderliche Flexibilität aufbringen und den diffusen Charakter betrieblicher "Wissensbedarfe" als Ausgangspunkt für ihre Arbeit akzeptieren. Ein offensichtlich aufgrund der sehr ausgeprägten Förderlandschaft fehlender Marktdruck verhindert eine anbieterseitige Innovationsdynamik.

Die aufgezeigten Defizite in der gegenwärtigen Gestaltung des Wissenstransfers zeigen sich eindrucksvoll darin, daß die "klassischen" Know-how-Träger (ganz entgegen ihrer Eigeneinschätzung!) hinsichtlich der Auslösung von Innovationsimpulsen in Unternehmen eine nur untergeordnete Rolle spielen. Innovationsimpulse kommen vorwiegend aus dem Unternehmen selbst (60 %) bzw. von anderen Kunden (40 %), Branchenkollegen und Lieferanten (jeweils ca. 30 %), Bildungsinstitute werden von knapp 10 %, F&E-Institutionen und Unternehmensberater von knapp 7 % der KMU genannt.

Dies weist gleichzeitig auf den zunehmenden Stellenwert zwischenbetrieblicher Kooperationen im Bereich von Wissensentwicklung und –transfer hin (Prange/Probst/Rüling 1996, Müller-Stewens/Osterloh 1996) und kann darauf zurückgeführt werden, daß für Innovationen insbesondere dem "tacit knowledge" (Nonaka/Takeuchi 1995) eine wesentliche Bedeutung zukommt. Das zentrale Problem liegt darin, daß zwar explizites, aber nur sehr schwer implizites Wissen transferiert werden kann. Die beliebte Strategie des Abwerbens von Schlüsselpersonen aus anderen Unternehmen erweist sich damit als unzureichend. Kontextbezogenes Wissen ist über die traditionelle Angebotspalette externer Know-how-Träger kaum vermittelbar, sondern bedarf enger, längerfristiger Kooperationsbeziehungen und kontinuierlicher Interaktion. Dies bedeutet, daß externe Know-how-Träger sich mittelfristig von der ausschließlichen Wahrnehmung der klassischen Funktion des Transfers von explizitem Wissen verabschieden müssen.

4 Zukünftige Gestaltungsansätze im Know-how-Transfer

In Zukunft wird von externen Anbietern über die traditionellen Versuche des Know-how-Transfers (Seminarveranstaltungen, Informationstage, Fachberatung, Gutachten usw.) hinaus ein Ausbau der eigenen Dienstleistungspalette erwartet werden. Methodisch-didaktische Gestaltungsvorschläge für einen verbesserten Transfer des inhaltlichen Fachwissens der Anbieter in KMU (z.B. durch firmeninterne Seminarabhaltung, Train-the-Trainer-Veranstaltungen) allein reichen hier nicht aus. Vielmehr wird in Zukunft verstärkt eine unterstützende Funktion im Rahmen der Wissensentwicklung im bzw. zwischen Unternehmen verlangt werden (Scheff 1997). Zunehmende Bedeutung wird dabei insbesondere

- der Konzeption und Begleitung zwischen- bzw. überbetrieblicher Entwicklungsprogramme (insbesondere integrierte Trainings- und Beratungsprogramme, die von kooperationserfahrenen Unternehmen verstärkt nachgefragt werden)
- der Begleitung innerbetrieblicher Entwicklungsprojekte (wobei die Dienstleistungspalette von der Einspeisung externer Expertise über Projektmanagementaufgaben bis zu Coaching, Prozeßbegleitung und Konfliktmoderation reichen kann)
- der Initiierung und Prozeßbegleitung von Kooperationen zwischen KMU (was weit über qualifikationszentrierte Weiterbildungsverbünde hinausgeht) zukommen.

Voraussetzung dafür ist allerdings eine weitreichende Umorientierung der traditionellen Know-how-Träger hinsichtlich der

- inhaltlichen Angebotsschwerpunkte
- Bereitschaft zur Zusammenarbeit mit anderen externen Experten (z.B. Kundenschulungszentren, internen Beratern von Großunternehmen, Steuerberatern, Banken, externen F&E-Einrichtungen, regionalen Transferstellen
- Einleitung von Entwicklungsprozessen auch auf Anbieterseite (Leitbildarbeit, Kompetenzentwickung beim eigenen Expertenstab hinsichtlich Moderatoren- und Prozeßbegleitungstätigkeit, Umgestaltung der eigenen Anreizsysteme)
- Bereitschaft zur Unterstützung von Kompetenzentwicklung auf Nachfragerseite (ohne Furcht vor einem möglichen "Abkoppelungseffekt")
- Bereitschaft zur Initiierung und Prozeßbegleitung von KMU-Kooperationen
- Unterstützung und Förderung von regionalen KMU-Netzwerken.

Die Integration des externen Faktors (d.h. der Nachfrager) in den Prozeß der Leistungserstellung stellt eine der zentralen Erfolgsvoraussetzungen dar (Meffert 1994).

Potentiale gilt es vor allem im Bereich der Kundenorientierung auszuschöpfen. Kundenorientierung heißt, den Betrieben beratend in Fragen des Wissensmanagements im Unternehmen zur Verfügung zu stehen. Als ein großes Problem bei der Zusammenarbeit mit Betrieben wird immer wieder die Unkenntnis der Unternehmer über ihren eigenen Bedarf genannt. Dieser ist oft sehr diffus und kann von den KMU nicht klar genug artikuliert werden, oder ist diesen oft noch weitgehend unbewußt. Häufig wird in der Kontaktphase unter beiderseitiger Vermeidung vertiefter Problemanalyse eine zum Angebot passende Problemsituation konstruiert, die sich durch einen eindimensionalen Zugang auszeichnet und Auswirkungen auf andere Teilbereiche völlig unberücksichtigt bleiben. Genau hier aber können Externe ihre eigentliche Kompetenz einbringen und sich als umfassende Problemlöser profilieren. Ein entwicklungsorientierter Zugang im Sinne einer gemeinsamen detaillierten Problemanalyse und einer gemeinsamen Entwicklung von Lösungsvarianten ist vor allem auch in Hinblick auf Nachhaltigkeit der erarbeiteten Lösung anzustreben.

In diesem Kontext kann das selbstorganisierte und -gesteuerte Lernen der KMU und ihrer Mitarbeiter durch Einsatz neuer Technologien gezielt gefördert werden. Dazu zählt einerseits der verbesserte Zugriff auf externe Informationsquellen (z.B. on-line-Datenbankabfragen, Recherchen im Internet), andererseits die Möglichkeit selbstgesteuerter Weiterbildung, z.B. durch Computer Based Training, mit oder ohne tutorieller Unterstützung. Die zukünftige Entwicklung wird aber vor allem durch den Einsatz von Groupware außerhalb seminaristischer Veranstaltungen gekennzeichnet sein: Teleteaching, Teleconsulting, E-mail-Hotlines, Teleconferencing bieten Potentiale, die seitens der Know-how-Anbieter bewußt genutzt werden können (Petrovic u.a. 1997).

Literatur

Belzer, V. (1991): Forschung und Entwicklung in kleinen und mittleren Unternehmen, Institut Arbeit und Technik (Hrsg.), Gelsenkirchen.

Drucker, P. (1985): The Post-capitalist Society.

Frank, H. (1993): Small Business Owners and Consultants: An Empirical Analysis of their Relationship, in: Journal of Small Business & Entrepreneurship, Vol. 10, No. 4, July-Sep. 1993, S. 32 – 43.

Kailer, N. (1986): Ausrichtungen von Weiterbildung und Beratung im Klein- und Mittelbetrieb, in: Erziehung & Unterricht, 1986/10, S. 772 – 778.

Kailer, N. (Hrsg.) (1995): Personalentwicklung in Österreich, Wien.

Kailer, N. (1996): Kooperation von Klein- und Mittelbetrieben und Weiterbildungsanbietern: Erweitertes Leistungsangebot erfordert veränderte Strategien des Bildungsmanagements, in: Mugler, J./Belak, J./Thommen, J.-P./Kajzer, S. (Hrsg.): Theorie und Praxis der Unternehmensentwicklung mit Besonderheiten der Klein- und Mittelbetriebe, Naše gospodarstvo, Jg. 42, 1996/4, S. 405 – 412.

Kailer, N./Falter, C. (1998): Arbeit und Lerngestaltung als strategische Einheit – Anpassung von KMU an den industriellen Wandel - Evaluierungsstudie, unveröff. Zwischenbericht, Bochum.

Kailer, N./Scheff, J. (1994): Personalentwicklung in Mittelbetrieben: Empirische Ergebnisse und Entwicklungstendenzen, in: Kailer, N. (Hrsg.), Europaqualifizierung von kleinen und mittleren Unternehmen, Wien, S. 99 – 125.

Lachnit, L./Müller, S. (1993): Nutzung von Unternehmensberatung in mittelständischen Unternehmen, in: Der Betrieb, Heft 28/1993, S. 1381 – 1386.

Meffert, H. (1994): Marktorientierte Führung von Dienstleistungsunternehmen – neuere Entwicklungen in Theorie und Praxis, in: Die Betriebswirtschaft, Jg. 54, 1994/4, S. 519 – 541.

Mugler, J./Hanel, G. (1996): Technologietransfer in kleine und mittlere Unternehmen, Forschungsbericht des Instituts für BWL der Klein- und Mittelbetriebe, Wirtschaftsuniversität Wien.

Müller-Stewens, G./Osterloh, M. (1996): Kooperationsinvestition besser nutzen: Interorganisationales Lernen als Know-how-Transfer oder Kontext-Transfer?, zfo 1/1996, S. 18 - S. 24

Nonaka, I./Takeuchi, H. (1995): The Knowledge-creating Company, New York, Oxford.

Pawlowsky, P./Bäumer, J. (1996): Betriebliche Weiterbildung – Management von Qualifikation und Wissen, München.

Petrovic, O./Vogel, D./Scheff, J./Kailer, N. (1997): Technologies in Education and Training – Findings from the Field, in: Nunamaker, J./Sprague, R. (eds.), Information Systems, Vol. II, Los Alamitos et al. 1997, pp. 673 – 682.

Prange, C./Probst G./Rüling C. (1996): Lernen zu kooperieren - Kooperieren, um zu lernen, in: zfo 1/1996, S. 10- S. 16

Probst, G.J.B./Raub, S. (1997): Vom Human Resource Management zum "Knowledge Resource Management"? in: Siegwart, H. et al.: Human Resources Management, Meilensteine im Management, Band VI, Stuttgart.

Reuther, U./Weiß, R./Winkels, S. (1996): Kundenorientierung in der Weiterbildung – Neue Formen der Kooperation zwischen Betrieben und Bildungsanbietern, Köln.

Scheff, J. (1997):Kooperationen im Wissensmanagement als Wertschöpfungsstrategie für kleine und mittlere Unternehmen, in: Gutschelhofer, A./Scheff, J. (Hrsg.): Mitarbeiter-Know-how – Überlebensstrategie in einer globalen Wirtschaft, Wien, S. 54 – 72.

Scheff, J. (1997a): Kooperationen von KMU und externen Know-how-Trägern – Impulse für eine Qualitätsdiskussion: erste Ergebnisse einer empirischen Erhebung, in GdW/Z, Grundlagen der Weiterbildung.

Scheff, J. (1997b): Die Rolle externer Know-how-Träger im Rahmen des Wissensmanagements in KMU – auch ein Frage des Lobbyismus: in: Scheff/Gutschelhofer (Hrsg.): Das Lobbymanagement: Chancen und Risken im Wirtschaftsgefüge, Linde Verlag.

Stahl, T./Stölzl, M. (Hrsg.) (1994): Bildungsmarketing im Spannungsfeld von Organisationsentwicklung und Personalentwicklung, Berlin.

Zimmer, K. (1997): Kasse ohne Klasse – Unternehmensberater auf dem Prüfstand, Landsberg am Lech.

Miroslav Svatoš

Krisenmomente während der Transformation des Agrarsektors in der Tschechischen Republik

Doz. Dr. Miroslav Svatoš
Tschechische Agraruniversität zu Prag, Tschechische Republik

KRISENMOMENTE WÄHREND DER TRANSFORMATION DES AGRARSEKTORS IN DER TSCHECHISCHEN REPUBLIK

Zusammenfassung: Der relativ erfolgreiche Verlauf der radikalen wirtschaftlichen Transformation in der TR, wurde in letzter Zeit durch die ungünstige Entwicklung einer ganzen Reihe entscheidender makroökonomischer Kennziffern ersetzt. Die Transformation des Agrarsektors und seine Krisenmomente stellen einen organischen Bestandteil der Transformation der ganzen tschechischen Wirtschaft und Gesellschaft dar. Die Krisenaspekte der Wettbewerbsfähigkeit der tschechischen Landwirtschaft sind durch das Porter-Modell dargestellt. Künftig wird es deswegen sehr zweckmäßig sein, die Aufmerksamkeit dem institutional-evolutions-methodologischen Zutritt zu Transformationsprozessen und dem Szenarium der möglichen Landwirtschaftsentwicklung zu widmen.

Stichwörter: Krisenmomente, Transformation der Agrarwirtschaft, Wettbewerbsfähigkeit der Landwirtschaft, Evolutionsvarianten, Szenarium der Landwirtschaftsentwicklung

CRITICAL MOMENTS OF TRANSFORMATION OF THE CZECH AGRARIAN SECTOR

Summary: Relatively successful course of the radical economic transformation in the Czech Republic was replaced by an unfavourable development of many decisive macroeconomic signposts in the last period. The transformation of the agrarian sector and its critical moments represent an organic part of the transformation of the whole Czech economy and society. Critical aspects of the ability of the Czech agriculture to compete are demonstrated by Porter's model. In the future it will be very efficient to pay an attention to institutional-evolutional methodological approach to the transformation process and to main scenarios of a possible development of the Czech agriculture.

Key words: critical moments, transformation of the agrarian sector, ability of agriculture to compete, evolution variations, agriculture development scenarios.

In der TR wurde die radikale Version der neoklassistischen Systemtransformation gewählt, die aus der fundamentalen Änderung der bisherigen Eigentumsrechte, dem Ausschluß des Staates aus Entscheidungen der Betriebe und die Auflockerung der Marktkräfte sowohl im In- als auch im Ausland hervorging. Mit Beginn der Transformation wurde die makroökonomische Stabilität, umfangreiche Liberalisierung der inneren und äußeren Bedingungen des Wirtschaftens und besonders der Privatisierung des Staatseigentums, einschlielich der Anwendung der spezifischen, sog. "Coupon-Privatisierung", verfolgt.

Preisliberalisierung und Währungsdevalvation (die Einführung sog. innerer Konvertibilität) ermöglichten, zusammen mit der restriktiven Finanzpolitik, eine stabile makroökonomische Umwelt zu bilden, die antiinflationäre Wirkung und andere komperative Vorteile brachte.

Der relativ erfolgreiche Verlauf der Wirtschaftsreform wird etwa seit dem Jahr 1996 von starken negativen Tendenzen begleitet, die sich durch die ungünstige Entwicklung der entscheidenden makroökonomischen Kennziffern gezeigt haben.

Zu den wichtigsten Faktoren dieser Entwicklung kann man den unzureichenden institutionellen Rahmen (d.h. Institutionen, Legislative, Standards, Gesellschaftsnormen u.ä.) zählen. Hauptprobleme in diesem Sinne sind die Verzögerung des legislativen Rahmens der Reform, mangelnder politischer Wille die vorhandenen Rechtsnormen einzuhalten, die Unterlassung ethischer Aspekte der Transformation u.a.m.

Dieser ungenügende institutionelle Rahmen hat unter tschechischen Bedingungen eine relativ große Entwicklung der beutegierigen Aktivitäten der Unternehmenssubjekte verursacht. Typische Äußerung dafür ist die sog. Tunnellierung der Betriebe und besonders der Finanzinstitutionen, was große negative Folgen für die Glaubwürdigkeit der Kapital- und Finanzmärkte wie auch für in- und ausländische Investoren hat.

Krisenmomente der Wettbewerbsfähigkeit der Landwirtschaft während der Transformation

Der gesellschaftspolitische Rahmen der Transformation der tschechischen Gesellschaft und Wirtschaft betrifft auch den gesamten Agrarsektor. Das Hauptattribut der langjährigen perspektiven Entwicklung einer Branche ist die komplexe Auffassung der Wettbewerbsfähigkeit dieser. Bezugnehmend darauf stellt die Wettbewerbsanalyse (der Landwirtschaft), das Porter-Modell, ein sehr geeignetes Instrument dar.

Am Beispiel der fünf grundlegenden Wettbewerbsfaktoren, die die Ergiebigkeit im Agrarsektor im dynamischen Sinne (Porter-Modell) beeinflussen, kann man einige Krisenmomente der Transformation des tschechischen Agrarsektors, darstellen.

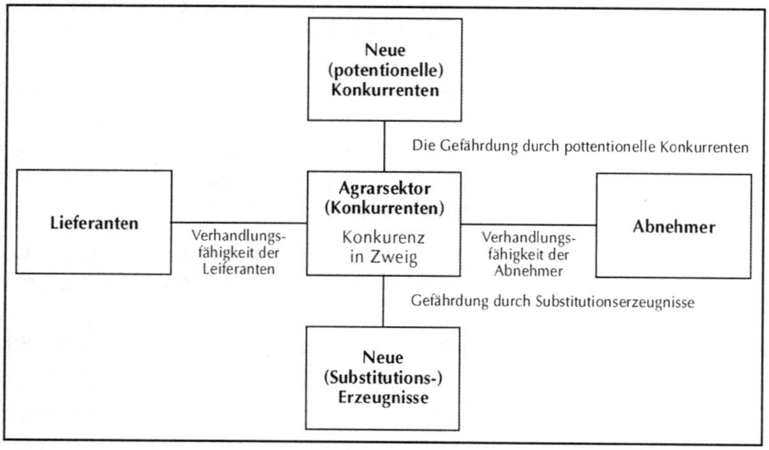

Abb.: as Porter-Modell (Wettbewerbsfähigkeitsfaktoren, die die Ertragfähigkeit des Zweiges beeinflussen)

1. Die Gefährdung durch potentielle Konkurrenten hängt von den Barrieren des Zuganges in die Branche und von der Reaktion der bestehenden Betriebe ab. Zu den Grundbarrieren gehört praktisch der nicht funktionale Bodenmarkt und die minimale Rentabilität des landwirtschaftlichen Unternehmens. Zum anderen kann man die Unternehmenssubjekte, die aus der Restituti on und Privatisierung stammen, als neue Konkurrentengruppe ansehen. In diesem Sinne ändert sich die Unternehmensstruktur der physischen und juristischen Personen grundsätzlich. Es kommt zur qualitativen Steigerung des Bodenanteils im Falle der physischen Personen (24 %), Hangelsgesellschaften (32 %) und zur Verringerung im Falle der Genossenschaften (43 %) und der Staatsbetriebe (1 %).
2. Die Verhandlungsfähigkeit der Lieferanten steht im Verhältnis zum asymmetrischen Inputmarkt, zum Nachteil der Landwirtschaft und das mit allen negativen Folgen. Global kann das im heftigen Öffnen der Preisschere dargestellt werden. Der Preisindex der landwirtschaftlichen Erzeugnisse liegt im Zeitraum 1989-1996 bei 1,47, wobei der Preisindex der Industrieerzeugnisse in diesem Zeitraum 2,49 erreichte.
3. Die Verhandlungsfähigkeit der Abnehmer ist auch von dem asymmetrischen Markt zum Nachteil der Landwirtschaft ab-

hängig, was die Öffnung der Preisschere zeigt. Der Preisindex in der Lebensmittelindustrie lag im Zeitraum 1989-1996 bei 1,88, was um 41 % höher ist, als der Preisindex der landwirtschaftlichen Produzenten. Für die Bewertung des betreffenden Zeitraumes ist es zweckmäßig, den Aggregatindex der Verbraucherpreise, der bei 3,02 lag, ergänzend anzuführen, wobei der Anstieg der Lebensmittelpreise niedriger (2,71) war, was in diesem Sinne eine Antiinflationswirkung hatte.

4. Die Konkurrenz in der Branche entwickelt sich im Zusammenhang mit der Formierung neuer Eigentums- und Unternehmensstrukturen, evtl. in der Beziehung zur orientierten Subventionspolitik des Staates:
   - der positive Trend der erheblichen Steigerung der Arbeitsproduktivität in der Landwirtschaft ist gegenüber dem Sinken der Lohndisparität zum Nachteil der Landwirtschaft (1997 = ca. 80 %) widersprüchlich,
   - das zusammenfassende wirtschaftliche Ergebnis in der Landwirtschaft geht von der Verlustseite auf die Rentabilitätsgrenze bei groen Differenzen zwischen den Betrieben über,
   - schlechtere Naturbedingungen lassen rentable landwirtschaftliche Unternehmen nicht mehr zu,
   - der Grad der Subventionierung der Landwirtschaft sinkt beträchtlich und liegt weit unter dem EU-Niveau (1996: TR 10 %, EU - 43 %),
5. Die Gefährdung durch die Substitutionserzeugnisse hat sich in atypischer Form im Vergleich mit Standardwirtschaften gezeigt:
   - beträchtliche Senkung der Kaufkraft besonders bei Lebensmitteln durch starkes Sinken des Realeinkommens pro Einwohner,
   - aggressiver Einbruch der ausländischen Nahrungsmittelwaren auf dem einheimischen Markt bezugnehmend auf die gesamte Handelskette,
   - Verlust der ausländischen Lebensmittelmärkte in den mittel- und osteuropäischen Ländern.

Diese erste Phase der Transformation in der Landwirtschaft war mit einer Reihe von Krisensituationen verbunden. Begleiterscheinungen traten in Form des bedeutenden Produktionsrückgangs in der Landwirtschaft, der Intensitätssenkung landwirtschaftlicher Produktion sowie in der Unzulänglichkeit des Kapitals, im Anwachsen der regionalen und sozialen Probleme u.ä. auf.
Die weitere Phase der Transformation sind institutionelle integrale Veränderungen.

In dieser Richtung darf man nicht die möglichen Varianten des Verständnisses der institutionellen Evolution der wirtschaftlichen Transformation, außer Acht lassen:

- Imitierte Evolution geht von der Erkenntnis bestehender Situationen in den hochentwickelten Ländern und ihrer "Kopierung" aus,

- Wiederholte Evolution baut auf der Anforderung der Rückkehr zur Ausgangssituation und der Wiederholung der Entwicklung in der entwickelten Welt in einer schnelleren und kürzereren Form auf.
- Antizipierte Evolution geht von der kritischen Analyse des Funktionierens der Marktinstitutionen der heutigen entwickelten Welt und von der Voraussage ihrer Entwicklung aus.
- Theorie des dritten Weges basiert auf der Kritik und Ablehnung der Institutionen in den Formen, die in der westlichen Welt angewandt werden.
- Schöpferische Adaptation bewährter institutioneller Elemente in den entwickelten Marktwirtschaften und bewährter Elemente, die in den tschechischen Wertsystemen und der ganzen Kultur verankert sind.

Man kann feststellen, daß die nächste Phase der wirtschaftlichen Transformation, sowohl im Rahmen der ganzen Nationalwirtschaft, als auch im Rahmen des Agrarsektors, aus institutioneller Sicht, auf der Antizipation und der schöpferischen Adaptation der institutionellen Strukturen der entwickelten Länder gegründet sein wird.

Hauptszenarien weiterer möglicher Entwicklungen der Landwirtschaft der Tschechischen Republik

Die Szenarien der produktions-strukturellen Entwicklung unterscheiden sich besonders in dem Ausmaß und der Orientierung der Landwirtschaft. Mit dem vorausgesetzten gleichen Effekt der äußerlichen Faktoren wird die Entwicklung der tschechischen Landwirtschaft vom Charakter der angenommenen mittelfristigen Agrarpolitik der TR abhängen.

Szenarium A - Überschuproduktion

Nach diesem Szenarium wird die tschechische Landwirtschaft den überwiegenden Teil heutiger Produktionsquellen (Boden) für die Produktion von Landwirtschaftsprodukten ausnützen, mit Orientierung auf intensive Pflanzenproduktion und Export der erwarteten Produktionsüberschüsse.

Szenarium A ist durch eine solche Agrarpolitik bedingt, die vor allem auf den direkten oder indirekten Preisanstieg für Agrarprodukte orientiert sein wird. Das kann auch durch eine solche Politik erreicht werden, welche das "Rettungsnetz" für mehrere Kommoditäten auswirft, das gleichzeitig ein genügend hohes Niveau der Interventionspreise, bzw. genügend hohe Zahlungen pro Hektar des größeren Teils der landwirtschaftlichen Nutzfläche der TR gewährleistet.

Mit Rücksicht auf das heutige Produktionspotential der tschechischen Landwirtschaft beinhaltet das Szenarium A ein großes Risiko hoher Überschüsse der Agrarproduktion, die bei den vorausgesetzten Kosten und Weltpreisen in den meisten Fällen nur durch Subventionen exportiert werden könnte. Das könnte aber die Verbindlichkeiten der TR gegeünber GATT (WTO) gefährden und die Agrarpolitik müßte dann solche Maßnahmen einführen, die eine Regulierung des Angebots erforderlich machen (Milchquoten, kurzfristige Bodenstilllegung bei Getreideanbau u.ä.).

Auf der anderen Seite stellt das Szenarium A die - aus der Sicht der agrarischen Lobby - gewünschte Entwicklung dar, die sich bestimmter heutiger Vorteile der tschechischen Landwirtschaft bewußt ist, besonders der größeren Konzentration der Produktion, einiger billigerer Vorleistungen und der Zugänglichkeit der Produktionsfaktoren für die intensive Pflanzenproduktion, namentlich der Getreide- und Ölpflanzen (d.h. solcher Produkte, die weniger von der Qualität des technischen und menschlichen Potentials abhängig sind).

Auch wenn sich dieser Charakter der tschechischen Agrarpolitik dem Charakter der heutigen gemeinsamen Agrarpolitik der EU annähert, könnte die Entwicklung der tschechischen Landwirtschaft nach diesem Szenarium durch höhere Produktionsüberschüsse zu bestimmten Problemen im Integrationsprozess führen.

Szenarium B - Wettbewerbsfähige Landwirtschaft

Aufgrund jenes Szenariums wird die tschechische Landwirtschaft offensichtlich zur Verstärkung ihrer Effektivität geführt, wobei es zu einer Differenzierung der landwirtschaftlichen Nutzfläche kommen wird, und zwar auf den sog. produktiven Gebieten mit intensiver ("industrieller") Landwirtschaft und auf unproduktiven Gebieten mit ungünstigeren Bedingungen, in denen die Landwirtschaft auf die Produktion sog. öffentlicher Güter orientiert wird, die mit der Überführung der Flächen in ständige Stillegung (durch Aufforstung, Melioration) oder durch langfristige Stillegung (durch Vergrasen ohne landw. Produktion) zusammenhängt.

Das Szenarium B ist durch die Aufnahme einer solchen Agrarpolitik bedingt, in der der Staat seine Einflußnahme auf den Markt einstellt (mit Ausnahme der Maßnahmen an den Grenzen, im Rahmen seiner internationalen Verbindungen). Für die Gebiete mit ungünstigeren Bedingungen bietet er Programme der Überführung des Bodens in ständige Stilllegung ohne landwirtschaftliche Nutzung an.

Im Szenarium B kommt es zur schnelleren natürlichen Restrukturalisierung und effektiver Alokation der Produktion. In Gebieten mit ungünstigeren Bedingungen wird die Landwirtschaftsproduktion eingestellt.

Das Szenarium wird durch die liberaleren oder rein ökologisch orientierten Fachleute unterstützt.

Die Politik, welche die Entwicklung der tschechischen Landwirtschaft nach diesem Szenarium unterstützt, ist zwar gegen die jetzige und vorausgesetzt gemeinschaftliche Agrarpolitik der EU orientiert, bildet aber gute Voraussetzungen für Integrationsprozesse, was den Umfang der Agrarproduktion betrifft. Diese Politik bildet keine guten, sogar schlechtere Voraussetzungen für die Erhaltung der sozialen Versöhnung und für die (mittel)europäische Vorstellung der Kulturlandschaft und des ländlichen Raumes.

Szenarium C - Landschaft und ländlicher Raum

Nach diesem Szenarium wird die tschechische Landwirtschaft auf die Deckung des größtmöglichen Anteils der heimischen Nachfrage orientiert, wobei die Bewirtschaftung auf möglichst größter Fläche stattfinden sollte. In den Gebieten mit ungünstigeren Bedingungen wird die Landwirtschaft soweit wie möglich auf die ökologische Produktionsweise orientiert. Positive Externalitäten, die durch diese Verfahren entstehen werden, honoriert die Gesellschaft als öffentliche Güter.

Szenarium C ist das Ergebnis von Wirkungen einer Agrarpolitik, in der der Staat auf dem Agrarmarkt ein angemessen hohes "Rettungsnetz" für mehrere Kommoditäten und für alle Landwirte bildet und gleichzeitig freiwillige Restrukturalisierungsprogramme anbietet, die auf Ziele der Extensivierung und der Ökologie orientiert und hauptsächlich in den Gebieten mit ungünstigeren Bedingungen ausgenutzt werden können. Man kann erwarten, daß das Erreichen einer solchen Entwicklung auch durch die etwas liberalere Politik erzielt wird. Es ist jedoch nicht auszuschließen, dass es beim Rückgang der Bodenpreise in den Gebieten mit ungünstigeren Bedingungen zur Ausweitung der extensiven Landwirtschaftsproduktion kommen kann. Diese Hypothese stützt sich auf die Voraussetzung, daß die Restrukturalisierung der Produktion und die wesentliche Senkung der Fixkosten zu einer wettbewerbsfähigeren Landwirtschaftsproduktion führen kann, die sich dann auch in diesen Gebieten durchsetzen könnte.

Im Szenarium C wird offensichtlich die effektive Alokation der Produktion verlangsamt, dennoch wird eine hinreichende Produktion für den Inlandsverbrauch gesichert. Gleichzeitig werden gute Voraussetzungen für die Erhaltung des traditionellen Bildes der Landschaft und des ländlichen Raumes auch in den Gebieten mit ungünstigeren Bedingungen geschaffen. Das größte Risiko besteht in der Möglichkeit der Entstehung von Überschüssen, ungenügender Qualität der angebotenen Staatsprogramme sowie in der langsamen oder geringen Reaktion der Landwirte auf diese Programme. Diese Risiken können aufgrund der ungelösten Probleme, die mit der Messung und Bewertung der positiven Externalitäten in der Landwirtschaft zusammenhängen, zunehmen.

Da das Szenarium sehr eng an das neue tschechische Landwirtschaftsgesetz anlehnt, könnte es durch die Mehrheit der Interessengruppen innerhalb und außerhalb der Landwirtschaft bzw. des Agrarsektors unterstützt werden.

Man kann begründet voraussetzen, daß die Agrarpolitik, die die Entwicklung der tschechischen Landwirtschaft nach diesem Szenarium unterstützt, mit den Zielen der künftigen gemeinschaftlichen Agrarpolitik der EU größtenteil übereinstimmt.

Literatur

Eeskä ekonomika v 90. letech, Acta ökonomica pragensia, Jahrg. 5, Nr. 3, VŠE Praha 1997

Kraus, J. a kol., (1997): Poedpoklady eesköho zemidilství z hlediska vstupu ER do EU, VÜZE, Praha

Mleoch, L., (1997): Zastoenä vize ekonomickö transformace, Karolinum, Praha

Svato', M. a kol., (1996): Ekonomika zemidilství a evropskä EZU Praha-VŠP Nitra,

Doucha, T. (1997): Mo□né scénáoe vyvoje eeského zemidilství v rámci poedvstupní strategie, In: Sborník z konference „Eeské a slovenské zemidilství na poelomu tisíciletí", EZAV, Luhaeovice

Zpräva o stavu zemidilství ER za r. 1996. MZe ER, Praha 1997

❖

Die Sammlung Management und Entwicklung (Management in razvoj) ist das Ergebnis mehrjähriger Zusammenarbeit von Wissenschaftlern und anderen Fachleuten aus Europa, deren damalige gemeinsame Forschungserkenntnisse in den nachstehenden Büchern und anderen Publikationen veröffentlicht wurden:

- J. Belak in soavtorji: Podjetništvo, politika podjetja in management (J. Belak und Mitautoren: Unternehmertum, Unternehmenspolitik und Management). Obzorja, Maribor, 1993, ISBN 86-377- 0682-7.
- J. Belak, Š. Kajzer (Hrsg.): Unternehmen im Übergangsprozess zur Marktwirtschaft. Linde, Wien, 1994, ISBN 3-85122-434-5.
- J. Belak, J. Mugler, et. al. (Hrsg.): Unternehmen und Unternehmertum im Übergangsprozess mit Fallbeispielen aus Slowenien. In: Journal für Betriebswirtschaft, 44 (1994) 9, Linde, Wien, 1994, ISBN 3-85122-437-X.
- J. Belak, J. Mugler, et. al.: Management podjetij v tranziciji in gospodarski razvoj na primerih iz Slovenije (Management der Unternehmen in Transition und die Wirtschaftsentwicklung an Beispielen aus Slowenien). Naše gospodarstvo, EPF-Maribor, 40(1994)5, Maribor 1994, ISSN 0547- 3101.
- J. Mugler, et. al.: Theorie und Praxis der Unternehmensentwicklung. Internationales wissenschaftliches Symposium Management und Entwicklung [auch] MER '96. Fakultät für Wirtschaftswissenschaften Maribor, 1996, ISBN 86-80085-63-4.
- J. Mugler, et. al.: Theorie und Praxis der Unternehmensentwicklung mit Besonderheiten der KMU. Naše Gospodarstvo, EPF- Maribor, 42(1996)4, Maribor 1996, ISSN 0547-3101.
- J. Belak, Š. Kajzer, J. Mugler, M. Senjur, N. Sewing, J.-P. Thommen (Hrsg): Unternehmensentwicklung und Management. Versus, Zürich, 1997, ISBN 3-908143-47-0.
- J. Belak in soavtorji: Razvoj podjetja in razvojni management. Posebnosti malih in srednje velikih podjetij. Zbirka Management in razvoj, 1. knjiga. (J. Belak und Mitautoren: Unternehmensentwicklung und Entwicklungsmanagement. Besonderheiten von KMU. Buchreihe Management und Entwicklung, 1. Buch). MER Evrocenter, Gubno, 1998, ISBN 961-6281-01-1.
- J. Belak: Podjetniško planiranje kot orodje managementa. Zbirka Management in razvoj, 2. knjiga. (Unternehmensplanung als Instrument des Managements. Buchreihe Management und Entwicklung, 2. Buch). MER Evrocenter, Gubno, 1998, ISBN 961-6281-00-3.
- J.-P. Thommen, J. Mugler, J. Belak (Hrsg.): Synergie und Entwicklungsmanagement. Buchreihe Management und Entwicklung, 3. Buch. MER Evrocenter, Gubno, 1998, ISBN 961-6281-03-8.
- J.-P. Thommen, et. al.: Management zwischen Krise und Erfolg. Internationales wissenschaftliches Symposium Management und Entwicklung [auch] MER '98. MER Evrocenter, Gubno, 1998, ISBN 961628102-X.
- J.-P. Thommen, J. Belak, Š. Kajzer, (Hrsg./ur.): Management zwischen Krise und Erfolg. Internationales wissenschaftliches Symposium Management und Entwicklung ŠauchĆ MER '98. Naše Gospodarstvo, EPF- Maribor, 44(1998)4, Maribor, 1998, ISSN 0547-3101.
- J. Belak, et al.: Razsežnosti integralnega managementa (Die Dimensionen des integralen Management). In: MER Journal für Management und Entwicklung, MER Evrocenter, 1(1999)2, Gubno, 1999, ISSN 1408-9343.

Entgegennahme von Bestellungen
MER Evrocenter, Gubno 17, SI-3261 Lesično, Slowenien
Tel.: (+386 63) 49 72 000; Fax.: (+386 63) 49 72 001); E-mail: mer@siol.net